SaaS

创业路线图

to B产品、营销、运营方法论
及实战案例解读

吴 昊◎著

电子工业出版社

Publishing House of Electronics Industry

北京·BEIJING

内 容 简 介

本书重点对企业服务进行研究，对 SaaS 的产业背景、行业未来、商业演化、产品构建、营销推广、组织发展与团队激励等进行了体系化的解读。本书描写创业阶段的内容包括：产品创意与商业模式选择、产品打磨和商业模式初步验证、创造销售打法和验证销售团队毛利模型、扩张期的组织发展、效率提升等。书中还对创业中的融资、企业经营思路、底层商业逻辑等进行了扩展和剖析。这是一本既有宏观研究，又有微观实操的图书。

作者 20 年的行业经验与沉淀显现于本书之中，全书力求理论联系实际，易懂易行，文笔风趣幽默、贴近现实，可读性非常强。

本书适合 SaaS 及 to B 行业从业者，也适合创新创业者、产品经理、IT 技术管理者、营销人、销售经理等阅读。

图书在版编目（CIP）数据

SaaS 创业路线图：to B 产品、营销、运营方法论及实战案例解读 / 吴昊著. —北京：电子工业出版社，2020.5
ISBN 978-7-121-38637-4

Ⅰ. ①S… Ⅱ. ①吴… Ⅲ. ①企业管理 Ⅳ. ①F272

中国版本图书馆 CIP 数据核字（2020）第 035153 号

责任编辑：陈　林
印　　刷：三河市君旺印务有限公司
装　　订：三河市君旺印务有限公司
出版发行：电子工业出版社
　　　　　北京市海淀区万寿路 173 信箱　邮编：100036
开　　本：720×1000　1/16　印张：18.5　字数：355 千字
版　　次：2020 年 5 月第 1 版
印　　次：2024 年 6 月第 14 次印刷
定　　价：79.00 元

凡所购买电子工业出版社图书有缺损问题，请向购买书店调换。若书店售缺，请与本社发行部联系，联系及邮购电话：（010）88254888，88258888。

质量投诉请发邮件至 zlts@phei.com.cn，盗版侵权举报请发邮件至 dbqq@phei.com.cn。

本书咨询联系方式：010-51260888-819，faq@phei.com.cn。

推荐语

我从 CTO 变成创业团队的销售负责人，在一头雾水的时候，通过搜索"SaaS"找到吴昊老师的公众号。随后我飞往北京求教，原本预约一小时的交流时间，结果聊了大半天，深感受益匪浅。除了敬佩吴昊老师在 SaaS 营销领域的专业之外，更被他的简单、真诚打动。

之后，吴昊老师一直是我们高管团队的深度顾问。我们的销售业绩快速增长和团队迅速成熟，绝对离不开他的专业指导和尽心付出！吴昊老师的著作即将面世，我和团队都非常高兴，相信会有更多的人和团队因此受益！

——鲍春健，小鹅通 CEO

2018 年，吴昊老师开始写作《SaaS 创业路线图》，一写便是 2 年。他把在"纷享销客"的实战经验和盘托出，让无数困惑中的创业者豁然开朗。这本书从实战中来，又到实战中去。吴昊老师接触过的创业团队不胜枚举，在指导不同的创业团队的同时，他也被每个团队的故事所影响，读这本书既能收获知识，也能看到一个个故事背后的企业。

SaaS 创业路线图

to B 产品、营销、运营方法论及实战案例解读

本书可谓国内第一本 SaaS 领域的实战书，如果你是 to B 行业的创业者，力荐仔细阅读。

——崔强，崔牛会创始人

SaaS 创业是一件看起来很美，干起来很苦，长期坚持下来很有价值的事情。吴哥这本《SaaS 创业路线图》是其亲身经历和长期观察的结晶，定能帮助 SaaS 创业者走上成功之路。

——付利军，英诺天使基金合伙人

无论"风口"多大，就 SaaS 的业务本质而言，其创业过程都注定是一场马拉松。用尽量标准化的解决方案去服务需求千差万别的客户，途中势必要持续摸索和理解客户的真实需求、优化产品/解决方案的真正价值，以及交付和使用过程中的最佳服务，"绝知此事要躬行"，这些都需要时间。

如果在一个新的产业形态内，缺乏完备的经验可供借鉴，就特别需要像吴昊老师这样的人。他专注研究众多国内外企业的最佳实践，并积极分享给同行。我期待并相信吴老师这本书可以帮助更多创业者少走弯路，并让他们在更高的起点上去优化自己的产品和运营模式。这也是国内 SaaS 行业的一大幸事。路漫漫，更需要智者同行，感谢吴老师的诚意奉献！

——高燕，高燕战略营销工作室创始人/学慧网 CEO

吴昊无疑是 SaaS 领域的先行者，也是少数坚持在一个领域深耕的榜样。就像 SaaS 创业一样，对 SaaS 创业路线图的研究也要耐得住寂寞，才能拨开重重迷雾，找到底层逻辑，洞悉未来市场。与其临渊羡鱼，不如退而结网；与其做等风口的猪，不如好好建鱼池；与其埋头苦苦创业，不如抬头看看《SaaS 创业路线图》。

——何润，致趣百川 CEO

我们处于一个飞速发展的时代，2020 年注定会是不同寻常的一年，在一定程度上也会更快推动 SaaS 企业的发展。B2B 的消费者具有较强的专业性。随着采购成本的增加、决策群体的扩大和决策流程的拉长，反向要求从业者必须从产生需求到口碑推荐，全链路地理解完整的商业旅程，并付诸相应的行动。

吴昊老师的这本书非常系统地梳理了处于不同时期的 SaaS 企业最为关注的核心问题。书中也基于大量的实战案例和企业访谈，梳理出了很多非常值得借鉴的商业模型、组织优化方案、营销打法等。相信无论是 to B 老兵还是新手，都会有收获。

——姜菡钰（卡爷），网易智慧企业部 CMO

非常难得的是，昊哥在本书中毫无保留地分享了这些年在 SaaS 领域的深度理论研究和丰富的实战经验。倘若回到分贝通创业的第一天，我会选择先读完本书再开始。

——兰希，分贝通 CEO

我认为吴昊老师的《SaaS 创业路线图》是 SaaS 领域的精益创业指南，是每位 SaaS 领域经营者的必读书。我印象最深的一句话是"SaaS 的本质是续费"，一语道破 SaaS 业务的本质。这样的本质思考能力，与他在 SaaS 行业多年的丰富实战经验和深厚理论功底密不可分。希望本书给广大 SaaS 企业的同行带来真正的帮助。

——李刚，雅座公司 COO ＆合伙人

吴昊是我国 SaaS 领域不可多得的同时兼顾理论和实践的专家，特别在销售团队的打磨上有独到的心得。

——李英豪，钱方 CEO

SaaS 创业路线图

to B 产品、营销、运营方法论及实战案例解读

本书全面总结了 SaaS 产品、营销和运营的最佳实践路径，是我关注国内外 SaaS 领域投资十余年以来，所见过最为体系化的 SaaS 方法论梳理。在 SaaS 创业渗透到各行各业并改变整个社会的今天，相信每一位创业者、投资人、产品人都能从本书中收获意想不到的"收获"。

——刘维，百度风投 CEO

SaaS 商业模式自诞生以来，几乎第一时间就进入中国，迄今已有十余年时间。但 SaaS 发展似乎不如预期，创业公司辛辛苦苦、浮浮沉沉，一直在奋力探索，但并没有出现与美国市场 Salesforce 同等规模的大公司。

对于 SaaS，市场需求及未来商业容量巨大是所有人都深信不疑的。但究竟是"破局时间"还没到来，还是中国特有产业环境需要建立"中国特色的 SaaS 创业路线"呢？这是 SaaS 行业从业者都在苦苦思索的根本性问题。吴昊老师作为 SaaS 行业的实践者，从行业宏观研究和微观实操两个角度尝试回答了这些问题，并用产品化的逻辑，写作了一本给创业公司的"行军地图"。

作为腾讯 SaaS 加速器的导师，吴昊老师把自己的积累和所见所得给腾讯 SaaS 生态伙伴提效赋能，得到了腾讯 SaaS 生态圈的整体认可。我希望吴昊老师的新书是 SaaS 探索道路上的一盏明灯，照亮每个创业者前行的道路，也希望更多的业界认知相互叠加、聚沙成塔。

——穆亦飞，腾讯云副总裁

"SaaS 云软件，其道修远兮"，这是吴昊老师公众号"SaaS 白夜行"简介的第一句话。笔耕不辍的背后，是一份异常珍贵的、赋能行业发展的用心。在中国 SaaS 短而艰辛的成长历程中，有吴昊老师这么一位睿智、坚定的前行者，不禁让我们相信，道阻且长，行则将至！

——汪楚航，领健客户成功 VP

吴昊老师从业多年，内力深厚，是很多 SaaS 公司 CEO 的良师益友。本书很多章节我都看过，对 SaaS 公司的经营很有指导性意见。

——王浩，三体云动 CEO

SaaS 是一门正确且难做的生意，其中更难的是基于 SaaS 的营销体系，它和传统软件体系有着本质上的区别。吴老师结合实际战斗经历梳理的体系化干货，给国内的 SaaS 企业提供了珍贵的理论认知和实践经验，值得每个从业者反复品味。

——王涛，Worktile CEO

国内 SaaS 领域一直缺少一本创业经营方法论的书，吴昊老师结合自身多年的 to B 行业经验带来此书，相信能够成为广大从业者理解及讨论这个行业时的基石。

——张涛，神策 VP

祝贺我的好朋友吴昊！这是一本对于国内 SaaS 公司的产品、商业模式、运营理念、销售、营销、融资等课题覆盖完整且鞭辟入里的大作。

——郑靖伟，靖亚资本创始人

如果你正在 SaaS 行业奋斗，或者准备进入这个行业，如果只读一本书，吴昊先生的这一本应是首选。理由有三：直接进入实操，可以找到相关章节，即可落地；了解创业进程，可以按顺序阅读，即能推进；拓展思维方式，可以画出本书框架，得到系统模型。不信，你可以试一下。

——章永宏，复旦大学副教授、企业战略专家

SaaS 或者企业软件，甚至整个企业服务的创业者和投资人，都能从这本书中获益。我在跟吴昊兄的接触和请教中获益匪浅，他是理论和实践结合的典范。

——张遇升，杏树林 CEO

推荐序一

SaaS 企业服务在中国起步不晚。自 2011 年起，4G 成熟商用，移动终端得到广泛普及，云计算三种模式 IaaS、PaaS 和 SaaS 的商业架构逐渐清晰分层，Salesforce 等国外 SaaS 公司获得成功，资本对中国 to B 领域有了更多关注，这些都为中国 SaaS 创新与发展提供了良好的商业背景和基础环境。

改革开放 40 多年，驱动企业发展的人口红利、机会红利逐渐减少，各行各业进入精细化效率运营阶段。随着中国全面迈入数字化时代，企业的数字化、生态化与智能化转变成为必然，提升组织效率、经营效率与商业效率是企业长期关注的重点与发展趋势。

遗憾的是，SaaS 企业服务在中国发展至今市场规模依然很小。中国 SaaS 企业在诸多利好的大背景下，发展似乎并不"迅速"，也没有出现在 10 年内成长为市值超 100 亿美元的明星公司！

创新是基于对未来社会理解的商业创造，是基于对未来用户心智与需求理解的价值创造。人类社会的进步史，可以简单概括为思想史与工具史：思想进步让我们认识世界、认识自己、理解未来；工具进步让我们改造世界、改变自己、创造未来。思想与工具本质是进化趋势下道与术两个层面的体现。

to B 产品、营销、运营方法论及实战案例解读

　　SaaS 的创新、发展，同样要在思想与工具两个维度实现突破，才可能在商业上获得巨大的成功。过去 10 年，我们在起步初期侧重于技术与产品形式的演化，但在商业洞察与价值创造上并没有取得本质性突破，这可能是制约 SaaS 服务真正高速发展的关键因素。

　　今天产业互联网将我们带入 T2B2C 的时代，现代商业创业者已进入"价值创造"的时代。创业是基于对未来社会理解的商业创造，更是实践中不断学习与突破的自我进化。价值创新时代的创业，对创业者的要求已非"机会红利"时代可同日而语。创业者需有精益创业思维，有企业媒体化、社会化运作理念，需具备商业基本逻辑与组织战略实践等维度的知识与能力。SaaS 创业者心智与能力的变化，都让我们看到未来 10 年 SaaS 发展的新机会与趋势。

　　但是，SaaS 行业创业依旧难上加难。

　　SaaS 行业创业者面对的客户群体不是个体的 C（消费者），而是复杂的组织。SaaS 所服务的企业对象，其商业竞争环境激烈且多变，SaaS 产品的推广与服务，过程非常复杂且对专业管理与技术的要求极高。创业者唯有在实践中学习、学习、再学习，才能不断突破自身的局限性，才能不断组织好优秀人才，协同实现商业目的与组织目标。

　　创业之路就是不断自我成长与蜕变之路。在自我学习的路上，有良师益友的点拨与引导将会是每一位创业者的渴求。我欣喜地看到有近 20 年企业服务经营与管理经验的吴昊成为 SaaS 创业战略咨询与企业运营实践的第一人。他帮助中国 SaaS 创业者开阔视野，提升商业认识能力；又力沉业务，帮助大家丰富实战经验，解决实际问题。更欣喜的是吴昊笔耕不辍，把在商业与实践上的思考与理解集结成书，体系化地输出和分享。

　　《SaaS 创业路线图》是一本目录式的创业者手册，对 SaaS 的产业背景、行业未来、商业演化、产品构建、营销推广、组织发展与团队激励等进行了翔实而实战化的描述。本书集结了吴昊 20 年来的行业积累，以及在"纷享销客"的实战经验及近 3 年的产业研究精华，是值得每位 SaaS 创业者品读的管理教科书。

2011 年年初，在移动互联网兴起时，我有幸与李全良、刘晨、吴昊等志同道合者踏上 SaaS 创业之路，携手创办纷享销客，转眼 10 年飞逝，感慨良多。

非常荣幸为本书作序推荐，期待吴昊更多高质量的知识产出。我们在商业实战与商业研究领域相守相望、携手努力，共同为中国企业数字化发展贡献绵薄之力。

罗旭，纷享销客创始人兼 CEO

2020 年 5 月

推荐序二

2020 年，新冠疫情迅速席卷了全球，这只"黑天鹅"带来了许多的变化。最明显的变化就是在线协同办公在疫情期间成为了刚需。协同办公软件一下子火爆了起来，钉钉、企业微信、飞书、WeLink、腾讯会议等都在疫情期间表现卓著，呈现出井喷式的发展。

面对日益爆发增长的在线协同办公市场，我不由得思考一个问题：在 2013 年网易刚开始做易信的时候，如果不选择正面与微信竞争，而是选择了企业在线协同办公领域的话，我们是否能够快速取得瞩目的成功？

思考良久，很遗憾得到的是否定的答案。或许我们能够做出一款具有出色用户体验的企业即时通信工具软件，但当时的我们并不能打造出一款成功的 SaaS 产品，无法获得持续的成功。

为什么是这个答案？

那就要回归到 SaaS 的本质。SaaS 首先是一种商业模式，吴昊老师在书中说，SaaS 的本质是"续费"，一语道破天机。SaaS 这个商业模式的奥秘就在于时间和复利。续费的核心则是"客户成功"，在于是否能够让客户真正且持续成功。

要真正做到客户成功，我认为关键要素有 3 点。

（1）对客户、行业和市场有深刻的洞察。

（2）把洞察转化成实际解决问题的能力，并转化成在线产品。

（3）专业的团队。

而 2013 年的易信团队，纵然有业界一流的设计和产品研发团队，却并不具备对企业管理、协同效能足够深刻的理解，就更谈不上能把管理思想融入产品之中了。再加上没有专业的 CSM 团队，所以我们即便冲入了企业级市场，最有可能的结果就只是打造了一款好用的工具软件。只有融入了管理思想的 SaaS 产品，才能真正帮助客户成功，才能获得持续的"续费"。

认识吴昊老师是在 2019 年，当时同事卡爷转发了吴昊老师的公众号"SaaS 白夜行"中的文章给我，读完之后的第一个感受就是相见恨晚，随后我迅速关注并读完了公众号所有的文章，大呼过瘾。

我们团队在 2015 年开始涉足企业服务领域，凭着理想和信念，团队跌跌撞撞"跑"了 4 年的时间，其间收获了一些客户，也领悟了一些方法，并得到了一些认知。但更多的还是踩了无数的"坑"，走了很多的弯路，交了超多的学费。公众号里的文字带来了太多的共鸣，同时也解决了我们不少的困惑，提升了我们的认知。

网易是一家互联网公司，公司和团队的基因使得我们非常重视数据化的管理。转化率、留存率、ROI、服务可用率等都是我们以往非常熟悉的数据分析、数据管理指标。在开始涉足企业服务领域的时候，我们自然也尝试建立了数据指标体系来指导经营决策，然而我们却碰到了不小的麻烦，甚至无法有效地建立起真正有帮助的数据指标体系。

以现在的认知来看，最初我们碰到困难主要有 3 个原因。

（1）to B 的业务有很长的滞后效应，无论是成交周期、团队执行还是市场竞争都会拉长一个行为的反馈时间。而以往 C 端互联网产品一个功能上线，一个 A/B Test 的运行，用户侧的交互数据都是毫秒级的反馈，可以迅速得到有效且大量的数据。

（2）人不是机器。to B 的业务由各个专业团队组成，往往一次决策行动需要整条链路串联执行，执行动作的是一个个人而不是机器。人是不稳定的系统，所以执行必然会有偏差，链路越长则偏差越大。以往 C 端互联网的一个指令由机器执行，成千上万个用户得到的结果都是高度一致的，数据可信度极高。

（3）没有标准。因为没有相关经验，所以我们花了很长的时间才积累起足够的数据量，也走了很多弯路才建立起相对科学有效的数据标准。当看到吴昊老师《如何评估 SaaS 公司的经营状况》（书中建立指标体系评估公司经营状况相关章节）一文时，如获至宝。更是感叹早 3 年看到就好了，可以少走很多弯路。这部分内容甚至可以作为国内 SaaS 公司评估公司经营情况的权威指南。直至现在，我还会时不时翻阅这些内容。

在做 SaaS 产品的 5 年时间里，另一个很深的体会就是，在企业经营的各个环节，都需要做到足够的标准化，只有这样才能做到可复制的成功。标准化的意义在于把执行人变成执行"机器"，提高团队这个"系统"的稳定性，降低数据的误差度，提高数据的置信度，缩短行为结果的反馈时间，从而通过有效数据找到可被验证的方法，进行复制扩张。

在标准化的实践过程中我们获益良多，不仅在营销环节做各种标准化的打法，我们也在市场内容产生端、客户成功端都建立了一系列的 SOP，提升了整个业务和团队的鲁棒性和效率，从而最终让客户获益。标准化和数据化之后，更是可以进一步开展自动化和智能化的尝试，把人和组织往"机器"靠拢，向管理要更多的效益。

吴昊老师在书中也反复强调标准化的打法和可复制的成功是把业务做成大规模业务的必要条件之一。

　　作为一名 CEO，还需要懂得一些管理会计知识，这也是我认识吴昊老师之后得到的重要启发。当以管理会计的角度，用数学模型动态地审视业务的时候，往往能发现未知的风险或者巨大的机会，这对管理决策至关重要。经营企业的一个要务就是降低和控制风险，活到最后才能算胜利者。正是因为运用了这样的知识和方法，我们发现了自身某些业务的重大运营风险，以及可能给整个组织带来的经营风险，最后决定调整业务资源投入和组织方式，取得了不错的效果。

　　吴昊老师的书中也着重介绍了管理会计的思想，并用简单明了的数学模型推演了业务经营发展状况，非常推荐读者们阅读。

　　此时此刻，吴昊老师"SaaS 白夜行"公众号的文字已经梳理成册，知识更加系统，数据更加翔实，案例更加丰富，对于读者朋友们来说无疑是一大幸事。无论是正投身于 SaaS 的朋友，还是即将开始 SaaS 创业的朋友，都建议你们阅读本书。最后引用一句我至今印象深刻的推荐语：

　　"如果可能的话，你会希望你是全世界唯一一个读到它的人；如果不能的话，你会希望全世界都读过它。"

阮良，网易智慧企业部 CEO

2020 年 5 月

目　录

目　录

目 录

引　言

国内 SaaS 领域发展现状

SaaS（Software-as-a-Service，软件即服务）源于美国 Salesforce 公司（1999 年创立）创造的新软件服务模式。这家公司的市值在 2019 年已经超过 1000 亿美元，而美国市场的 SaaS 模式也已经进入商业成熟期，从产品创新方式到营销、服务模式都具备了有体系的标准模式。

1. SaaS 与传统安装部署软件的差异

从一个企业软件使用者的感受来看，SaaS 产品和传统的"安装部署"软件并没有什么差别：都是打开电脑（或手机），在屏幕上处理工作、录入数据、看报表……

但两者背后的运营方式和商业模式有两个重大区别。

第一，用户使用的 SaaS 软件，其数据保存在云端。它的应用和数据服务器通常部署在公有云上，可能是阿里云、腾讯云，也可能是国外的 AWS（Amazon Web Services，亚马逊云）。而传统安装部署软件通常部署在购买软件企业的自有服务器上。

第二，SaaS 公司提供的 SaaS 服务是租用制的。比如，客户付 3 万元费用租 1 年的服务，1 年后如果要继续使用就需要续交下一年的费用。而传统软件往往是客户付 10 万元"买断"该软件的部分或全部使用权，下一年需要支付的是首期合同金额 15% 左右的维护费。

对于两者的差异点，我的看法：SaaS 的本质是"续费"。这是 SaaS 与传统安装部署软件的本质差别。

2. 国内外 SaaS 领域的发展状况对比

1999 年，Marc Benioff 在美国创立了 Salesforce。同年，国内的 IT 同行们也启动了中国的 SaaS 之路。但相对来说，美国的 SaaS 公司要成功很多。除了 Salesforce，还有一大批在市场上非常成功的 SaaS 公司。

Salesforce（CRM 等领域）市值 1200 亿美元。

ServiceNow（IT 运营领域）市值 500 亿美元。

Workday（HR 领域）市值 480 亿美元。

在 Salesforce PaaS 平台 force.com 上发展出来的 Veeva（医疗行业）市值 240 亿美元。

……

以上为 2019 年 6 月份的公开数据。

美国 SaaS 应用管理工具公司 Blissffully 在 2019 年年初发布了一个信息较为宏观的调查报告。报告称，该公司调查了近千家企业在 2018 年使用 SaaS 产品的情况。无论是 50 人以下的小微企业，还是上千人的大企业，每个员工平均使用 8 个 SaaS 应用，每个员工平均的 SaaS 支出为 2880 美元。

而在国内，业内普遍认为 2015 年是中国 SaaS 元年。2014—2016 年，企业服务市场，特别是 SaaS 领域的融资达到了一个高点。根据"IT 桔子"在 2019 年 11 月 18 日的统计数据（如下图所示）：目前国内在运营的 3833

家 SaaS 公司中，有近一半（47%）是在 2014—2016 年这三年中创立的。

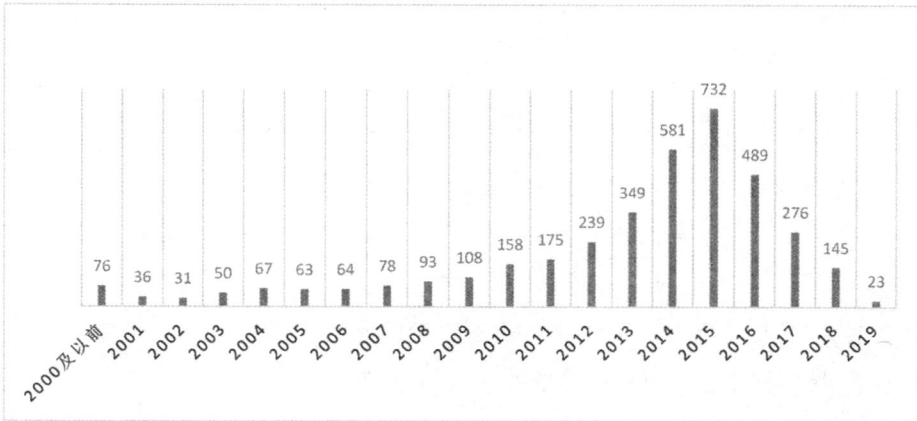

国内历年新创立的 SaaS 公司数量

　　从我个人角度观察，自 2017 年开始，在众多垂直行业中涌现出大量初创 SaaS 公司。这些公司与传统 IT 及互联网公司很不一样，他们聚焦行业内的客户、不重视目标市场之外的公开宣传，所以初期不会进入公众视野，导致很多公司没有出现在上面的统计数据中。

　　以我接触的 200 家 SaaS 公司为例，有 75% 是分散在各个垂直行业里的创业企业，其中有一大半尚未开始 A 轮融资，也没有出现在上面统计的 3833 家企业里。我推算目前国内的 SaaS 公司规模应该在 5000～7000 家。

　　在中国，整个 SaaS 领域还在早期阶段，头部 SaaS 公司也还在艰难地探索市场出路。截至 2018 年年末，尚未出现年营收超过 10 亿元的 SaaS 公司，营收上亿元的 SaaS 公司也屈指可数。关于这 20 年 SaaS 领域的发展历程，读者有兴趣可以看看公众号"牛透社"（SaaS 圈社群"崔牛会"）原创的系列专题文章《穿越 SaaS 20 年》。

3. 国内 SaaS 发展的阻力

　　2014 年，首先在销售市场和资本市场中涌现出来的是"通用工具型"

SaaS 企业，拿到投资较多的也是这些公司。但是，5 年来通用工具型 SaaS 企业在中国的成长速度远不如美国。通过与大量业内人士的交流和总结，我认为原因有三。

1）"效率提升"类 IT 产品的需求还没有大规模爆发

"生意难做了"是我在 20 世纪 80 年代末就听生意人常讲的话，到了 30 年后的今天，企业家们依然在讲同样的话。其实，不是生意难做了，而是以前市场不成熟、生意太容易做了！做企业，本来就应该"向管理要效率"，大力控制成本。但国内大量中小企业的管理还很粗放，以拿到订单为主要目标，不太重视生产组织环节中的资源浪费。

目前大部分中小企业主还没有意识到，通过 IT 系统提高管理水平、降低提供产品（包括服务）成本的重要性。

而 SaaS 产品，特别是通用工具型 SaaS 产品，其主要价值就是帮助企业提高效率。如果大量企业尚未意识到效率提升是自身痛点，SaaS 公司的营销就会非常困难。

2）大部分 SaaS 公司的产品还不够好

我从 1998 年开始写企业内部使用的管理信息系统，前 10 年做研发和项目管理，后 10 年带大团队做营销和销售，亲历了中国软件领域近 20 年的发展。

由于早期知识产权容易被忽视，一家软件企业做出一个创新产品，并在市场取得不错反响时，很快就会被模仿，最后软件企业只能拼营销能力和性价比。软件企业被迫走上为企业做定制化开发的道路，因为定制化开发是无法被模仿的。

但是，定制化开发在中国也遇到困难。客户企业发展很快、管理制度流程经常变换，对于不稳定的客户需求，软件开发者束手无策，软件公司往往连人头费用都赚不回来。

引 言

国内 SaaS 领域发展现状

甲骨文、思爱普、微软这样的海外软件巨擘进入中国市场后，占领了利润最大的头部市场。到今天，只有财务软件、BI 报表软件、工程预算软件等少数细分领域，由于历史、政策等原因发展出少量利润不错的软件公司。但相比海外软件公司的市值，中国软件企业差距还很大。

发展弱的行业技术积累自然就少，除了技术人才不足，能理解企业业务的优秀人才同样缺乏。

而 SaaS 就是从传统软件行业里长出来的。上一代软件技术架构能力、业务理解能力的不足，也造成下一代 SaaS 产品满足客户企业需求的能力不足。

这表现在产品功能不丰满、价值点不突出，获得客户认可难；表现在产品的 IT 架构扩展性不佳，在版本迭代过程中，反复推倒重来，浪费了大量研发资源；也表现在整个组织的能力不足，在市场、销售、服务各个环节缺乏管理思路、业务流程和员工文化建设。

单从"产品—客户—市场"三者关系的角度来看（如下图所示）：产品价值不够突出，公司想形成市场突破就很费力；即便客户购买了，产品不能很好地解决客户的痛点需求，客户口碑就不会好，市场对该产品的新需求增速就不会提高。这是一个糟糕的循环。

产品—客户—市场的循环

3）中国企业 IT 采购流程也是一个瓶颈

在美国，因为商业环境成熟，SaaS 产品明码标价，传统企业中各个部门的工程师(未必是 IT 人士)和管理者,能够迅速决定采购提升效率的 SaaS 产品,然后向企业报销。而在国内,因为 IT 采购流程复杂 (经常涉及采购部、信息部、业务部门、行政部门、CEO 办公室等多个部门),SaaS 公司的营销成本要高很多,触达客户的速度也要慢很多。

而到了续费阶段,还需要重新进行合同及价格谈判。国内 SaaS 公司真是困难重重。

当然,第 3 点是表象,主因还是前两点:需求和产品价值。

对于 SaaS 公司来说,产品不够好是内因,客户需求非刚性是外因。即便通过练内功把内部问题解决了,销售额达到一定规模后,受制于外部原因,大部分 SaaS 公司的增速也会放缓。

近些年,我与十几个知名基金公司的投资人交流,大家不再对 to B(企业服务)公司每年增速有过高要求:销售额上千万元后,每年增长 50%～100%就是合格的速度。因为市场尚处于成熟的过程中,即便 SaaS 公司的产品和组织能力再强,需求在这个阶段的增速大多都还是线性的。

当然,我也见到一些营收做到较大规模,仍能高速增长的公司。首先,这与他们所在的行业有很大关系。同时,他们也确实掌握了 "复制市场成功" 的一些办法。我在后面的章节中也将详细讲述一套相关方法论。

虽然国内 SaaS 领域在过去遇到很多困难,但这 5 年毕竟有大量资金投入 SaaS 领域:有的钱投入研发提升了产品水准;有的钱吸引了优秀的软件人才和互联网人才;有的钱虽然让创业团队走了弯路,但起码买到了足够的教训……

我看到有一大批 SaaS 创业公司已经进入了 "产品—客户—市场" 的正向循环:优秀的产品→帮助客户解决了问题→带来良好市场口碑→带来更多客户和营收→公司有良好的现金流投入研发和组织升级→更好地帮助更多的客户解决问题……

总体来说,随着各行各业的市场竞争加剧,国内企业提高效率的需求会逐步增加。通用工具型 SaaS 虽然当前面临很多困难，但毕竟面对中国广阔的中小企业市场，我认为 3～5 年会涌现出一批市值超过 10 亿美元的独角兽公司。

同时，我个人认为在近 3 年内，行业 SaaS 和场景 SaaS 会比通用工具型 SaaS 发展更快。因为它们能够解决的问题更具体，更容易激发企业老板的购买意愿，也更容易达成交易和积累数据优势。甚至由于行业 SaaS 和场景 SaaS 的创始团队往往就出身于该行业，他们比行业里大部分企业的老板都更懂行业业务，产品走的弯路也相对较少。关于行业 SaaS 和场景 SaaS 的商业模式，后文将进一步探讨。

总体来说，SaaS 在美国已经进入快车道，但在中国还需要 3～5 年，甚至更长时间的渐进式发展期。但同时，我们相信"每个行业都值得用互联网再重做一次"，而 SaaS 与 AI（人工智能）、IoT（物联网）一起，就是用互联网思维改写每个行业的工具。

无论是写这本书，公开分享，还是私下辅导，我希望通过自己的种种努力，能为国内的 SaaS 领域从艰辛走向繁荣做出一点贡献。

本书针对的人群包括：

SaaS 创业者、SaaS 公司中有自我提升意愿的员工，以及各个行业的互联网改造者。因为国内 to B 领域也比较缺乏系统的创业及营销方法论，所以本书也适合 to B 领域的创业者、产品经理和营销专家。

本书的内容有两种阅读方法：

通读一遍，对 SaaS 创业的整个过程有全面系统的了解，避免在具体阶段的决策"只见树木不见森林"。

将本书作为一本工具书，在自己公司发展到某个阶段时，重点阅读该阶段的核心目标和应该注意的关键问题。

序　章

第 1 节　产品的市场定位与商业模式

我每周都与 SaaS 创业者交流。针对他们在营销和组织发展方面的问题，我大多能够很快给出建议。但有一类问题，我也会束手无策。这类问题往往与产品定位、目标市场选择及商业模式有关。当这类问题被发现时，已经不是一两年的调整就能解决的了。

这类问题表现如下。

- 为什么客户表示产品很好，但不愿意买单（早期阶段）？

- 客单价上不去，客户只愿意付 3000 元，还想买断服务，怎么办？

- 为什么我们的销售团队只能有零星的产出？

- 为什么我们的销售团队达到 30 人就增加不上去了（扩张阶段）？

- 该行业全国只有 1 万家企业，按目前的客单价，50%的市场份额也就 1 亿元，怎么办？

看到创业者陷入这类困境，我也爱莫能助，往往只能相对叹息。

所以，在创业初期，一定要在目标市场、产品定位、商业模式三方面想清楚。

1．目标市场

SaaS 产品最适合"橄榄型"（营收占比维度）的目标市场。

- 该市场有一部分头部企业，他们的市场占有率也没有达到垄断地位，只有 10%～30%，甚至更低。

- 该市场的中间部分很大，就如橄榄球的中部，有大量"中小企业"（50～500 人的企业），并且占据着大部分市场份额。

- 该市场尾部也有不少"小微企业"（50 人以下），但市场份额并不高。

1）小微企业市场

我们从下往上看。小微企业不到 50 人，业务模式、人员构成、管理方式都不稳定，一套 SaaS 系统每年 5000～10 000 元也会嫌贵，他们更愿意用免费的企业微信、邮箱、钉钉来做团队内部的沟通。但从 SaaS 营销成本上看，一个 5000 元的单子与 5 万元的单子，从投入人力、成交周期上看，差别并不大。何况，小微企业自身存活率不高，这类企业来年的"续费率"也低，对 SaaS 公司来说价值很有限。

2013—2017 年，国内成百上千家 SaaS 公司都做过进入"小微企业"市场的尝试，但可以确定，这是一个付费能力和意愿偏低、服务困难、续费率低的低质量目标市场。

当然，每个行业的情况略有不同，这个阈值应该是"50 人"还是"20人"各有差别。甚至也有一些自然流量很高的 SaaS 企业，有条件做这些存活率低的市场。其中涉及营销投入产出比（ROI）的计算，后文讲述营销的章节会进一步用数字和公式阐释。

2）中部市场

中部市场有大量的中小企业，这是 SaaS 产品的优质目标市场。该类市场有这样几个特点。

- 有大量中小企业（几万到几十万家）。

- 由于外部竞争激烈，企业有提高效率的刚性需求。

- 企业愿意向其他企业学习，也愿意接受效果良好的标准管理方式。

- 中部市场的企业由于在同一个市场上长期竞争，盈利模式和管理方式趋同，因此需求相对标准，标准产品就能满足 70%以上的使用需求。

- 这部分企业不愿意承担高额定制开发费用，更愿意接受标准产品。

这些特点都源于该目标市场。"橄榄型"市场中部有大量中小企业处于竞争之中，是造就这些特点的根本原因。

3）头部市场

大部分行业都有几家或几十家头部企业。他们的人员和营收规模往往很大，业务及管理流程也相对规范，本来应该是 SaaS 产品的优质目标客户。但这些企业是供应商竞相争夺的行业标杆，由于规模大、业务需求独特，同时也能承担高额的定制化开发费用，所以他们经常会挑选能做定制化开发的 IT 供应商。

在定制化开发方面，SaaS 公司从 IT 架构到工程师雇用成本都不具备优势。也许为几家头部企业做定制化开发是 SaaS 厂商打磨未来标准化产品的一条路径，但长期为大客户做定制化开发肯定不是 SaaS 公司的终极目标。

在"橄榄型"市场中，SaaS 公司的标准化产品能够不断从客户那里吸取养分，在形成客户满意度高的标准产品后，口碑和品牌效应也会降低获客成本，可以给 SaaS 公司带来高额回报。

与"橄榄型"相对的是"哑铃型"市场：头部企业数量不多，但占据了很大市场份额；后面还有大量长尾小微企业，也占据了一定市场份额；这样留给中间的中小企业的市场空间就不大了。

在国内，餐饮行业、教育行业、健身房门店，包括 SaaS 领域自身，都属于"橄榄型"市场；而石化、银行、供电行业，是典型的"哑铃型"市场，客户企业更需要定制化开发系统。也有一些行业，企业数量众多，但都是做不大的小作坊企业，SaaS 企业进入这类市场也要慎重，因为针对小微企业的 SaaS 产品真的很难盈利。

除此之外，选择是否进入目标市场，还要考虑竞争因素。我下面给大家介绍一个经典的战略模型。

2．波特五力模型

波特五力模型用于企业在准备进入市场、退出市场或行业政策突变时执行，其模型如下图所示。

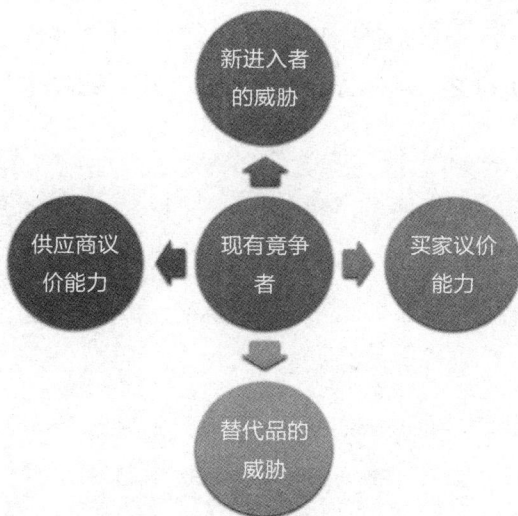

波特五力模型

通过波特五力模型分析得到的结论是和行业整体利润率相关的。

至于波特五力模型的细节，在很多战略管理类书上都可以找到。这里不再赘述理论部分，我尽量通过举例让大家理解波特五力模型的含义。

举例来说，从 1985 年到 2013 年，美国各行业近 30 年的盈利能力分析数据表明医药行业的利润率一直居于前列（大约是 20%）。为什么？因为美国只有几个医药巨头，研发药品的技术和政策门槛很高，缺乏新进入者，而他们面对的客户是大量零散的医院，医药公司掌握了定价权。

再看看近 30 年的航空业（利润率为-7%～1%），他们面对的客户群体也很分散，但进入门槛不高，竞争者众多；而上游主要供应商只有两家（波音和空客），航空公司购买主要资产的议价权很弱。所以采购成本高昂，航空业的利润其实被上游企业拿走了。

当你决定进入一个行业 SaaS 市场(例如教育机构 SaaS)，或者通用 SaaS 工具市场（例如 CRM）时，可以先做波特五力模型分析。

- 现有竞争者。通用 SaaS 领域比较成熟的 CRM、HR、OA 等。每个细分行业有 1～3 个头部 SaaS 公司和众多中小创业企业。在很多垂直行业的 SaaS 市场，还没有出现头部企业，但竞争者数量不少。相对来说，新出现的"行业＋商业 SaaS"产品的竞争对手是比较少的。

- 新进入者的威胁。SaaS 创业门槛很低，有三五个工程师就能组织创业。当然，从具体细分领域的情况看又各不相同。后文会专题分析 SaaS 公司的护城河。

- 替代品的威胁。传统软件厂商的威胁不大，他们也逐渐往 SaaS 迁移，但目标客户企业内部存在新老产品交替的难题，有一个递进过程。

- 买家议价能力。SaaS 企业当然希望自己的目标市场呈"橄榄型"，中型买家数量多、需求一致，这样面对买家的议价能力才会更高。如果只有目标行业的几个头部客户，而自己竞争者不少，其议价能力自然很弱。

- 供应商议价能力。SaaS 企业的主要成本不是设备费用而是人员成本。和互联网巨头"抢人"，除了薪酬，也要多发挥创业公司自身的优势：

更多自主决策的机会、更深的股权绑定、更有朝气的文化氛围……

原则上波特五力模型是在进入新行业或决策退出时才用的，但如果你的公司在进入时没有用过，不妨做一次分析。

再给大家介绍一个分析竞争对手的工具。

可以在下表中将竞争对手的多个维度信息总结出来。重要的是列出学习点、空白点（或区域）、应避开竞争点（或区域）。

竞争对手分析表

维度\竞争对手	本公司	竞品 1	竞品 2	竞品 3
现行目标				
未来目标				
现行战略				
对手的能力： S（优势） W（劣势） O（机会） T（威胁）				
战略假设				
行动方案				
总结 学习点 空白点 应避开竞争点				

通过这个表格，可以找到市场"空白点"和市场竞争格局中的"竞争热点"。

3. 产品创新的重要性

同领域的 SaaS 产品很容易陷入恶性竞争的局面中，中国市场尤为突出。我在 2016 年年初拜访硅谷的 SaaS 公司时，见到的美国 SaaS 创业者们都不认可抢占既有的细分赛道，更愿意在别人的创意旁边另辟蹊径，也就是说他们更喜欢差异化策略。

为何中国 SaaS 公司会陷入激烈的竞争中呢？我判断有 3 个因素。

一是 2015—2016 年中国"热钱"比美国更多，拿了投资的 SaaS 厂商在竞争过程中更倾向以"销售额"为导向而非追求"利润"。

二是中国市场更大、中国人的创业热度更高，大量创业者没有商业经验，也缺乏重视现金流等实际经营企业的经验，容易做出激进决策。

三是国有垄断企业的高额利润在商业环境中形成了一个假象，"先用低价干掉对手，我们未来再提价"。其实在充分竞争市场中并非如此。

我们主要探讨一下上面第三点，垄断利润的问题。政府垄断和市场垄断是一回事吗？当然不是，看看滴滴合并快滴、Uber 之后的竞争格局就知道了。只要看到你有高毛利率，美团、高德、首汽约车都会来竞争，已经奄奄一息的老对手也能再融到钱继续和你竞争，新的玩家也会再出现。

因此，在自由竞争的局面下，不存在长时间的垄断利润。以下这些都是错觉。

- 1999 年，没有一家软件公司能打败微软了！

  ——微软股价在 2016 年才回到 1999 年的高度，用了 17 年时间。

- 2010 年，电商市场被某电商平台垄断了！

  ——之后京东很快通过物流"奇兵"拿到部分市场。

- 2013 年，百度搜索广告第一！

  ——现在要加上限定词：PC 端，今天在移动端，今日头条的"推荐阅读"更受欢迎。

- 2016 年，微信的流量入口地位无人可以挑战！

——结果 2017 年出现了"抖音"。

产品同质化后，价格竞争无可避免。避免未来激烈竞争的关键还是应该在初期就定位好公司的战略和产品。

SaaS 是为企业客户服务的，企业的情况千差万别，不同 SaaS 厂商完全可以在市场细分和产品价值上找到差异点。我们要尽量避免在公司盈利前就陷入恶性价格战。

4．SaaS 公司的商业模式

市场定位与商业模式在创业初期就要想清楚，也要验证清楚。就像我们准备在戈壁上徒步 30 公里，如果出发时的方向就错了，不但不能到达终点，连生命都会有危险。

我们做一个商业项目，首先要设法看清楚该市场的天花板在哪里。如果最多是一个 2 亿元营收的市场，即使做到第一也可能不到 1 亿元的营收。这样的商业项目值不值得做，要先想清楚。

我看到很多创业者没看清市场就闷头做。我自己也开过几家公司，很理解第一次创业"当老板"的冲动。但没想清楚就跳进海里，肯定是要呛水的。

软件圈著名自媒体人"阿朱"曾经在多家行业第一的软件公司任职。他告诉我，很多创业者以为未来市场很大，是因为从来没有当上过"行业第一"。奋斗多年做到细分行业第一后才发现，好不容易牙齿磨锋利了，池塘里却没几条鱼了。这就是初期认知不足。

商业模式正是决定这个天花板高度的决定因素。我先介绍几个跟 SaaS 相关的商业模式，从表面上看，它们的收费模式不同。

1）传统软件的买断模式

传统部署软件的收费模式是买断式的。企业签约后，支付买断该软件（某个版本一定数量的账号，也可以是其他形式）使用许可权（License）的费用。在常规做法中，后续每年还可以收 10%～15%的维保费用（在实际运作中，维保费用较难收到）。

比如，第一年收 30 万元，以后每年收 3 万元的维保费用。这和卖冰箱一样，卖一次，基本上这个客户未来几年都和你没多少关系了。传统软件的买断模式将来的发展会越来越困难，这是因为买断后团队缺乏动力帮助客户用好产品。最后只有售后服务经理着急，其他部门的人却急着做下一单赚钱。

2）SaaS 收年费

SaaS 的本质是续费。SaaS 公司有一个内在的机制，每年都会找客户续费，就会不断帮客户解决问题。公司内部有一个 CSM（客户成功管理）团队，专门有一个客户成功经理以客户的"续费"为 KPI。他会想尽办法调动产品资源、研发资源、服务资源，甚至公司高管资源，去帮客户解决问题。

所以我说，一个好的机制胜过一万遍日常管理。"每年续费"就是一个保障服务质量的机制。

3）消耗模式

收年费还不是最好的模式。有一个模式比它更好，就是消耗模式。例如关键字搜索排名，客户先存 4000 元，消耗过程带来商机，有效果了再预存 1 万元，带来了一批客户，效果不错，再预存 2 万元……在这样的情况下，企业其实按效果付费，双方的交互频率更高，业务紧密度更高。很明显，消耗模式在商业上更有价值。

为什么这么说呢？因为它会不断地督促服务供应商想办法帮你做消耗。比如百度 SEM，百度代理商会派人帮企业做优化、做消耗、帮企业带来更多客户。

大家看，对于 SaaS 公司的商业模式，我的评价标准就是产生营收的频率，也可以说是付费的频率。付费频率越高，业务相关度越高，商业价值越大。

这个模式非常好，但是还有一个模式比消耗模式更有意思。

4）分销售额

你没看错！对 SaaS 公司来说，分销售额听起来是不可能的事。但这就是我开头说的"认知边界"，你都想不到，当然不可能做到。

如果只是按传统 SaaS 工具的做法，永远做不到分销售额的模式。我们需要更深地介入客户的业务流程，才能成就这个模式。

我认为 SaaS 公司是有这样的机会的，我们中间也有人做到了。2018年我在 SaaS 圈知名的自媒体组织"崔牛会"办公室，见到一个 2004 年就做 SaaS 的老前辈。他做了一个产品，有硬件也有软件，他的商业模式就是跟租用硬件（含软件）的门店客户分销售额：你卖多少，我都只拿 1%。

这个模式最有趣的地方，从机制上让 SaaS 公司销售服务体系中的每个员工不断地帮助客户去获取更多的销售额。只有客户有了更多销售额，服务供应商才有更多钱可分。

可能大家会说这事怎么听起来这么遥远？其实一点都不遥远，下面我就讲讲与此相关的产业互联网。

5）产业互联网

产业互联网是一个大趋势。大家都知道美团上市后市值为 500 亿美元。所有人都在讨论美团为什么值这么多钱？美团的边界到底在哪里？只要是服务，美团就做吗？

就餐饮行业而言，美团其实收购了 7 家做餐饮 SaaS 的公司。美团现在给餐馆带来了流量，下一步就会要求餐馆都用他们自己的 SaaS 产品。海量餐馆用美团的 SaaS 产品，美团就掌握了大量数据：每个餐馆一天卖了多少牛排，卖了多少羊肉，卖了多少土豆。由此带来的供货效率就比别人高。

在 2014 年前的传统软件时代，我跟多家做餐饮软件的朋友聊过，他们特别想在餐馆供货上有所作为。但是非常难，得有足够的市场占有率，还要有足够的话语权，最后还能够归拢数据。美团恰好就有，拥有海量平台消费者就是拥有绝对的话语权。

然而这个过程是无比艰难的，看过《九败一胜》（一本介绍美团王兴创业史的书）的人都知道这一点。但是如果达成，就有可能建立庞大的供货体系。给餐馆供货，这就是万亿级的市场。供货之后，美团还会干什么？也许会开农场，从源头控制品质和成本，想象空间非常巨大。

在各个产业＋互联网的方向上，有很多的变化是做 SaaS 的人应该去关注的，甚至应该想办法抓住的，这是整个商业模式上的升级。

SaaS 产品首先是工具。说实话，我们即便做了一套很"牛"的软件系统，那也就是"一把不错的铁锹"。卖铁锹给别人，别人挖出来的金矿跟我们没有任何关系。

我们还是一个卖铁锹的，怎么能够跟客户的营收有关系呢？我们可以考虑加入行业的业务层面，帮客户一起找金矿、给客户挖金矿的方法或者一起运营挖金矿的业务，这样才有机会和客户一起分享挖出来的金矿。

更进一步深入客户业务的模式是 SaaS 企业的突破口之一。

我们如果把 SaaS 工具做好，当然也有很多机会，北森、纷享销客等少数几家头部 SaaS 公司能把成熟的 PaaS（Platform-as-a-Service，平台即服务）平台做出来，将来就有可能像 Salesforce 一样吸引行业 ISV（独立软件开发商）的关注，再通过平台战略占领企业级市场。

目前，对大部分还在起步阶段的 SaaS 公司来说，这个机会的窗口期其实已经关闭。北森、纷享销客都已经投入 4 亿元以上的研发费用，创业公司没法这样做。

以前都说"互联网＋"，但今天应该是产业＋互联网。这个观点现在已经普遍被接受了。互联网人怎么可能创造出一个全新的传统产业呢？这是不现实的。我们只能将某个传统产业用互联网的方式来改造，产生新的业务流程和新的业务模式。

在这个过程中，人工智能、物联网肯定会起到很大的作用。而在展现层面，SaaS 产品对员工、供应商及经销商进行业务赋能将要起到重大作用。

我们要摆脱"一把铁锹"的命运，就要想清楚如何参与行业的互联网改造。如果是一个行业产品，就深扎行业之中；如果不是一个行业产品，就找到真正适合自己的行业，实现自己的业务价值，而不是工具价值。真正能够参与挖金矿，而不只是卖铁锹，企业才能获得更大的成功。

5．关于商业模式的分歧

关于 SaaS 公司是应该做 IT 工具还是参与产业互联网改造，在 SaaS 圈内是有很大分歧的。

产业互联网看起来很美好，但这个过程一定充满不确定性和反复试验。其实在每个革命性的新技术或新模式出现时，其关注及投资热度都有这样一个过程：萌芽→投资或创业泡沫→第一次爆发→发现落地效果不好，跌入低谷→在创业者的艰难实践中缓慢上升→找到合理的发展盈利模式→重新达到新高点……

早期的互联网网站、电动汽车、LED 技术、光伏能源、短视频、知识付费等现象级新领域的发展路径莫不如此。而未来区块链、人工智能、VR也都可能会重现这些规律（另一种可能是最终证明该技术或模式是一个伪命题，泡沫被戳破后就彻底崩溃，例如"老人手机"、20 世纪 90 年代的"专家系统"等）。

SaaS 应该向"工具"还是"商业化"的方向发展？我们将在后文更深入地探讨。

第 2 节　SaaS 的数据价值

总有一个场景，会让客户愿意贡献自己的数据。

2019 年年初的某一天，我突然好奇自己在各个金融机构的信用如何？然后打开手机查了一下。打开招商银行 App，闪电贷额度为 30 万元；打开微信的微粒贷，也有 18.7 万元的额度；然后打开支付宝，简直大跌眼镜，支付宝给我的信用额度只有 2000 元！我马上问了身边的朋友，他支付宝的信用借款额度有 2.8 万元，远远多过我的。

当时我回想了一下，最近一年很少用支付宝，每天都在用微信支付；招商银行的服务我用了 18 年，对我的数据了解最全面……

正好前一天在中欧商学院的"V 论坛"上，听小米金融的 VP（副总裁）介绍他们的风控体系：用户使用小米手机、小米电器的数据会沉淀在小米的大数据平台上，平常这些数据不会被使用；当用户需要在小米金融贷款时，需要通过正式协议授权小米使用这些数据做风险评估，评估通过才能拿到贷款。

这不是和 SaaS 公司的逻辑一样吗？现在 SaaS 公司在云端都存有客户的数据，我相信 SaaS 公司都会像爱护自己的眼睛一样保障数据安全。但如果有一天，这个数据对客户很有价值，因客户的需求而被使用，就能给客户和 SaaS 公司带来双赢价值。

我举一个 to B 的例子——某企业使用 SaaS CRM 两年后，一天 SaaS 厂家的客户经理与该企业销售负责人发生了一段这样的对话。

"根据其他客户授权数据的统计，您所在的行业，上个季度客户平均成交周期是 73 天，不知您从 CRM 中看到的成交周期是多长？"

"啊？我们和同行差距这么大啊？我们是 100 多天。"

"您需要我们为贵公司出具一份详细的销售过程数据分析报告吗？当然，这需要在得到您的授权后，脱敏使用贵公司 CRM 的数据。所谓脱敏是指我们的程序不会使用您具体客户的信息，只会通过数据统计的方法分析总体情况。"

"好的，我很想了解自己是在哪个销售阶段落后了。"

篇幅所限，更多的场景和内容，读者可以结合自己的业务想象。

对比上面个人借款和企业数据报告的例子，企业端的数据安全要求更高，同时数据增值使用的需求也肯定会更多。

1. 客户对云计算的接受程度逐年提高

企业客户使用云产品，第一个台阶是数据在云端是否安全？第二个台阶才是能否用我的数据提供增值价值？

第一个台阶大部分 SaaS 公司都慢慢跨过去了。用了几年时间呢？大约是 5 年。

我记得在 2013 年的时候，想说服一个中等规模的企业使用 SaaS 产品非常困难，只要客户问"数据保存在哪里"，丢单率就有 80%。随着微信的普及（这才是第一大 OA 厂商），大家谈工作、传文件都在云上了，所以对云的接受度也越来越高。

到了 2014 年，中型企业接受度大概在 60%左右。

到了 2018 年，国际大软件厂商 ORACLE、SAP、Microsoft 的产品全面转云；国内金蝶、用友也将新研发的重点放在云产品上。

2019 年 7 月，阿里宣布成为 Salesforce 的中国总代理，这也在 SaaS 业内引起了大讨论。最后的结论是中国的市场非常需要销售超级成功、SaaS 领域估值世界第一的 Salesforce 来参与。大客户将会逐渐接受数据被放在云上的做法以及 SaaS 产品的高价格与高价值相匹配。

到了 2019 年，不仅绝大部分中型企业，包括很多大企业都很容易接受云产品了。以我遇到的实际情况看，不少超大企业会提出更多数据安全规范化的要求，但并不排斥数据云化。

分析一下背后的原因，这些客户接受云产品的主要原因是什么？是因为 SaaS 产品能提升管理效率、节约成本等。

按照我前文所讲，"商业 SaaS" 正在逐步出现并介入企业业务，企业对于数据云化的接受速度还会加快。

2. SaaS 产品利用数据增值的路径设想

新浪潮来临时，不会同时打到每块岸边的礁石上。

目前使用客户数据常见的是与金融有关的增值业务，例如代发薪水等业务。之后会在哪些 SaaS 领域涌现出更多的数据增值场景呢？首先是会出现在"商业化"领域。

在这些领域中，SaaS 能帮客户企业增加获客数量和营收，这是每个企业的刚需。如果要能够与客户分享数据实现共赢，就很可能要参与到客户的业务运营中。举个例子，借用客户的老顾客关系链进行新顾客引流，这不是卖给客户一个工具就能运作好的，往往需要提供工具的 SaaS 公司也提供代运营的服务。

其次，那些能够掌握某个领域大量数据的 SaaS 公司也会挖掘数据增值场景。企业拥有数据，结合新 IT 技术，甚至能够改变整个行业的业务链条。处在上游的客户企业往往能因此得到更大的价值：更了解终端客户的需求、分布、购买力等。

从 2018 年 11 月到 2019 年 7 月，我在公众号"SaaS 白夜行"里写了几篇关于 SaaS 公司商业模式的文章。这些文章引起 SaaS 圈内很大的争议。

其实，我们不需要争论某某公司是不是 SaaS 公司。SaaS 只是路径，不是目的。我们应该站在每个 SaaS 公司创始人的位置上想，他最应该考虑的是如何带领团队实现商业上的成功，而非这条路是不是 SaaS？

所以，现在大家就可以思考：公司开发 SaaS 产品中的数据未来能给客户带来更多价值吗？

我强调一下，本节探讨的是公司战略问题。商业模式是需要创始人及早思考的，但这里也有很多使创业团队分心的风险。

一般来说，先将工具 SaaS 做到极致，才能有成就商业 SaaS 的机会。一个创业公司，如果手上的事情都还没做好，就去探身摘高处的果子，风险太大，容易把全公司都摔到地上。

最后，数据的使用要遵循合规、诚信的原则。数据属于提供数据的客户，SaaS 公司只能在三个条件同时成立的前提下使用：

- 能为客户带来更多价值；

- 得到客户的正式许可；

- 只在客户许可的范围内使用。

第 3 节　SaaS 的本质是续费

SaaS 与传统安装部署版软件的最大区别是前者按年付费租用服务，后者一次性买断。这貌似只是"报价方式"的区别，实际上带来的是对服务模式、销售模式、公司估值等维度的巨大影响。

1．服务模式的影响

先从客户侧说起，传统软件实施失败率高或上线后使用体验糟糕，行业内常说是客户需求变化快的问题，是企业执行力的问题，但实际上还是"利益与贡献不匹配"的机制问题。

从软件公司来看，销售在签订合同时其业绩任务就已经达成，因此销售代表，甚至售前支持顾问大都会以"拿下单子"为目的，在遇到竞争激励时即使过度承诺，给后面的实施部门"挖坑"也在所不惜。而后续年份只有 15%左右的维护费，利益不多，好收就顺手收一下，不好收也不值得费力再进行重度投入。

而 SaaS 的按年付费彻底改变了这个局面。举个例子，一个报价为 30 万元的传统软件项目，SaaS 公司报价为 10 万元/年。客户签约及实施完成后，由"客户成功部（CSM）"接手服务。客户成功经理有非常明确的目标，就是让客户用好，这样 12 个月后客户才会续费！有这 10 万元的续费，CSM 才有业绩、才有奖金，所以他们会极其重视客户使用体验。如果企业没用好，CSM 甚至会重新进行需求调研和二次实施。为什么？因为客户用好了，后面还有 10 万元×N 年，这是第一年收入的 100%而不是 10%！

所以 SaaS 公司的服务一定更有保障。反过来，如果 SaaS 公司一次收 3 年，甚至 5 年的费用，这对客户来说风险比使用传统软件还大。为什么？因为 4 年内没有续费可收，CSM 4 年都不会重视这个客户。

2．销售模式的影响

收年费的模式也极大地影响了 SaaS 公司的销售毛利模型。

仍然用上文的例子，虽然首次收费 10 万元比 30 万元少很多，但门槛低了，销售难度和销售周期都缩短，一个 SaaS 产品的销售代表也能做到一年上百万元，甚至更多销售收入。而对 SaaS 公司来说，第二年开始的续费成本非常低，CSM 拿走 20%～40%的费用，剩下 60%～80%都是毛利。

因此，SaaS 销售的新单毛利可以很低，甚至使用 0 毛利政策，给销售 10%～30%的首次成交提成（提成比例是传统软件行业的 3～10 倍），给代理商 60%～70%的返款——这都是基于 SaaS 的本质。

3．公司价值的影响

收年费的模式也决定了 SaaS 公司的价值，或者说"估值"。

SaaS 公司是按年营收额来估值的，在美国 SaaS 公司的估值大概是年销售额的 10 倍，这与传统上市公司 20 倍左右的市盈率（市值÷盈利）是完全背离的。

我们可以简单算一下，传统公司如果完成 1000 万元年销售额，净利润大概在 100 万元左右（10%），市值 = 100 万元×20 倍市盈率 = 2000 万元，市值只有销售额 1000 万元的 2 倍。

而根据市销率（市值约为销售额的倍数）10 倍的 SaaS 估值模型，年销售额 1000 万元的 SaaS 公司估值是 1 亿元！为什么？因为续费收入可持续，这对于 to B 销售公司来说是巨大的价值。

需要说明的是，这些价值判断的大前提是公司战略不发生大波动，产品满足了客户的需求并能保持较高续费率，销售不卖多年单。这 3 点就是有了投资的 SaaS 公司经常"跳的坑了"。

如果我是投资人，我会严格考核 ARR（Annual Recurring Revenue，年度经常性收入），而不仅仅看年度总营收。也就是说收入必须按服务期折算，如果是一次收 3 年费用，只能把当年将执行的这部分作为当年收入。

当然，对于大企业来说一次采购决策流程就有很高成本，主动要求采购 3 年也很正常。这时候 SaaS 公司的报价，务必不要按传统报价模式（后续只收 15 的维保费用），次年起的费用至少是首年的 50%，而不是 15%，否则影响后续服务保障。

4．总结

我们一起总结一下 SaaS 模式的特点。

SaaS 模式与传统软件的最大区别不是软件部署到了云端或者客户企业办公室里，而是收费模式。按年收费（次年收到续费）是 SaaS 模式的关键。

如果经营正常，年度续费收入（含增购）将逐渐超过新单收入，成为 SaaS 公司营收的主体。

在一个 SaaS 公司中，客户成功部是最重要的部门。它取代了原有的"客户服务部门"。客服的工作主要是被动响应，而客户成功经理需要主动帮助客户，以实现续费和增购。

因此，SaaS 作为一个新商业模式，其最核心、最本质的东西，就是"续费"。如果大部分客户不能成功续费，只收到一次费用的 SaaS 公司不符合 SaaS 的商业模式。

续费率很差（例如，低于 60%）的 SaaS 公司，要找找自己的问题是什么，是产品的 PMF（Product-Market-Fit，产品市场匹配）没完成就急于发布了，还是客户成功经理的服务没做好，或者根本是销售部门选错了客户（这往往是客户不续费的主要原因）？

而对于那些一次收多年服务费的 SaaS 公司，就连发现自身问题的机会都没有了。SaaS 收费模式塑造了 SaaS 公司的组织结构和服务机制。因此坚持不卖多年单，才能把产品打磨成熟，真正做到客户成功。

当然，我强调"不卖多年单"背后的核心原因是强调与客户的紧密接触，并达到让客户"成功"使用 SaaS 产品的目的。本书后面的章节还会进一步阐述正反面的例子。

第 4 节　路线图：SaaS 创业的 5 个阶段和 4 条主线

我总结 SaaS 公司（及 to B 企业服务公司）创业的 5 个阶段，如下图所示。贯穿这 5 个阶段的则是 4 条主线。

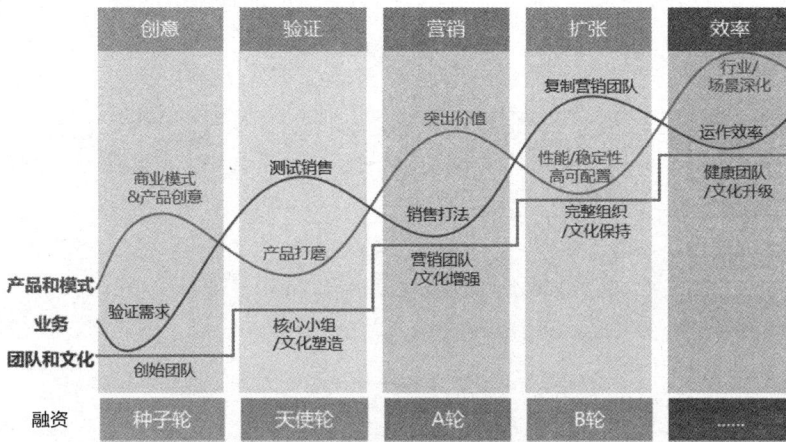

SaaS 创业路线图

SaaS 创业 5 个阶段分别是：

- 阶段 1，产品创意与商业模式选择

- 阶段 2，产品打磨和商业模式初步验证

- 阶段 3，创造销售打法和验证销售团队毛利模型

- 阶段 4，扩张期的组织发展

- 阶段 5，效率提升

其中每个阶段都有明确的任务。所有 SaaS 公司（及 toB 公司）不可能跳过这些阶段。

而 4 条主线分别是：

- 产品和模式

27

- 业务

- 团队和文化

- 融资

以上 4 条主线会融合在创业的 5 个阶段中分析。对于创业的过程来说，"融资"是在经营工作之外却又对 SaaS 公司的经营有很大影响的事情，在后文中有独立的章节讲解。

我特别说明一下：创业过程其实难以规划，本文强调的是每个阶段的关键任务和每个阶段之间的依赖关系。违背这些逻辑关系很危险，可能会事倍功半，更可能会一事无成。

下面我们就一个阶段一个阶段地展开讲述。

阶段 1

产品创意与商业模式选择

一个想法出现了，创始人需要根据自己熟悉领域的知识在熟悉的客户群体里做出口头交流验证。这个阶段的任务就是完成这个口头验证，如果能做出产品原型当然更好。

我观察过这样一个过程：某创始人在创业第一年中拜访了 300 多个CEO 或高层管理者。联合创始人是研发出身的，每天晚上根据创始人的反馈修改程序，次日发布，并在一年内通过上百次的快速迭代，找到客户的痛点并进行演示原型的验证。

从这个例子中，我们可以看出其团队的敏捷性。MVP（Minimum Viable Product，最小化可行产品）的概念很有指导性，这个"原型"可以是只有UI 界面的 H5，也可以是手绘的演示图。不用拘泥于形式，关键是能把价值讲清楚，能从客户那里得到反馈。

这是最讲究 MVP 和快速迭代的阶段。不需要做内部管理，创始团队凭借初心聚在一起、全力以赴，相互之间没有任何芥蒂。大家不畏失败地奋力尝试各种方法，这其实是创业过程中最畅快淋漓的时刻。

第 1 节　SaaS 产品分类及其发展方向

前文提过，业内普遍认为 2015 年是中国的 SaaS 元年。我估计国内目前在运营的 SaaS 公司超过 5000 家。我们认识一个新事物，除了定义，往往是从分类开始的。中国这么多 SaaS 公司，如何进行分类呢？

从指导 SaaS 公司战略的角度出发，我按照两个维度给 SaaS 公司做了分类。

1. 通用 SaaS vs 行业 SaaS

我们首先按照 SaaS 公司产品的服务对象来分类：聚焦某个业务但客户群体是跨行业的通用 SaaS，还有聚焦一个行业内的多个业务的行业 SaaS。

- 通用 SaaS：跨行业的通用产品。例如，北森、肯耐珂萨和 Moka 的 HR 产品，纷享销客和销售易的 CRM 产品，UDesk 和智齿科技的智能客服。

- 行业 SaaS：在某个行业内使用的产品。例如，奥琦玮和客如云的餐饮企业 SaaS、聚水潭和旺店通的电商 SaaS、云朵课堂和校宝在线的教育机构 SaaS 等。

2019 年 7 月，我作为评委参加了"腾讯 SaaS 加速器（首期）"复试活动。有 122 家不同阶段的 SaaS 公司参加了复试，有 40 家公司最终入围加速器的培养计划。其中，通用 SaaS 与行业 SaaS 各占一半。

从我接触的大量 SaaS 公司信息看，2016 年及之前创立的 SaaS 公司中，通用 SaaS 占比较高；之后随着通用 SaaS 的赛道被占满，新创立的 SaaS 公司做行业专属产品的比例开始增加。

2. 工具 SaaS vs 商业 SaaS

2016 年之前出现的 SaaS 产品大多是工具 SaaS。

工具 SaaS 的主要特点是：为客户企业提供了一个提高管理效率的工具。这和传统软件的价值一致：做 SaaS CRM 的还是辅助管理客户、提高销售团队效率的 CRM，做 SaaS HR 系统的还是提供提高人力资源部门工作效率的 HR 系统。

与传统软件相比，工具 SaaS 有很大优势，主要是"按年续费"有产品及服务进化机制上的优势。观察美国 SaaS 领域的发展状况，也可以看到近年工具 SaaS 仍然是市场争夺的主战场。

在此提供一个分类图，图中实心圆的大小粗略代表市场上该类型 SaaS 产品的数量。

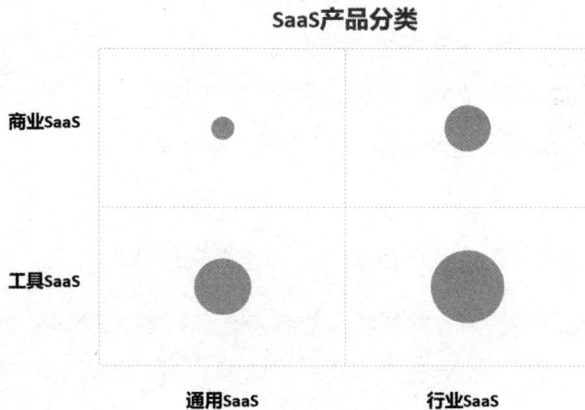

SaaS 产品分类

2018 年 5 月份我与"崔牛会"创始人大崔交流，他和我都注意到一个新类型在国内逐渐出现——"商业 SaaS"。

商业 SaaS 的特点是除了提供一部分"工具"价值外，还能为客户企业提供提高效率之外的增值价值，包括增加营收、获得资金等。

说白了，工具 SaaS 通过提高效率帮助客户省钱，而商业 SaaS 帮客户多挣钱。

当然，后者是模式创新，已经超过了传统 IT 人的舒适区。并且，该商业模式的风险也要大得多。

国内的"工具 SaaS"十年来历经磨难，2015—2016 年在大量融资后营收也未见突破，但云化趋势能推导，也能看得到。to B 业务的增长不可能太快，每年增长 30%～50%已经很不错了。

而商业 SaaS 产品虽然风险更大，但在国内特有的商业环境、管理水平及人才结构下，更容易快速实现客户价值和自我价值。

商业 SaaS 有哪些方向呢？我亲眼看到的有下面这些。

- 引客流：SaaS 产品帮助企业获得更多新客户。引流 SaaS 往往通过微信关系链、私域流量等方式运转。获客工具有效果不可持续的风险，客户企业也常常由于自己不会运营而影响效果。我看到这类 SaaS 公司往往需要进行重度专业知识培训，甚至提供代运营。这两年我接触过几家"美业 SaaS"公司，他们的培训和运营工作量都很大。

- 收取交易流水手续费：例如，聚合支付平台就有这个能力，客户企业按使用聚合支付资金流水的某个千分比来支付费用。

- 提供金融服务：为金融机构提供客户企业授权信息，获得金融机构的佣金。我推测未来也会逐渐有更深的方式，例如直接做风控管理，提供贷款。当然建立风控体系成本很高，要 GMV 足够大才能承担。

- 集中采购：国内已经有 SaaS 企业在垂直领域介入供应链了。他们为制造企业供货，GMV 已达百亿元，公司营收及利润也很可观。再想想，美团不也一直在这个方向上努力吗？如果美团占领足够多的餐饮 SaaS 系统份额，"美团快驴"（进货平台）的价值也会更大。

- 提供决策及运营数据：这个方向容易理解，如果只是企业内的数据，只能做内部报表；如果能够在部分客户的授权下，提供行业、地域等范围分析，SaaS 将有更大价值。

- 产业互联网：再往上说，SaaS 公司有可能参与某些行业或领域的产业互联网改造。这些改造肯定要用到 SaaS 公司的数据或 IT 能力。有些供应链、价值链的改造可能是 SaaS 公司主导的，当然也可能是行业或领域的寡头企业主导的。

3. 关于"商业 SaaS"的争议

业内对 SaaS 公司是否该做"商业 SaaS"还是有争议的。但从我接触过的上百家行业 SaaS 公司的实践看，仅靠收软件年服务费没有多少发展空间，甚至养不活公司。所以行业 SaaS 公司，大多都正在往商业化的路径上发展。

从工具 SaaS 的角度看，国内市场竞争将不断加剧、商业环境不断成熟，企业提升内部管理效率的新需求会自然增长，工具 SaaS 公司进入成熟期仍然有机会每年增长 20%～50%。

但如果我们稍微激进一些，从我上面提到的角度（相信还有更多其他角度）介入每个行业在"＋互联网"时代的改造机遇，主动参与，甚至主动发起这些价值链改造，就有可能获得将公司市值（也就是公司对社会的价值）从几亿元提高到几十亿元，甚至几百亿元的机会。SaaS 团队如果在"工具"阶段就已经具备一定基础，那么，身为这个时代的弄潮儿，怎能轻言放弃？！

4. 各类型 SaaS 产品间的转化路径

当然，也不是所有 SaaS 产品都能商业化。我列了几条路径，如下图所示。

SaaS产品演化路径

商业SaaS

工具SaaS

通用SaaS　　　　　行业SaaS

SaaS 产品演化路径

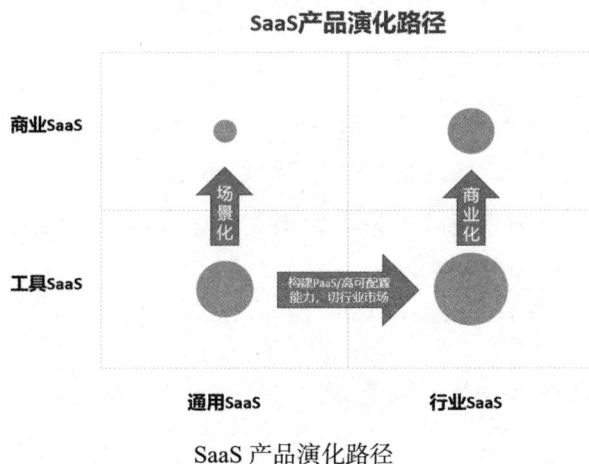

5. 通用 SaaS 的 PaaS 路径

通用 SaaS 在 2015 年前后被广泛看好，就是因为他们有类似 Salesforce 从 SaaS 到 PaaS 的发展机会。

什么是标准的 PaaS 产品？在我看来，这要求 PaaS 平台有极其丰富、强大、便捷的架构和能力，令 ISV（独立软件开发商）能够在 PaaS 上进行自有行业/领域产品的开发。这是 PaaS 的"成熟"形态。

在国内，我还没有看到过到达这个阶段的 PaaS 产品。钉钉和企业微信勉强能算，但如果只提供 IM（即时通信）、考勤打卡、账号体系这么平常的能力，对 ISV 的价值也不大。毕竟腾讯、网易都有产品可以提供 IM 支撑能力，不需要 ISV 自己开发，也不用 ISV 放弃自己的 App。

国内的 SaaS 公司有不少都在做 PaaS，但目前大多还在较早期的阶段。

（1）SaaS 产品提供了二次开发接口，允许客户自有研发团队或其系统集成商在上面做项目级定制开发。

（2）能够让公司内部 SaaS 团队在内部 PaaS 上开发。这个已经与

Salesforce 的 PaaS 接近了，但在可用性、易动性、健壮性、可扩展性等方面应该都还有很大的提升空间。

能够走 PaaS 路径的一定是通用 SaaS 产品。对于行业 SaaS 来说，做 PaaS 有点儿小题大做，做好数据库设计和可复用组件更靠谱些。当然，如果为了让市场易于理解，把自己叫作 PaaS 为其他应用提供服务也未尝不可。只是心里要清楚一点，真别按 PaaS 的规格要求来做。

"PaaS 路径" 在中国能否走通、是否还有时间窗也是业内争议较大的问题。我个人认为，国内的通用 SaaS 公司需要先完成自己商业上的闭环，也就是说先实现盈利，这更重要一些。因为只有那些市场能快速检验的产品，才有机会快速迭代出真正市场需要的产品。而快速完成小闭环，然后在其基础上不断做成更大的闭环，才是互联网的思维方式。

关于 PaaS，后续章节还会进一步探讨。

6. 行业 SaaS 从"工具"向"商业"转变

行业 SaaS 公司的创始团队大多来自该行业，甚至投资方就是该行业的头部企业，拥有深厚的行业资源和深度的行业认知。

他们在完成了"工具"价值化后，在 SaaS 功能和"数据"的基础上，有机会帮助客户企业获得更多客户、增加商业增长点、提供新的产品，甚至介入整个供应链和价值链的再造过程。

7. 通用 SaaS 增加"场景"价值

做通用 SaaS 的公司，我觉得不能轻易放弃原有阵地转向"行业 SaaS"。因为转"行业"需要有该行业的基因。

我的建议是要设法找到多个行业中较常见的、能给客户带来增值价值的"场景"。其实现在的通用 SaaS 中就有不少这样的"场景"：上上签和法大大的电子签约、分贝通和易快报的企业消费管理、同盾的大数据风控服务等。

这些 SaaS 产品解决的是某种特定场景的业务管理需求。相对"通用 + 工具 SaaS"而言，"通用 + 商业 SaaS"的使用场景更具体，业务边界也更清晰。场景具体了、产品价值大了，营销环节才容易突破。

第 2 节　SaaS 创业是否要做 PaaS

做 SaaS 创业最后都面临一个选择：是否需要做 PaaS？目前，这在业内还是一个比较有争议的话题。本节从公司整体战略的视角，结合国内企业软件市场的竞争形势，从 PaaS 被使用的形态、开发目的和前提来探讨这个关键决策。

PaaS（Platform-as-a-Service，平台即服务）、IaaS（Infrastructure-as-a-Service，基础设施即服务）、SaaS 都是云计算的一部分，它们三者的层次关系如下图所示。

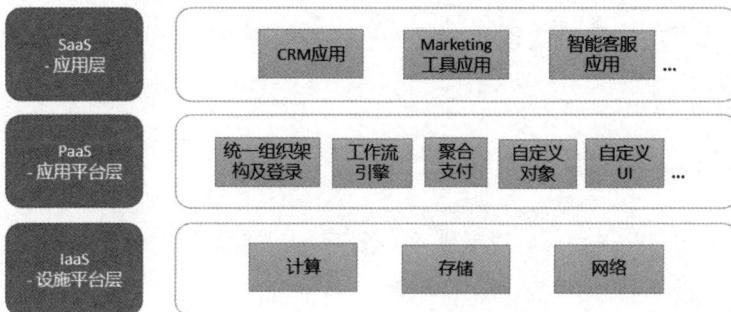

云计算的三层：IaaS、PaaS 和 SaaS

PaaS 再往下还可以拆分为 IPaaS(Integration PaaS, 集成 PaaS)和 APaaS
(Application PaaS，应用 PaaS)。本文谈的 PaaS 特指 APaaS。

1. 工具 SaaS 做 PaaS 的目的

首先，我强调一下，并不是所有 SaaS 公司都应该做 PaaS。目前国内真
正在做 PaaS 开发的公司大多是做通用工具 SaaS 产品的公司。

我们探究一下这部分 SaaS 公司为什么要做 PaaS?

这些 SaaS 公司面对的需求往往有两种。

- 多个行业较统一的需求（例如管理销售业务的 CRM、管理人事业务的
  HRM)。

- 一个万亿级大行业中的多个细分子行业的大客户(例如快消行业众多细
  分门类中的大客户)。

他们的客户需求有统一性,但每个大客户又有业务上的独特性,做 PaaS
就是为了满足在 70%～90%的统一需求下， 另外 10%～30%的独特需求。

我和一个头部 SaaS 公司的 CTO 交流,他给我举了个很具体的例子。
为了照顾没有技术背景的同学,我尽量翻译成大家能理解的语言。某个系
统中有很多对象（ object)——"部门""岗位""人员"等,总共有上百个。
系统 v1.0 版上线时应对的需求还比较简单,但随着客户数量和客户规模同
步增加,企业要求自己可在"部门"对象下增加自定义字段。于是 v2.0 版
本中对"部门"对象做了改造,加上了"增加自定义字段"的功能。随后,
又在后续的版本 v2.1、v2.2 中给"岗位"等其他 5 个对象增加了这个功能。
每为一个对象增加"自定义对象"的功能,都需要付出不小的设计、开发、
测试成本。最后,公司终于决定在 v3.0 版本对整个软件架构进行"中间层"
改造。虽然过程比较艰难,但改造完成后可以达到以下效果。

- 所有对象都自动具备了"自定义对象"的功能。

- 今后如果还需要为所有或部分对象增加新功能，只需要改造"中间层"中的母对象即可。

- 开发成本、测试工作量都大幅下降。

PaaS 的第一层价值大体可以用这个例子说明。当然，就这个具体例子而言，研发团队也可以用"对象继承"等更简单松散的方式来完成上面的工作。选择用 PaaS 来完成是因为同样类型的需求有很多，需要整体考量。

2．采用 PaaS 的三层目的

前文讲到的例子还只是从提高研发效率的角度考虑。我们下面再把采用 PaaS 方案的目的深入讲解一下。

有一次，科技企业媒体"甲子光年"采访我，我画了一张图说明 PaaS 成熟的几个阶段。在写本节文字期间，我又与一些做 PaaS 的头部公司 CEO、CTO 做了更深的探讨。这里我把那张图改为下面这张"采用 PaaS 的三层目的"。

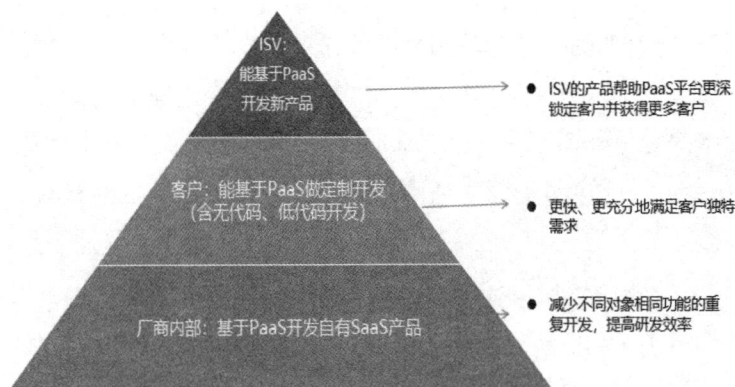

采用 PaaS 的三层目的

产品创意与商业模式选择

1）厂商内部：基于 PaaS 开发自有 SaaS 产品

一个 SaaS 厂商投入巨资引入 PaaS 的第一层目的是为了提高内部开发效率。前文讲的例子就是常见的情况，我不再多讲。

2）客户：能基于 PaaS 做定制开发

第二层目的是从客户角度出发的，因为很多中大客户有独特的需求，需要定制化的开发。如果没有 PaaS 平台，无论是 SI（System Integrator，系统集成商），还是承担 SI 角色的 SaaS 厂家或客户企业 IT 部门，他们开发出来的程序未来都不能随着 SaaS 产品升级而自动、平滑地升级。这将为客户企业埋下巨大隐患，未来也会为 SI 和 SaaS 公司带来非常大而不确定的人力投入风险。

同时，为了达到这个目的，PaaS 提供的开发手段也有三种。

- 无代码开发：完全通过页面配置，就能按需求定制开发，不用写入代码，不需要 IT 基础，对配置人员的要求很低。

- 低代码开发：除了页面配置，还可以通过加入一些简单的函数或编程脚本达到实现复杂判断、控制流程、展现结果等目的。对配置人员的要求是有软件编程基础，但不用专门学习新的编程语言。

- 专业代码开发：这就是基于 PaaS 常规的程序开发工作，需要专业的软件工程师才能完成操作。PaaS 平台将提供编程语言（可以是类 Java 语言，但也包含很多新对象和新概念）和集成开发环境（IDE，Integrated Development Environment）。后者一般包括代码编辑器、编译器、调试器和图形用户界面等工具。

- 全定制开发：在没有 PaaS 的情况下，SI 为 SaaS 产品不能满足的客户企业提供独特需求的定制开发。这种方式只要求 SaaS 产品提供丰富而健壮的 API 接口。

我们回到"为大客户的独特需求做定制开发"这个场景，看看从 PaaS

下的无代码开发，到无 PaaS 的全面定制开发这 4 个"手段"之间的差异。

"大客户的独特需求定制开发"手段

手段	能力要求	PaaS 建设成本	适用范围	最终用户的操作体验	单个客户的交付及维护成本
基于 PaaS 的无代码开发	无 IT 基础	较低	较窄，只适合简单应用场景	能走通简单业务，但操作体验一般	极低，可配置实现
基于 PaaS 的低代码开发	有 IT 基础，不用专门学习	较复杂，需要控制脚本数据安全	略宽，适合稍复杂的应用场景	能走通复杂业务，但操作体验一般	较低，配置加少量脚本
基于 PaaS 的专业代码开发	需要代码编程能力，并学习 PaaS 平台对象等知识	非常复杂，需要全面控制开发容器及权限、数据边界等	比较宽，能适应各种 PaaS 能力支持的复杂场景	能走通复杂业务，页面可灵活配置，操作体验比较好	较高，需要为单个客户写一部分专用代码
没有 PaaS 的全定制开发（SI 为客户做项目定制）	需要专业 IT 知识，并学习原厂 SaaS 产品的 API	不涉及	宽，由于是从 0 开始的定制开发，可以符合客户当下业务需求	能走通复杂业务且用户操作体验好	非常高，定制开发的程序在其他企业重用的机会较小，且维护成本高。

所以在 PaaS 的基础上做开发，无论是无代码、低代码，还是专业代码，所完成的软件工程都有很好的延续性和健壮性，是一个较完善的应对中大客户独特需求的解决方案。

但是，方案完善不意味着有经济价值。SaaS 公司还需要考虑投入产出比的问题。

- 重金投入做出来的 PaaS，真的能扩大我们的目标客户范围吗？

- 这些客户真的愿意比原有单纯的 SaaS 产品多掏钱吗？

产品创意与商业模式选择

- 通过配置和在 PaaS 上的定制开发，真的能与从 0 开始的"完全定制开发"竞争吗？

企业不想清楚这些初级问题就不要轻易开启 PaaS 之门。即便以上答案都是肯定的，还需要有 PaaS 经验的专业人士做好以下决策。

- 为了满足"客户定制开发"的 PaaS，应该采用哪个手段：无代码/低代码/专业代码？

- 如何安排合理的产品迭代路线图？哪些部分应该先进 PaaS 以避免重复工作？哪些部分应该后进 PaaS，以应对急切的市场需求？

- 如何平衡好这样几对关系：①PaaS 与 SaaS 增加新功能之间的关系；②产品稳定性与供应新功能/新场景之间的关系；③深耕老市场客户与开拓新市场客户之间的关系。

这些问题都不能只从产品研发的角度考虑，需要结合市场和销售部门的需求，以及公司整体的战略节奏。

在首期腾讯 SaaS 加速器的第二次封闭培训上，我分享了上面这个表格，还对每个项目做了打分。这个打分的工作，每个打算做 PaaS 的企业都应该自己做，我就不拿打分结果出来误导大家了。每家企业的战略目标和自身状况都不同，对应打分项设置及分数权重也不相同。真正开启 PaaS 工作前，要做的不仅是这个打分表，而且应该做财务上的投入产出比（ROI）匡算。

3）ISV：能基于 PaaS 开发新产品

最后才说到 PaaS 的终极目的——支持 ISV（Independent Software Vendors，独立软件开发商）在 PaaS 平台上开发新 SaaS 产品。这样做的价值非常巨大。ISV 基于 PaaS 能力能够更快速地、更低成本地开发出其他功能或行业产品，帮助 PaaS 平台稳定客户并获得更多客户。这其实是一个构建软件开发生态的方式。

既然涉及生态，需要考虑的问题就不仅仅是公司内部问题。我罗列一下一个 SaaS 公司做第三层 PaaS 需要的几个前提。

- 充足的资金：我粗略估计过，目前做 PaaS 的头部 SaaS 公司里，北森、纷享销客资金投入超过 4 亿元、时间超过 3 年。他们都还只做到第二层，如果想在往第三层演进，仅仅是技术积累都还需要时间。

- 足够宽阔的市场空间：这么大的投入，这么高的技术和经营风险，要求有一个百亿元以上的市场空间。

- 从业务理解能力和技术能力的积累来说，好 PaaS 首先来自"杀手级" SaaS。我们无法想象单个业务的 SaaS 产品尚未做成功的公司，他们对多种异构业务的理解力可以穿透多个 SaaS 产品，并构建一个能良好支撑未来很多 SaaS 产品的 PaaS 平台。

- 有庞大客户基础。没有成千上万在用的企业客户，ISV 凭什么愿意投入巨大成本，甘冒未来 PaaS 迭代中的各种风险，在一个新 PaaS 平台上做新产品呢？

我分析一下目前国内的形势：几个大的 IaaS 厂商阿里云、腾讯云等，为了避免自己被"管道化"（就像自来水管网一样，只提供通道资源，而不提供增值服务），除了做 IPaaS 也会逐步开发或引入 APaaS。面对这么强大的竞争对手，即便是头部 SaaS 公司做 PaaS 也会降低目标。

当然，从另一个角度讲，阿里、腾讯提供的 APaaS，其最终客户企业还是比较宽泛的。无疑，由于各个行业 ISV 的加入，它们会有很强的行业特性。但是否能有足够的领域特性（例如对项目管理、CRM、HR SaaS 的支持），还很难评估。对希望做出第三层级 PaaS 的头部 SaaS 公司来说，也许还有 2～5 年的时间窗。

3．小结

虽然我有过十年研发经验，但近十年毕竟一直做营销和运营工作。我看 PaaS 的视角与大部分技术出身的同行们很不相同，本节就是通过"目的"的视角观察做 PaaS 的必要性。

一个 SaaS 公司是否一定要通过高成本、高风险的 PaaS 来实现这些目的，要首先给自己画个大问号，先进行全面思考、财务衡量和技术储备，再动手做 PaaS。

第 3 节　商业 SaaS 的特征

如果商业模式没设计对，无论多努力，你的创业都没法及格。

1. 商业 SaaS 还是 SaaS 公司吗

大家可能会问，商业 SaaS 还是 SaaS 公司吗？

举个例子，我在腾讯 SaaS 加速器做评委。一家上来路演的公司是做某细分制造业 SaaS ERP 的。这家公司的 SaaS 软件年费收入没多少，但基于 ERP 数据，他们就有能力为这些制造企业客户提供物流服务、贷款数据服务（收取金融机构的佣金），一年有几亿元的营收。

进一步讲，当然不能把这家 SaaS ERP 公司叫作物流公司或金融数据公司，因为说不定哪一天，他基于 SaaS 数据，又做出一个现在完全猜不到的新业务。比如，成为集中采购商。到了那一天，我们难道又把这家企业叫作"大宗货品批发商"吗？

不，他一直都是 SaaS 公司。

如果 SaaS 是它的核心竞争力，那么我认为这就是 SaaS 公司。相反，如果 SaaS 不是它的核心竞争力，获客方式与传统代记账公司也没有不同，那么它就是一个超大代记账公司。

当然这并不是好坏之分，评价一个公司，不是看它的标签，而是看它创造价值（盈利）的能力。

2. 再谈谈数据

再进一步，我们谈谈 SaaS 的数据。

SaaS 产品客户的历史数据很值钱！我和几位自己很钦佩的投资人聊到 SaaS 公司，大家会认为每个行业（甚至细分领域）未来头部的 2 家 SaaS 公司会非常值钱。因为他们可能分别有 60%或 30%的市场份额，也就是说他们掌握了行业里 60%或 30%企业过去几年的历史数据！一旦数据在一家 SaaS 公司沉淀了 5 年，另一家 SaaS 公司是很难替换的。

你可能会觉得，数据属于客户，客户如果要换供应商，把老系统的数据迁移到新系统不就行了吗？

事实并非如此。我在一家外企工作时，作为项目经理亲自带领 Data Migration（数据迁移）团队用 1 年时间做过 2 个系统间的数据迁移。首先，数据迁移成本高昂，一次迁移需要花费上百万元；其次，仍然会因为数据结构不同丢失不少有价值的数据。因此迁移后，数据的价值会受到损失。

而且，能迁移的其实是 Raw Data（原始数据，例如客户拜访记录），每个系统还有大量有价值的 Meta Data（中介数据，也就是"描述数据"的数据，例如某团队多个维度的年度拜访统计数据）。中介数据完全是开发者定义的，与客户业务的关系更弱，与开发者的业务理解能力相关，很难被带走。

SaaS 公司的数据能力，不只是提供静态的历史数据。

通过不断积累行业 Know How（认知和诀窍），行业 SaaS 公司对行业的理解其实是能够超过行业里大部分老板的。

我在多个行业 SaaS 公司都看到这个状况：SaaS 创始人给行业里十几个头部公司的大老板们上课，行业大老板们在下面听得津津有味……

这也不难理解，除了对自己公司的增长焦虑、对互联网新思考方式的渴望，更重要的是，行业 SaaS 公司确实能看到更多啊！在这个产业大变革的时代，固定在一家企业里工作，有很多新思路、新方法是自己遇不到的。

行业 SaaS 公司除了输出满足客户需求的方案，也要考虑如何结合企业沉淀下来的内外部数据，提出更好的业务运作方式，并用 SaaS 产品提供支撑。这就形成了"流动的活数据"。

3．并非"商业 SaaS"的模式

对于一个工具 SaaS 公司来说，如果只是通过销售代表与客户的"客情关系"卖更多产品或服务，而不是通过数据来提供增值服务，那么我认为这不是商业 SaaS。

举个例子，我与一家非常优秀的门店类 SaaS 产品做过交流。他们除了提供标准 SaaS 服务，也为这些门店客户提供消耗品。客户通过 SaaS 平台买这些消耗品，不是因为与 SaaS 公司的销售代表熟识，而是因为从 SaaS 公司采购确实有很大便利。因为该行业对各类消耗品的有效期非常重视，对顾客与消耗品之间的关联关系也非常看重，决不能出错。

我认为这类有数据增值价值的 SaaS 才是商业 SaaS。

4．商业 SaaS 和传统 B2B 的区别

有读者问到商业 SaaS 和传统的 B2B 平台有什么区别？我简单分析一下。

B2B 的盈利模式是：会员费、广告费（含竞价排名）、按询盘付费以及

一些线上线下的增值服务。有一部分商业 SaaS 公司的商业模式里也包含了 B2B 的方式，其区别如下。

- 参与方更多：B2B 是买方、卖方、B2B 组织者的 3 方平台。商业 SaaS 往往会拉入供应链上更多的资源方和需求方，例如房产经纪人、摄影师、终端消费者等。其形成的生态更立体，也更不容易被"跳单"击穿。

- 基于数据，而不是简单地基于交易信息。B2B 的交易不仅被交易数据联系在一起，更被双方业务数据（包括客户资料、客户购买服务的记录）等联系在一起。

- 进一步看，由于商业 SaaS 平台拥有更多业务数据，提供给客户的服务将更加智能。B2B 平台是根据买方需求匹配卖方信息；而商业 SaaS 下的 B2B 将能提供智能推荐，实现提前备货，更快地、更低成本地满足需求。

通过这个对比，我们也更能清楚地看到商业 SaaS 的特征。但反过来说，也会有一部分已经很成功的 B2B 公司，为了增加平台的核心竞争力，去开发一套 SaaS 系统给上下游的企业赋能，这也是新旧模式的融合。

5．小结

商业 SaaS 的特征是很鲜明的：以 SaaS 系统积累的数据为核心，融合更广泛的外部数据，为客户提供增值价值。

我常说，SaaS 是路径，而非目的。

与做工具 SaaS 相比，商业 SaaS 也有更大的风险。下一节我们再做进一步探讨。

第 4 节 工具 SaaS 公司转型商业 SaaS 的能力模型及发展路径

前文说到做商业 SaaS 是行业 SaaS 公司的重要发展方向。那么一个 SaaS 公司凭什么增加新盈利模式，做成商业 SaaS 呢？

1. 商业 SaaS 的创始人

我在这两年接触了 100 多家行业 SaaS 公司，其中开始做 SaaS 软件服务年费之外的新盈利模式的大概有 20 家。

首先看看创始人及创始团队的职业背景。他们大多在目标行业市场里有 5 年、10 年，甚至 20 年以上的从业经验。其中有三种角色。

- 行业领先公司中的高级别管理者，他们背后往往还有一两个行业领先公司的企业家作为天使投资人参与。

- 创始人的身份就是某个行业里领先公司的企业家。他把传统业务交给副手管理，自己把 80% 以上的时间投在新业务和新产品上。

- 行业专属 IT 系统供应商。

在我见过的行业 SaaS 公司中，前两类更多一些。出身 IT 行业的人更容易从 IT 系统着手思考解决客户的新需求。在商业模式创新上，最可怕的不是"手里拿个锤子，看什么都像钉子"，而是手里拿着一个"特别习惯且好用"的锤子——那就很难改变了。

这些商业 SaaS 公司的创始人或创始团队对行业的理解非常深刻。他们理解行业中供应链上各个公司如何配合，非常了解公司间协作的困难，也知道行业客户有哪些需求还未得到满足。他们不仅对软件本身有认知，更重要的是对业务的理解和创新。我罗列一下这类创始人所具备的能力。

- 对行业业务的深刻理解力，这是创新的业务基础。

- 对行业痛点的敏锐观察力，这是创新的起点。

- 商业创新的能力，缺乏系统的商业设计能力，就无法搭建新的业务运转、协作体系。

- 对 IT 系统的依赖习惯：在原有公司中就很善于利用 IT 系统加强业务能力和组织管理能力。

- 对 SaaS 模式、产品、营销及组织的深刻认知和理解。

2. 商业 SaaS 的组织

只凭一己之力无法完成新商业的构建。这个新组织中，应该还有以下角色。

- 至少一个懂 to B 产品及架构设计的高级别产品经理。这个角色最好也有行业背景，或是善于学习、能够很快理解行业业务，并且善于发现自己模糊不懂的事物，喜欢提问。

- 行业业务资源的组织者。这一定是行业资深人士。商业 SaaS 不只是 IT 产品，它可能需要我们构建全新的供应链关系和对客户的服务关系。上下游协作资源、服务资源都是这个新商业模式中不可或缺的。

- 耐心的服务运营者（也可以直接称为客户成功经理）。创造新产品或服务，需要得到客户的支持。在产品打磨的过程中，早期客户会受到很多挫折，需要用服务运营者的时间和耐心去安抚。

- 行业 BD（Business Development，业务拓展）或行业销售人才。面对行业客户，需要讲行业术语。无法想象从头培养一个行业外的销售代表要浪费多少机会和时间。初期我们需要懂行业的 BD 人才或销售代表。

除此之外，SaaS 公司中常规的组织配置，还包括研发、市场、HR 等，随着业务发展而不断增加。但起码上面这些角色是初期必备的，如果缺少就只能是创始人兼任。

3. 商业 SaaS 的内外部资源

构建新商业结构不仅需要有能力的人才，还需要拥有行业资源。

我见过的商业 SaaS 公司，他们有的需要构建一个双边市场，有的需要整合资源为客户提供一站式的产品/服务。

对后者来说，能整合的资源往往来自创始团队或原有公司业务的积累。没有这些资源，构建新业务不是成本多寡的问题，而是新业务成与不成的问题。

再说说双边市场，创业公司普遍面临的情况：一边是大量需要服务的客户（我们称为 A 群体），一边是大量外部服务提供者（我们称为 B 群体）。客户需要多种多样、"价廉质美"的服务，因此服务提供者的数量要够大才有吸引力。而服务提供者希望平台能够提供大量客户，否则他们凭什么要来你这个平台？

那么难题来了。是先有大量 A 还是先有大量 B 呢？

在现实世界中，我看到的商业 SaaS 公司一般会先构建 B，也就是整合服务提供者。第一，B 群体的数量相对小一些，更容易整合。第二，商业 SaaS 公司本身就是行业领先企业，手上正好就有这类资源。

4. 行业内工具型 SaaS 向商业 SaaS 转型的路径

工具 SaaS 向商业 SaaS 转型有几个不同路径。

- 通常情况，一个行业 SaaS 公司，以工具 SaaS 为基础，在探索中增加公司的增值业务并逐步转型为增值业务营收为主的商业 SaaS 公司。

- 也有极少公司反向发展。本身没有太强行业属性的 SaaS 公司，由于有聚合支付等基础能力，通过一个场景快速切入了行业市场，然后决定深扎这个行业，通过 SaaS 和 IoT 技术丰富出更多行业场景。这个例子我只遇到过一个，该企业一年上百亿元的资金流水，营收增长的速度也很快。我必须强调这个例子很特殊，他们在支付上有半垄断的资源先发优势，这个模式其他公司难以复制。

- 还有一个比较常见的路径，就是传统行业里的领先公司决定转型做 SaaS 产品。举例来说，我和几家营收已经上百亿元的行业公司聊过。有一家是汽车销售行业的大公司。他们做 SaaS 产品的目的就不仅仅是帮助行业里的一级、二级汽车分销商提高效率，而是希望重新整合上下游关系。

对于大部分 SaaS 公司来说，只有 A 路径可走。走 A 路径的步骤我简单描述一下。

首先，还是要能够完成一个"锋利"的工具 SaaS，帮助行业客户解决业务及管理效率的痛点。

我以服务垂直行业门店的 SaaS 公司（例如，美容行业门店 SaaS、健身房门店 SaaS）为例谈谈。我们先看客户需求：连锁店更重视内部管理，而单店更重视营销获客。前者是 IT 工具公司比较擅长解决的问题，通过这个工具获得足够多的客户基数，是有利于后期商业化发展的。

而那些希望一开始就能帮客户解决营销获客问题的 SaaS 公司，也不是不能运作，但也比较容易陷入"获客运营难度大/效率不稳定→客户用不好→帮客户做重度运营"的路子上。如果效果还不错，作为生意也能持续下去；但过度依赖专业人才资源，要想实现规模扩张就难了。

其次，设法实现工具 SaaS 的盈利财务模型，至少要让新客户首年回款能够覆盖该客户的获客成本（包含市场费用和销售费用）。

如果盈利财务模型不能达成，规模扩张就会持续消耗现金。而且这是变相的"补贴"，我对这样获得客户的有效性（将来是否能够持续使用和支付续费）存疑。

创始人亲自带队探索商业化方式。

创业公司里，如果 CEO 不亲自做创新，而是委任给一个 VP 或部门负责人，创新很难成功。这里涉及时间和资金投入、与外部公司的合作方式创新、适时调用公司的研发资源和客户资源、判断投入产出比，不是 CEO 往往无法调动。

2019 年 10 月，我与一家国内头部软件产品公司的战略部门高层交流，获得这样的认知：他们已经经历过从某个工具 SaaS 向商业 SaaS 的转型。结论是，"一颗红心不能两手准备"。新做商业 SaaS 的团队与做工具 SaaS 的团队因为目标完全不同，经营方式也大相径庭，所以从组织形式、日常管理、薪酬制度到激励方案都不一样。如果是同一个负责人，甚至会出现自己左手打右手的情况。他们是个大集团，因此就用 2 个公司、2 个 CEO 分别管工具 SaaS 和商业 SaaS 团队。

我考虑，一个 SaaS 创业公司搞 2 个公司、2 个 CEO 不太现实。创始人这时候要把两个业务分开，把老业务交给副手，自己亲自带新业务，甚至在资源上要多偏向新团队，新业务才可能成长得起来。

5．小结

总结一下，做某个行业中的商业 SaaS，对创始团队的人才能力模型、资源积累、行业理解沉淀要求是很高的。我不觉得一个做跨行业客户的通用 SaaS 公司能够做这个转型，毕竟要放弃的市场太大，具体的目标行业市场水又太深。

另外，也不是所有做行业的工具 SaaS 公司都应该转型做商业 SaaS。这与客户的需求有很大关系。举个例子，如果客户群体很欢迎工具，很恐惧平台把他们的客户串在一起造成流量外逸，也许这家 SaaS 公司就应该坚守自己做工具的初心。

第 5 节　传统公司和传统软件公司转型 SaaS

上节说到，这几年各个传统行业里都出现了一些领先公司决定转型做 SaaS 产品的案例，其中也不乏头部大集团、传统业务营收上百亿元的大公司。

除此之外，还有传统软件公司转型做 SaaS 软件。他们原有的产品基本是客户企业侧 OP（On Premise，安装部署版），如今改做云软件，从产品设计、研发技术、销售模式、服务方式上都有不小挑战。

1. 创新者的窘境

先从这两类公司的共性难题说起。

研究过创业方法论的读者多半都读过《创新者的窘境》。这本书讲的是以管理水平高、执行力高闻名的那些成功企业，在新技术出现时，反而会由于追求保持原有业务的高回报在内部抑制新业务的发展，最终在竞争中落伍。

1）长期回报与短期收益之间的平衡

无论是传统公司做 SaaS，还是传统 OP 软件公司增加 SaaS 新业务，都会遇到长期回报与短期收益之间的平衡问题。

一个常见的场景：在公司高管会上，新老业务的两个负责人都想多要一些公司资源。老业务的老大会说，公司收入、利润都从我这儿来啊，现在不投入，公司今年营收目标如何完成？这时候新业务部门的老大就很被动。

2）既有资源反而是累赘

一个新产品需要经过"商业设计→需求调研→原型交互→产品打磨→销售验证—有效服务"的过程。

作为一个已经在商业上取得很大成功的公司，开拓新业务时，反而会由于资源丰富造成基本功不扎实、初期成果显著、实际效果很差的问题。前面的活儿没干踏实，产品不够锋利，只是凭借既有客户的客情关系把新产品"卖"出去，只是虚假繁荣。

好在 SaaS 产品的"有效性"是很容易被验证的。有的集团 CTO 到了新业务部门的客户那里一调查，就痛心疾首地发现，客户是"刷脸"得来的，根本没打算好好用新产品。

如果公司缺乏必要的新业务开发流程，连上面这个验证闭环都没做，后果就很严重了。到了规模扩张期，再回头发现产品不解决客户问题、市场和产品的需求反馈响应机制失效、销售没有标准打法、组织服务能力也跟不上。这个损失就非常大了，也许"二次创业"就会彻底失败。

3）缺乏创新型人才或缺乏二次创业的意愿

人的天性是趋利避害、好逸恶劳的，这是百万年来人类基因形成的过程决定的，我们不应该回避。在一个成功完成创业期的老企业中，从基层员工到高层管理者，很多人已经没有创业的热情，脱离业务创新太久，创新能力也已弱化。如何保持团队的创业热情，这是另外的话题，我这里只讲面对的困难。

在很多公司中创新业务的负责人，有从业务部门转岗的，有从外部招募的，当然也有创始人自己撸起袖子干的。

我认为还是要给新业务的同事做权益上的设置，充分调动他们的积极性。更重要的是，要通过筛选，找到有强烈意愿的人来负责。自古英雄出于行伍，在创新创业的事情上，意愿比经验更重要。经验毕竟已经沉淀在公司里，而意愿是人做事的发动机。

至于如何"筛"出有意愿的人？我有个"筛子理论"，后文会详细介绍。在这个场景下，我建议的筛子是"用人民币投票"，新业务团队的核心成员要自己拿出资金认领一些股份。

2．传统软件转型 SaaS 的挑战更大

作为非软件公司，新增 SaaS 产品并不会与原有业务起冲突，反而对老业务有帮助。

而对于传统软件公司，本来就是卖软件的，现在换作收取 SaaS 软件服务年费，对原有业务冲击非常大。举个例子，同一个有需求的客户，以前一套"本地部署＋定制版"的 ERP 一次能签 100 万元的合同。现在按 SaaS 年费的方式，每年只能收到 20 万元。如何平衡新老部门之间抢客户、抢单子的冲突？进一步说，一个老客户多年来一直由老部门维护客情关系，现在新业务部门想拿走，是很困难的。

应对这些问题有几个选项，每个公司需要根据自己的战略目标、经营及资金状况、团队历史做出决断。

- 在产品上做明确区隔，SaaS 做另一个领域的产品，不要与原有产品起冲突。

- 新旧产品类似，但在客户划分上有明确区分。

- 壮士断腕，逐渐用新产品替代老产品。

这一点我建议有需要的读者深度学习一下奈飞公司（Netflix）的案例，他们从出租 DVD 碟片到成为视频网站，再到内容生产方完成了三级跳，是不被存量绑架的典型。

3．应对策略

传统公司和 OP 软件公司转型 SaaS，都应该遵循本书介绍的"SaaS 创业路线图"的实现步骤。《创新者的窘境》中提到业务增长的第二曲线，启动新业务的时机点也要把握好。在老业务已经开始走下坡路、公司人心惶惶的时候启动新业务，往往为时晚矣。

除了选对时机，针对新老业务在客户资源、公司资源、组织形式等方面发生冲突的情况，我有以下建议。

- 如果 CEO 不能亲自出马，必须筛选出有意愿、有能力、在公司内能调动资源的合适负责人。

- 从组织上将新业务单独管理。最好能独立成立公司，最起码也要建立独立的团队、使用独立的办公室、设立独立的薪酬及激励机制。

- 公司内部就新业务的使命和重要性达成共识，得到老部门的支持。

- 遵循 MVP 快速迭代的原则，实打实做好每一步工作。

4．小结

内部创业其实比重新在外部创业更难。但考虑到业务和资源的延续性，CEO 往往也没有更多选项。

只有突破企业内部创业中"创新者的窘境"，激发好创新团队并给予足够的独立成长空间，划分好客户等资源，创新团队才有可能成功。如果是规模不大的创业公司，我建议由 CEO 将现有业务交给其他高管负责，自己投入大部分时间和精力亲自带队创新。

第 6 节　SaaS 公司的护城河在哪里

前几节说到商业模式，相信已经拓宽了很多 SaaS 创始人的思路。在一个好的商业设计中，还需要有另一个必备组件，就是护城河。

没有护城河的商业，我们也见过很多。例如早年的进销存软件，最后价格打到几百元一套。

还有近年的"外勤管理"产品。如果是功能较少的产品，有十几个研发人员就能做。但从系统落地的角度看，客户企业需要调整团队管理方式，SaaS 产品的业务员说服客户企业决策者购买的难度就并不小。最终常规"外勤管理"产品的平均客单价（每个企业每年产生的服务费）才几千元，人均月单产超不过 2 万元，销售团队养活自己都困难。

在一个好的商业模式设计中，应该考虑护城河深浅的问题。这是为了避免进入一个未来的红海市场，也是为了防止被巨头突然入侵。

1．哪些不是护城河

首先讲讲什么不是护城河。

第一，"我们有先发优势。"

大家觉得先发优势很重要，其实并非如此。一个创业团队先起跑，但是如果产品并没有覆盖到那些客户的痛点，会很快被后发团队超越。例如大公司在网络效率调优上有大量知识储备，加上大公司肯"砸钱"，他们超过先发初创公司的速度更快。

第二，"我们比大公司更努力，我们决策更敏捷。"

我听说过某大公司的项目负责人每天晚上干到 1 点钟，去游个泳，回来继续工作！毕竟他们更年轻，而 to B 创业者年龄大多在 40 岁上下，拼体力未必能赢。

第三，"我们客户的操作体验更好。"

说实话，大公司在 UI/UE（用户交互界面/用户体验）方面的能力会更强。

第四，"我们的存量客户很多。"

这是一个防守优势，但是占领整个市场的机会并没有那么多。

第五，"我们提供市场上没有的一体化解决方案。"

对于创业公司来说，做"一体化解决方案"风险很高。因为客户的需求更加难以琢磨，公司投入研发的费用也会更高。

一般来说，创业公司不要因为 A1 有人做得很好了，A2、A3 也有人做了，所以我们做一个 A123 出来与他们 PK。首先，你面对的客户群体真的需要 A123 这样的"一体化"方案吗？客户是否更急于解决单个痛点问题？其次，"一体化"方案的产品与市场匹配是否难度更大、验证周期更长？最后，我们创业团队真的同时擅长多个领域吗？

针对某个客户群体的复杂的"一体化解决方案"，这是大公司的事情。

2．真正的护城河

关于护城河，沃伦·巴菲特有很经典的描述。我结合 SaaS 领域的特点分析一下真正的护城河有哪些。

第一，护城河是替换成本。

如果你有一个产品就像打车 App 一样，用户端和司机端都是今天用"某某出行"，明天用"某某专车"，这说明它的替换成本很低。

对企业来说，选择一个 SaaS 产品，除了购买成本、采购决策成本之外，还有使用成本（包括改变流程、新业务及操作培训）和长期维护的成本。这对所有的 SaaS 创业者来说都是一个好消息。只要稳扎稳打，服务好客户，客户第 2 年续费，第 3 年续费，公司的财务价值就能够体现出来。

当然，替换成本只发生在既有客户身上，这只是守成。

第二，护城河是品牌价值。

如果我们在一个行业或领域里已经形成了品牌优势，占领了大量客户对该领域产品的认知空间，这是一道护城河。不过，品牌只能算是一个有限的护城河，能挡住一些普通竞争者的进攻，却挡不住更大优势品牌的进攻。

第三，最好的护城河是网络效应。

梅特卡夫（3Com 公司的创始人）定律说：网络的价值与网络节点数的平方成正比。

大家可能觉得 to B 产品形成网络效应很难，其实并非不能做到。工具 SaaS 和商业 SaaS 产品都有可能形成网络效应。我各举一个例子。

美国有一家电子签名及电子合同管理公司 Docusign（成立于 2003 年），2018 年 4 月在纳斯达克上市，到当年 6 月份市值突破 100 亿美元。Docusign 是一个不分行业的通用工具 SaaS 产品。

我曾经花几小时把 200 多页的 Docusign 招股说明书看了一遍。确实，电子签名能够大幅降低交易成本。Docusign 的 CEO Springer 说：用户在一笔交易上花 2 美元的电子签名费用可带来大约 36 美元的成本节约。

Docusign 在成长的道路上还击败了 Adobe 这样恐怖的巨头。从业务相关性的角度看，Adobe 在该领域有非常明显的品牌、市场营销和技术优势。那么一个创业公司是如何取胜的呢？

我看的一些资料里说到，Docusign 提供了更多功能，例如：签名后的电子支付能力、电子公证等。我觉得这些很难构成护城河，这些功能 Adobe 也能做。

看来看去，我发现关键就是"网络效应"。Docusign 使用每个人的电子邮箱作为其电子签名账号。一个人在签租房合同时，启用了 Docusign 的电子签名账号，下次再签其他合同时，就能用该账号非常方便地签电子合同。人一辈子会签很多合同，Docusign 能够帮你把每次合同都留存下来，方便需要时查阅。

如果市场上大部分 C（个人）都在使用同一个品牌的电子签名，那么即便是大的 B to C 企业（为消费者提供产品或服务的企业）也会设法提供该品牌的电子签约通道给客户。自然而然地，更多企业会使用同一个品牌提供的电子签约通道给更大范围的客户。

产品创意与商业模式选择

当很多企业建立了自己的电子签名账号后，企业和企业之间也逐渐养成了电子签合同的习惯。这个网络效应一旦达成，就会快速扩散，后来者就很难进入了。

而 Adobe 就是这个"后来者"：该公司于 2011 年（Docusign 成立 8 年后）收购了 EchoSign，现称 Adobe Sign。但从最终结果看，后来者即便背靠巨头，也难以成功。

国内电子签名领域主要有三个玩家：上上签、法大大和 e 签宝。他们三家在近年发展都很快，有 Docusign 作模式背书融资也比较顺利。如果未来其中哪一家能够胜出，我个人估计也是其"网络效应"的产品及布局设计够好，战略执行够坚决的结果。

上面说的是"工具 SaaS"的例子。我再说一个商业 SaaS 的例子。

如果你是做家政 SaaS 的，那这些家政公司的阿姨、家政公司与请阿姨的家庭之间，就能够构建网络效应。SaaS 公司将来能"自然"获得的就是数据。有阿姨的身份证、体检、保险数据，也可以搜集客户评价数据、家政公司管理数据等，这个网络效应是可以预期的。

大家会说，这不就是打车 App 的模式吗？是的。但在临时雇佣关系上，还需要家政公司的管理。此时，为家政公司提供 SaaS 的企业将比这些家政公司更"懂"业务。

互联网理论认为，要形成网络效应，首先要在目标群体中达到一定占有率。有个说法，这个比例是 15%。15% 就是一个"爆点"。当然这肯定与业务形态、节点间的连接、分布密度等有关。所以，每个"目标群体"的爆点会有差异。

但无论是多少的占有率，关键是创业者一定要找到聚焦的方式。如果你是做垂直行业的，设法先聚焦在一个城市，甚至是一个小区。这样才有可能在这个区域内聚集，形成网络效应。

如果公司面对 100 万个节点，要做到 15% 就是 15 万个，一个月拓展 1

万个节点，就需要 15 个月。如果缩小范围，分离出一个相对独立的 10 万个节点的群体，覆盖 15%，一个半月就能做到了。达到 15% 之后，网络效应形成，客户积累的速度会成倍增加。客户得到的价值与节点的平方数成正比，更会呈指数级增加。

如果某个产品确实无法形成网络效应，那还有什么护城河呢？

第四，还有一个护城河叫作"更细分的行业"。

我举一个例子，某个通用产品，适用于教育培训、家居建材、服装等很多行业。而 SaaS 团队在每个行业都有点儿资源，都有几个早期客户，反馈都还不错。这时候该怎么办？

我建议，只选最适合，且未来市场足够大的行业，先集中所有资源做这个行业。

这样的好处是，产品、销售、服务各条线都能够聚焦在一个地方。客户需求、客户决策链、电话邀约话术、销售工具、能打动客户的关键产品价值点等都很集中。这样能得到两个优势。

1）突破速度更快

先集中在一个行业形成突破。未来有足够优势后再复制到下一个行业。

2）有"更细分的行业"护城河

假如有一个大公司要进入这个市场，决策者肯定希望做出来一个适合所有子行业的产品。如果我们只在中间选一个头部的行业，比如说教培，我们就会做出某个教培细分行业的特点。在这个细分行业上形成很高的壁垒，那么就有可能更好地保护这块业务。

大企业进入，不会只做一个细分行业。已经有一年几十亿元甚至更大的销售额，大企业至少希望占有 10 亿元以上的新市场。而如果你选的这个行业只有两亿元的市场机会，大企业不会来做。

所以目标客户是"教培"行业还是太大了，是否应该只做"K12"或者只做"英语培训"?

读者可能会问,巨头为何不能在做大行业时顺便把这个细分也"包含"了?

那我就再举个例子。我在中欧商学院班上有个做游戏的同学。他们做一个很常见的品类,但只聚焦"二次元"群体。所以在招聘设计师、工程师、服务人员时,就只要有"二次元"气质的人,只有这样的人做出来的产品才能确保有强烈的"二次元"特性。

而网易或者腾讯的游戏部门,规划做一个新产品的目标群体可能是 1 亿人以上,二次元与"一亿人"的选择,不是被包含的关系,而是互斥的。

我给好几家 SaaS 公司提供过这样"聚焦细分行业"的建议。其中有一家当时没听进去,招了一个销售人才有"家居建材"行业的大量资源就去尝试做第二个行业,结果白白浪费了 2 个月的时间。

因此我经常会说"聚焦",并且"聚焦"需要定力。

3. 小结

护城河放在第一个阶段讲,是因为这都是一个公司商业模式设计的一部分。

其实,所有护城河的建造,都先基于产品给客户带来的真实且可感知的价值。如果只是销售额数字上的竞争,去拼 3 年单、5 年单,完全没有意义。SaaS 的本质在续费,在客户得到价值。

照顾好你的客户,就是第一道护城河。

摸黑走路每一个创业者都会经历。商业高手会在早期就做好未来图景的规划以及路径设计,普通人则会不管不顾一头跳进大海里。起点很重要,但目标更重要。在起点与目标之间是创业者快速迭代、验证商业闭环的工作方法。

　　"SaaS 创业路线图"的第一个阶段叫作"产品创意与商业模式选择"。这个阶段成功关闭的标志是：一方面，通过最简单的产品原型与客户交流验证，准确捕捉客户群体的通用需求，并验证目标客户群体该项需求的真实性；另一方面，对自己选择的商业模式形成深刻认知。后者对工具型 SaaS 公司并不复杂，吃透"SaaS 的本质是续费"这个概念就有及格分了。

　　这个阶段最重要的方法论是：MVP，即快速迭代产品原型。唯有快，才能有机会在市场有效时间窗内反复验证准确性。

阶段 2

产品打磨和商业模式初步验证

SaaS 创业的第 2 个阶段是"产品打磨和商业模式初步验证"。该阶段的关键任务是，形成普遍意义上的"产品价值及商业模式验证"。具体而言，就是产品成熟度达到"可销售"的程度，并且 CEO 或团队其他成员可以将产品销售出去。

从产品进化的视角看，这个阶段需要为了销售目的进行产品设计和反复打磨。产品不像创意阶段可以天马行空或闭门造车，必须跟着市场的步子走。

同时，从业务线看，进入测试销售阶段。CEO 或团队核心成员要能够"真"把产品卖出去，把钱收回来。没有什么比"准时回款"更能证明产品的价值了。

从团队发展线看，为了配合产品打磨，产品、研发及服务团队都需要稍稍扩张。创始团队要逐渐适应与"助手"配合工作，而不再是单打独斗了。

第 1 节　产品打磨的原则与分工

我们先讲讲产品调研阶段的原则。

我刚开始做 SaaS 领域研究时，见的初创公司比较多。有一段时间连续见了几个在产品调研阶段的公司。其中大部分都犯了同样的错误：有了产品方向后，产品经理的市场调研很简略，在办公室里用工程师的"完美主义 + 系统逻辑"思想来主导研发工作。

虽然这不算闭门造车，但显然"闭门"的时间远远大于在一线与客户交流的时间。结果呢？几个月后产品做出来了，招募 2 ~ 3 个营销人员，他们拿着产品见客户，发现完全没有切中客户痛点。客户反馈说："你们根本不懂我们的业务！"此时，产品和营销人员都垂头丧气。

还有一种美其名曰"大范围调查"的错误。几个实习生做了上百家客户的调研，调研报告就像说"人人都有两条胳臂、两条腿一样"，根本没有抓到重点和差异。和个人消费者不同，企业客户因为组织和业务复杂，大多数描述不清自己的需求。大家都听说过这个玩笑："客户说要让马车更快，实际上应该给他发明一辆汽车。"

我曾经在得到 App 上把梁宁老师的《产品思维 30 讲》仔细听了 2 遍，2018 年还专门跑到上海听她在"MiNi 创业营"的授课。她的建议是，to C 产品"打痛点、打爽点或打痒点"都行，但 to B 产品只能打痛点。

C 端需求比较感性，B 端需求非常理性，别想拿"未来"的东西忽悠"现在"就投的钱！

此外，to B 与 to C 相比，还有一个很大的区别：客户需求一致性较差。换句话说，即使在一个行业里，各个企业间的业务和组织差异也很大。也许一个创意点子在创始人头脑里很完美，但一到市场上，必然面对南北差异、城市差异、规模差异，甚至门店位置差异等问题。不同客户的需求有

产品打磨和商业模式初步验证

很大偏差，找到共性需求成为很大的难题。

正确的产品打磨方式应该是什么样的？我建议用以下调研框架来解决产品打磨的问题。

（1）任何行业的市场都需要被细分，要做广度抽样调研，弄清楚目标客户有哪些主要属性，每一类客户的数量、需求的紧迫性及购买力。

（2）选择 3～4 个细分市场的头部产品，在这个特定范围内进行调研，才有机会找到共性需求。创始人、产品经理、营销合伙人最好一起参与调研，分别把握产品价值、产品体验和产品卖点。如果创始人能三者兼顾的话，效率会更高。

（3）不要想一次性地就把功能做完整，新产品应该胜在"锋利"而非"完整"。这也是 MVP 应有之意。

尽快出"原型"、尽快见客户、尽快根据客户的反馈进行调整，就是"产品打磨"阶段的原则。

在实际运作中，还有组织协同的问题。产品经理、研发老大、营销老大，大家通过与客户接触和系统思考，对不同的选择有不同的想法，最后应该听谁的？

首先，我建议让大家充分表达意见。但创始人要分清楚哪些是关键问题，值得反复探讨；哪些是非关键问题，必须设置一个关闭的时间。时间一到，创始人立即拍板关闭讨论。老板和拍板是同一个"板"字啊，不要花费太多时间做"闭门"讨论。

在大公司里孵化新项目还面临一个尴尬局面。

一些大公司设立了新项目创业团队，但这些团队由于自身业务特点，在薪资、工作方式、激励方法上与老团队的需求完全不同。我认为大公司老板一定要给内部孵化的创业团队独立的资源，在人事和管理制度、办公区域，甚至在公司架构上，要让创业团队有独立的空间，否则新项目创业团队根本没机会生存。

一个真实场景：新项目的很多决策需要上公司管理例会，老部门的负责人是公司元老，掌握公司主要营收，一遇到争执就说"你们新项目这些人就是我养的"。这时，多数新项目的负责人不敢再据理力争了。

中欧商学院的龚焱教授讲创新方法，他提到 MVP 方法论也有"短视"的问题：可能放弃了需要长期投入但具有更大发展的机会。所以也要辩证地看 MVP，其关键就是创始人的判断。有时候，即使创始人错了，也应该听他的。毕竟团队就是因为他和这个创意聚到一起的。换句话说，没有决断力的人，做不好创始人。

第 2 节　该不该做定制开发

"产品打磨"阶段的 SaaS 团队经常遇到一个问题：客户的基本情况符合目标客户画像，但他们提出的需求却超越了初定的需求边界。那么，要不要做定制开发？

我曾经是"定制开发"的极端反对者。但随着接触更多的 SaaS 公司，我看到中国本地 SaaS 创业的一些特殊情况。前面章节我说到，SaaS 产品最适合"橄榄型"的目标市场。但这不意味着头部较重的市场就不能做 SaaS。

2019 年，请我做顾问的一家企业就是在这样一个市场上。该行业为万亿级市场，但全国总共就 1000 个左右的企业客户，前 100 名的头部客户更是规模庞大。这些客户需要一类 SFA 产品，多家 SaaS 公司都在提供。竞争结果是怎样的呢？排在前面的两家 SaaS 公司都是定制化比例非常高的（超过 70%），而那些坚持做产品化交付的公司则远远被甩在后面。

背后的原因其实也容易理解，大客户都有个性化需求。而一群创业公司，即便创始人的背景也是来自行业里的头部企业，但真要作为乙方搞清楚如何服务这么大规模的甲方企业，需要长时间的积累。上来就做产品，难度肯定很大。

我现在的态度是，在创业早期阶段，定制开发可以做，但目的不同结果就不同。接下来讲讲背后的原因，顺便也讲讲上面这个故事的结局。

1. 明确自己做产品，还是做项目

做项目的公司在中国可以生存，也可以赚到钱，但赚的是"人头钱"。这个项目，需要 x 人月，每人月费用 y，收入就是 $z = xy$。

这里有几个问题。

首先，从项目机制上来说，z 取决于 x 和 y 有多大。其中，y（人月费用）各家差不多，可以讨论的范围不大；x 取决于项目需求和解决方案。甲方希望 x 越小越好，乙方却希望越大越好，最后大家"讨价还价"。加上竞争者参与，灰色成本，最终项目金额不小，但可预期毛利却不高。

其次，需求变动风险偏大。许多企业行业标准化程度低、增长快的组织变革频繁，因此本身需求稳定性就不高。

最后，项目型公司发展的可持续性不好。公司没有核心竞争力，技术和销售人才成长后，很容易发现"反正客户我熟，自己单干挣得更多"。所以民营项目型公司很难做大。

如果打算只做一个能生存下来的公司，项目型没问题。但做 SaaS 产品，关键在积累。

2. 初期可以做定制开发，但要明确目的

定制开发是为了赚这笔钱，还是为了积累对行业的理解（Know How），再打磨出锋利的产品？

赚钱没错，有的初创公司一年就 100 多万元营收，突然来了个 200 万

元的单子，做还是不做？如果为了赚钱，不仅要做，而且要设法把单子做大，做成 300 万元、400 万元。传统软件公司的售前顾问就专业干这个活儿。

如果为了打磨产品，就应该有取舍。创始人和产品部门对自己的产品边界、产品发展方向要有很清晰的认识。对于 100 万元的单子，也要分辨哪些是对未来有用的，哪些是要放弃的。否则，就会被客户牵着鼻子走，自己的产品思路得不到贯彻。

3．从项目转型产品的时机和方法

在定制开发的路上，一个项目做完了，再做下一个，每个都有差别。难道第 2 个项目中的改进，真的都可以放回第 1 个项目中？很难。如果要照着第 2 个客户的需求改，第 1 个客户也可能不接受。所以最终上手有一大堆不同的项目，每个项目有 80%相似度，但又各不相同的代码。这些代码如何变成产品？

我觉得，即便是为了做产品的定制开发，写出来的代码将来能放到产品代码库的比例也很低。

为了理解行业业务而做的定制开发，最终也只能把这些理解沉淀到需求文档、方案文档和核心团队的脑子里。转型做新产品时，还是需要重新任命产品经理，由创始团队带着产品经理打磨真正的 SaaS 产品。

那么，从项目到产品有什么要注意的呢？

（1）即便定制，也只做自己边界内的定制。边界外的定制应当去找成熟产品，只做好接口即可；如果没有产品能满足，就尽量找第三方系统集成商（System Integrator）做定制开发。

（2）要在合适的时机出现时，尽早转为产品。定制开发的产能是有上限的，即便增加人手也未必能扭转"边际效益递减"的趋势。如果营收增速已经放缓，定制开发团队人均月产出金额也会下降，项目开发组与销售部门的摩擦会越来越大，这时就要考虑启动产品开发了。定制开发比例越高的公司越要早些考虑转型产品开发，否则几千万元营收就是难以突破的瓶颈。

（3）CTO 能驾驭的版本数量有限，具体上限与产品复杂度、客户需求差异度有关。为每个定制开发客户提供的软件都是一个独立的版本。每个独立版本未来都有客户需求升级、Bug 修改、环境参数变化造成的软件维护等成本。

（4）通用 SaaS 企业可以升级自己的开发平台为 PaaS。如果 PaaS 能力成熟了，基于 PaaS 的 20%比例的定制开发是比较容易管理的。将来 PaaS 版本升级，不会影响定制开发部分的维护。这样至少主产品的版本只有一个。

对于行业 SaaS，或产品复杂度不高的通用 SaaS 产品，做 PaaS 的必要性很低，可以考虑加强 API 能力（开放平台），避免未来主产品升级对定制开发部分的影响。

4. 从定制项目到产品的组织转型

定制开发组织转型产品开发组织，是一个管理问题，其中最重要的是人的转型。我认为项目开发团队与产品开发团队的人才能力模型是不同的。所以可以想象，从定制项目到产品的组织转型也是一个非常艰难的过程。

如果是 1~2 年的定制项目开发人员转型产品开发可能没问题。如果是已经做了 3 年以上的定制开发，其团队已扩张到上百人，转型难度就很大了。公司就得招募一批擅长做产品的产品经理和开发工程师。

但我认为，原有"老人"毕竟对行业和产品功能很了解，根据个人特长，无论是转做售前技术支持、客户成功经理（CSM）、产品经理，还是继续做开发工程师，都是非常棒的人选。

我认为对大部分研发岗位来说，技术不是难题，难题往往是对业务的理解能力。所以转型企业应该为这些人才精心设计一条好的转型之路。

第 3 节　营销人才画像和初期核心营销人才招募

创始人和联合创始人团队的组建，决定了公司的发展方向及未来的成就。而核心营销团队的组建，则是第 2 个阶段的关键。产品经理强在逻辑思维，而营销精英则更擅长交流和捕捉需求，他们配合起来做产品打磨效果更好。

而在第 3 阶段，真正输出结果的人正是那些在第 2 阶段参与开发并了解产品和市场的人。因此，在第 2 阶段务必要招到一小批营销精英。

1．人才画像

作为创始人或销售 VP，首先心中要有一个"人才画像"。当前要招的营销骨干的特性和背景等都要一一写下来。"无文字，不管理。"脑子里的东西无法审核、无法讨论、难以改进。

给出"人才画像"的例子前，先简单按目标客户来区分各类营销人才。

to B 和 to C 的业务流程完全不同，跑小 B（门店）和对大型企业进行销售的业务流程也完全不同。这几类目标客户对销售代表的能力模型要求也很不一样。面对企业的销售，做快单（平均客单价 4 万元以下，成交周期 4 周以内）与做解决方案销售（平均客单价 4 万以上，成交周期 2～4 个月）就不一样。前者更有冲击力，善于在新市场中形成突破；后者的产品和解决方案能力更强，适合稳扎稳打，慢慢做中大客户。

所以，根据自身产品的需要，从这 4 类营销人才中做选择。

- to B：解决方案销售（例如北森、销售易、神策）

- to B：快单销售（例如 2017 年之前的纷享销客、红圈营销、爱客）

- to 小 B：门店地推（例如美团、客如云、美业 SaaS）

- to C：客户是个人（例如针对个人的寿险产品）

营销人才跨类发展不是不可以，但需要转换过程。这个阶段的创业公司，我个人不建议招跨类的营销人才。

举一个营销人才画像的例子。

- 3 年以上 to B（对企业）销售经验

- 行业经验 2 年

- 能吃苦，有梦想，有思想，对自己有清楚的职业规划

- 语言交流能力出众，有亲和力

- 文字写作能力和逻辑思维能力较好，善于总结归纳

2．人才画像＋

在这个阶段，还需要考虑这个人未来的成长路径。换个角度说，公司目前是做销售探索，一旦成功地找到"可复制"的打法，就要扩建团队。现在招的人，就是几个月后要带团队的人。所以这个阶段要招"士官"而非"士兵"。所以他的"人才画像"里，还应该有以下内容。

- 领导力，能体察别人的需求并乐于助人

- 组织管理能力，至少有 12 个月以上销售团队的管理经验

管理能力不是天赋，而是经验。特别是不要认为候选人在前一家公司是销售冠军，就直接可以带团队了。恰恰相反，很多销售冠军"狼性"太过，个性太突出，团队一旦超过 10 人就驾驭不住了。没有领导力的人带大团队问题很多。当然，如果方法得当，销售冠军也可以培养成优秀的管理者。

特别强调一点，销售团队崇尚"凭业绩说话"，最讨厌"空降"负责人。

初期招的人，随着团队扩张，未来最好也能留在管理金字塔的"塔尖"上。所以要招能力强、素质高的人。这样的组织发展设计稳定性更好。而且这些人要探索新市场、建立标准打法，人才模型要求高一点，探索市场的成功率就高一点。

3. 招人的方法

寻找这个阶段的核心营销人才，招聘网站肯定是最差的选择。如果信任度低，管理成本就高，这是创业初期的团队所不能承担的。因此创始人最好直接招熟悉的人，或者通过熟人、投资方介绍，或者到 MBA、EMBA 班去招人。如果资金还宽裕的话，也可以考虑用猎头，毕竟时间和人才质量是关键。

我这里有个快捷有效的方法：定向招人。有一次我帮一位华为老领导的 SaaS 项目招销售合伙人，我推荐可以定向在某些同类公司的离职员工中招，这样经验比较匹配。

不少优秀的 CEO 把招人当作自己的工作任务，因此他们在维护一个人才列表。那些优秀的人才，即便这次不来，他还会长期联系。我亲眼见过创始人为了招到一个特别优秀的候选人，隔了 3、4 年还在持续联系，这才是有耐力的管理者。

4. 聊人的方法

见到优秀人才，创始人要重视，但不要谄媚。什么叫谄媚？拍胸脯过猛、承诺做不到的事儿就是谄媚。别人善意地相信创始人并不想欺骗，但这之后许诺的事情做不到，最后核心骨干离心离德的，还不如不来。

回顾我曾经招到大量优秀人才的过程，大体如此：先详细介绍公司（至少 30 分钟），再提要求。

产品打磨和商业模式初步验证

第一，候选人年度收入设计会高于业内平均水平，但无责底薪不要太高，高收入靠完成业绩去挣。

第二，希望候选人从一线做起，哪怕在基层的时间只有 2、3 个月，但可以掌握产品细节、融入团队。这比"空降人材"存活率高。

第三，打预防针，告诉候选人团队目前的工作状态。

第四，如果一个很牛的候选人能接受低于原有的底薪，那就说明他对团队事业的认同程度很高。这点非常关键，但在入职前又很难判断。

第五，具体谈到什么程度，要参考自己公司的状况和紧迫性。

第六，面谈的关键是用真心打动人。只能是多花时间聊、多花心思惦记啊！所以招人是个花时间的活儿。

我还记得 2012 年，我在深圳招渠道总监时，第一个电话打半个多小时，第二个电话打 1 个多小时，人家才肯来面谈。那时候分公司的办公室都还没开张，与对方说"在咖啡厅环境更自在"。然后头一次见面一聊就是 2~3 小时。诚意真的是用时间"泡"来的。

5. 小结

这个阶段招募核心营销人才，有几个关键点。第一，人的能力模型合适（先画一个符合岗位能力模型的人才画像）；第二，需要增加对管理经验的要求，这样以后才能带团队；第三，要敢于提要求，不能"哄"过来，要把创业维艰的实际情况告诉对方；第四，要有能筛选人并能激发人的薪酬及权益设计。

我不建议在这个阶段通过高薪挖人。创始人多花点儿时间，找到能力匹配、志同道合的人才，才能为下一步工作打好基础。

第 4 节　to B 产品能不能免费

我与一个起步阶段的 SaaS 公司创始人交流。创始人提到前期打算通过免费策略将 SaaS 产品给小 B（某行业的门店）使用，以期快速占领市场。通过占有门店客户获得大量终端个人用户，最后再通过衍生产品获得盈利。

先不论这个"羊毛出在猪身上"的互联网"思路"有没有错误，但免费策略在企业级市场会遇到不少落地方面的问题。

1．客户太容易放弃，难以搜集深度使用需求

首先，免费策略确实会让客户数迅速增加，但客户在使用前缺乏对使用该系统必要性的考虑，使用中遇到困难（例如：员工说不好用、用户不愿意扫描二维码）就很容易放弃，并且还没有放弃成本——毕竟没花钱买。这对新产品前期应用场景、功能和用户体验的打磨很不利。做产品，就得死磕自己，掏钱的客户才是"真爱"，才能提出各种真实要求。

我常说有资源的团队反而容易失败，也是这个原因。前期那些靠关系拉来的"假"客户只能让产品和服务走上更远的弯路。

2．避免刷单，管理成本太高

其次，免费容易造成营销团队及代理商刷单。这里有一场成本上亿元的教训。

2015 年，某 OA 公司在北京分公司测试结束后，决定通过线下 5000 人的团队在全国范围内免费让客户使用，公司拿出巨资对销售团队和代理商进行企业补贴。SaaS 产品不会看客户的数据内容，但从后台可以知道客户的使用数据（例如当天有多少人登录、发了多少帖子），理论上也可以通过

后台系统自动判别使用活跃度的真假。

但实际情况是，营销团队在目标业绩的压力下，在具体操作中进入"灰色地带"。举个例子，允许 SaaS 公司的员工在客户使用初期进入其企业平台提高使用率。从帮助客户使用的角度看，这是很合理的，当然得允许，甚至鼓励啊！结果呢？SaaS 公司的员工去企业平台上发红包激活企业员工使用。最终客户企业达到活跃补贴标准，但后续使用却无法持续，活跃度在 3 个月后不断下滑。

SaaS 公司应对的办法是，不断提高活跃补贴的要求，几次规则调整下来，需要不断对员工进行解释和培训，后台系统也需要不断被修改。最后团队的大部分注意力都花在争论规则上，甚至也出现专门找规则漏洞的员工和团队负责人，最终花在研究客户上面的时间反而减少了。

到了 2016 年年初，深圳分公司带头做了收取培训费的测试，效果不错。随后从数据上可以看到，每月新增企业客户数量大幅减少，但实际获得的"活跃客户"数量变化不大。这也说明了"收费"的意义。

免费同时导致了团队能力的弱化，表面的战斗力貌似提升了，但团队凝聚力和单兵作战的竞争力其实下降了。团队成员的水平和投入度参差不齐，组织管控的压力变大。而且由于发放活跃补贴前至少需要有 2 周至 2 个月的观察期，也不利于激发销售团队的积极性。

3. 服务压力大，服务水平下降

最后从服务上来讲，大量免费客户涌入，降低了付费客户的服务质量。从被动服务的角度看（例如 400 热线或在线咨询），企业服务很难分离免费客户和付费客户，因为你不知道客户公司中谁会打 400 热线，更不知道他会拿哪个电话打。

同时，在免费客户中，低质量和高质量的客户混在一起，客服团队主动服务的效率也极其低下。举个例子，如果曾经达到活跃度的客户 3 个月后的留存率只有 20%，那么客服团队就有 80%的资源是浪费掉的，这是一个很糟糕的比例。做服务的同事也会极度缺乏成就感，造成团队士气低下、离职率升高。

从本质上说，对产品经理和销售代表来说，既然是企业服务产品就必须真正解决企业的问题，销售人员也必须正视困难、啃下初期的硬骨头，做到真正让客户买单。而企业采购一个产品，除了采购成本，还有决策成本和培训使用成本，对企业来说并不存在"免费的产品"。

第 5 节　如何面对市场竞争

前文讲到过，国内同类产品的 SaaS 公司很容易陷入恶性竞争。

在美国卖 SaaS 产品的逻辑：SaaS 公司的产品每年能帮企业省 10 万美元，企业愿意每年支付 5 万美元作为费用。而中国的竞争逻辑不同，SaaS 公司 A 能帮企业省 10 万元，但竞争对手公司 B 和公司 C 都只出价 2 万元，所以就算产品比对手好很多，客户最多也只支付 3 万元费用。

1. 惨烈的竞争状况

销售团队大多充满狼性，都有战胜竞争对手的强烈愿望。在团队内部，也很容易形成"树靶子"的风气，但这不是坏事。有标杆、有靶子，管理者更容易激发销售团队的斗志。

我曾经带过 SaaS 领域一支上千人的销售团队。当年价格竞争非常离谱，到了月底，我每天要面对一大堆低折扣审批。恼火之余，还得体谅一线员工的业绩压力，而我自己也背着每个月增长的任务，所以只能"批、批、批"。

产品打磨和商业模式初步验证

现在再看当年这些情况，我的总结：产品同质化后，价格竞争无可避免。当时产品价值以外勤管理为主，即使也有其他功能，但每个客户用法都差不多，用哪个产品差别也不大。这时候，就是拼销售能力和价格。

我与美团前 COO 阿甘（甘嘉伟）交流，得知他有一个管理折扣的方式，我没实践过，但可以参考：折扣审批在系统中严格按流程执行，与标准不符系统就不允许签合同，COO 也不会特批。这样界限就很清楚，业务员就会往外——在客户身上想办法，而不是往内——设法走特殊通道。

当然，美团产品的特点是"地推、量大、单小"、给小 B 企业带来客户流量。这与大部分 SaaS 产品的营销差别很大，大家自行判断是否适用。

有一次我与一家头部 SaaS 公司创始人交流与其他公司产品合作的情况。他提到有两项合作都是对方通过合作，熟悉业务后做的"自研"产品，合作方最后变成了竞争对手。迫不得已，现在好几个非核心模块他们也在自己开发，以避免这样的合作。

我听了之后唏嘘不已。本来是共赢的事情，最后变成多输。思来想去，这是因为 SaaS 领域还很新，头部公司也还没有盈利，相关公司之间的产品边界还不清晰。在公司增长的压力下，时常会出现"越界打劫"的情况。这只会带来更高的合作信任成本，成为国内 SaaS 发展的一个掣肘之处。

2. 国内市场竞争的缘由

为什么国内 SaaS 行业会形成这么激烈的产品竞争呢？我讲一个真实的故事。

某天我与一家做客服产品的创始人交流。我问到他们语义识别 AI 是与谁合作的。没想到答案竟然是"自己在做"。再一聊，原来是 AI 部门曾经与大厂合作过，没想到后来大厂自研了一套自有客服系统。我更加惊讶了，那家大厂有技术基因，但做企业级软件产品没多少优势。这么处理合作关系，在业内合作口碑会变差，将来会因为缺少合作伙伴和数据积累的多样性，在 AI 产品的生态竞争中处于劣势。

几次合作受伤后，这家业绩和融资能力都很强的客服系统产品公司，干脆决心自己做底层技术，这是个高成本、高风险的无奈选择。对于国内整体 SaaS 生态来说，这也是很不好的案例。

我发现，在创造新商业的过程中，企业经常会做出这样的决定。

- 在一个市场方向上发展受阻后，很容易只看到眼前市场所存在的问题。

- 然后发现另一个巨大的市场，在董事会或投资人的压力下做新市场/新产品。

- 一旦深入新市场后，又发现新市场有新市场的问题，再次受阻。

- 这时候，原市场的产品由于低投入时间过长，原有的优势也逐步丧失。

实际上，创业公司探索新市场也正常。我想提醒的是进入一个新市场前，是否该做一做调研？

- 新市场上有多少玩家？

- 他们的历史有多久？生存状况如何？

- 他们遇到了哪些困难？如果进入该市场自己是否能够避免？

大部分创业公司在考虑进入一个新市场时，对以上情况的调研都是不足的。有了投资之后的盲目自信是首次创业中商业经验不足的表现。

创业者应该虚心，应该相信一个常识：在老市场上折腾了几年的老玩家不是傻瓜，也不是懒人，他们也在不断寻求突破的方法，那些困难也不是新玩家进入就能马上解决的。

如果进入新市场后，运营方式与老玩家类似，结果又有什么不同呢？无知者无畏。当自己莫名无畏时，要想想这是否表示自己真的很无知。

3. 市场竞争的本质

观察很多新市场的发展史，经常会看到：市场的繁荣依靠众多厂商共同的培育和耕耘。那些急功近利的厂商，很快会被边缘化。那些认真对待客户需求的厂商，会通过市场动作来培育客户，通过良性竞争提升产品的价值和服务能力，以此让客户满意，进而吸引更多企业变成客户，做大整个市场的蛋糕。

同在深圳的华为和中兴，在从中国走向世界的激烈比拼中，提升了自己和对手的战斗力。同在塞纳河的威立雅水务和苏伊士水务，一路比拼，后来在全球前 3 大水务公司中各占一席。

所以不要只看竞争对手做了什么，而要看自己的产品和服务是否让客户满意。其实，很多时候竞争对手也会昏招不断。不必事事跟进，也不必经常开会讨论对手在干什么。不要分心，做好自己的事才是关键。因为市场竞争的本质是产品实力，而非花招。

4. 从更高维度看待竞争问题

应对竞争的关键还是应该在公司战略、产品初期就做好定位。

SaaS 是为企业客户服务的，企业的情况千千万万，不同 SaaS 厂商完全可以在产品价值上找到差异点。即使产品类似，也可以在实施交付形式和服务上找差异点。

一味拼价格只能一起死。至于"买 2 年送 1 年"的方法，也是变相降价，更是自寻死路。因为折扣更低，毛利损失更大。而且未来 2 年没有续费，服务团队自然会轻视服务。能见到"钱"的续费才是最重要的指标。SaaS 的本质是续费，关于这一点我在后面章节会详细阐述。

这里不是鼓吹建立价格同盟，毕竟 20 世纪 90 年代的"家电价格同盟"就是个"闹剧"，我强调的是产品差异化定位和坚守毛利率底线。

有一个例子很有意思。一个在健身门店 SaaS 领域做得很成功的公司，他们的价格很"坚挺"，而竞争对手在目录价格只有其一半的情况下还无底线打折。结果反而是对手崩盘，这家公司整体实现盈利。为什么？

我们一起推导一下被迫走低价策略公司的状况：客单价低→销售代表个人收入低→招不到优秀的销售代表→销售代表没能力打动客户→只能用更多的折扣说服客户。

这显然是一个恶性循环。

少看竞争对手，多看客户。

第 6 节　创业初期是否应该做 BD 和会销

有一天，我与某个产品思路不错的创始人聊营销工作如何展开。对他们来说，整个销售体系在人才、组织、方法、目标、考核、文化等方面都需要系统设计和启动。创始人最后问了一个问题：我有很多行业资源，例如行业培训及咨询机构、行业协会、上游厂商，能一下撬动大批客户，这个 BD（Business Development，市场商业拓展）是否该做？

我的回答：创业初期，也就是产品和销售方法打磨阶段，千万不要好大喜功！

1. 要不要做 BD

BD 和销售的最大区别，一个绕远路但有机会批量获得客户，一个直接但花功夫，需要一个个获客。

我自己参与的一家 SaaS 创业公司，在形成规模销售打法前，核心管理

产品打磨和商业模式初步验证

团队曾经用 18 个月的时间，在培训公司、媒体资源上发力。当然有一定成绩，但我个人反思这是得不偿失的。这些"资源"要么本身有主业不容易撬动，要么上来就要与我们谈合资。但实际在一起做事时，双方各有目的，很难在遇到挫折时还能一起坚持，结果是雷声大雨点小，效率还不如自己建立销售团队。

从创业初期的阶段特性看，更应该拒绝 BD。

首先，公司初期什么最重要？打磨产品、验证商业模式最重要！莫说隔着合作方，就算运气好，一次签了一大批客户，如果对客户的反馈响应不及时，公司的产品和服务又如何能让客户满意呢？最后口碑还是负面的。

其次，公司初期什么资源最稀缺？不是资金，而是创始人的时间。时间本身就不够，精力更应该聚焦在产品迭代、销售打法上。如果在长久不见效果的事情上花费时间，多半得不偿失。

我经常说一个 9 扇门的理论（学自"纷享销客"的创始人罗旭）：如果你面前有 9 扇门，推每一扇门的时候都一定要拼尽全力。如果每次都轻轻推一下后马上去推下一扇门，那到最后也不知道哪个门有用，最后就是一个困局。BD 就是那种需要持续拼命的推门活儿。在资源有限、时间紧迫的情况下，往往一扇门都无法推开。

那么，能把 BD 工作交给别人做吗？谈 BD 合作非常复杂，对产品理念、公司规划要非常清楚，甚至要调配研发资源来配合，能把这么重要的事情交给新招来的 BD 同事做吗？显然不行。还有，创始人的人脉一般只认创始人本人，高薪请来的"BD 总监"只能帮着打下手。

"一次签下 100 个客户"说起来是一件"超爽"的事情，可这就是典型的"取巧之道"。打磨产品没有捷径，磨砺销售打法也没有捷径。BD 资源和 VC（风险投资）一样，是锦上添花，不是雪中送炭！只有在产品、销售、市场品牌足够强之后，一些 BD 合作才水到渠成。

如果 CEO 觉得有很多资源一定要试一试 BD，我建议拿出 30 天心无旁骛"All in DB"一把，30 天不出结果，建议还是放弃。我说的结果不仅仅是签单，而是真正批量获得了一批高质量客户，并且客户愿意深入使用产品。

2. 要不要做会销

关于"会销"的问题。我们先定义"会销"是什么。"会销"在国内特指在会场上"造神"，通过恐惧或利益诱惑引导学员现场买单的销售形式。

"会销"与常见的"沙龙"最明显的差别：是否有"台上报价促单"的环节。有这个报价促单环节的就是会销，没有这个环节的就是普通的沙龙。至于台上讲完知识性培训，台下业务员与客户一对一沟通的形式，还是沙龙，不能算会销。

我对"会销"的看法：企业选择信息系统是一个共同决策的过程，需要使用部门的负责人、IT、采购等角色的参与，即便是老板也很难在会销现场立即拍板。

即便现场成交了，后续的服务成本其实很高。不少老板现场冲动买单，回去就不想用了，服务人员拼命推也推不动。有时候老板心里不愿意承认自己的冲动消费，即便不用了，也会安排一个助理对接。结果浪费团队更多的时间。

我也搞过会销，而且亲自讲过十多场。当时我的演讲能力不能说不好，产品也不是不"锋利"，促销政策也不是不"凶猛"，但效果却很不稳定。

在实际运作中，由于当地团队的销售代表有"邀约人数"的任务，每个销售代表不得不把快成交的客户也带到现场来。最后一场下来成交了几个，但本来不用打折的单子，最后给了一个折扣。所以会销费时费力、效果不好。

3. 小结：破茧成蝶

蝴蝶破茧时你用剪刀帮它把蛹壳剪开，这不是帮它，而是害它：没经历过挣扎和挤压的蝴蝶出来也活不了。销售过程虽然痛苦，但能让客户想清楚是否真正需要 SaaS 产品，之后遇到各种使用困难，客户才有可能坚持使用。

至于那些交了钱不用产品的客户，我认为那不是资产，而是负债。无论是从财务角度看，还是从市场口碑角度看，这都是负资产。

综上所述，在打磨产品的阶段，我不赞同用 BD 和会销的方式开拓市场。至于客户沙龙、用户大会等，这是正常的市场培育活动，我是非常认可的。

SaaS 创业的第二个阶段要打磨产品，则要求稳。"稳"体现在几个方面。

- 产品真能卖得出去：要卖给陌生客户，不能只卖给老朋友的公司。

- 卖产品的人：不仅创始人能签单，符合"营销人才画像"的销售代表也能签单。

- 签单数量：如果是客单价 4 万元以下的轻产品，至少签 10 个客户，以避免偶然性；如果是客单价 4 万元以上的产品，可以适当降低数量要求。

- 客户企业的员工能迅速上手，把产品用好。

完成第二阶段的目标，PMF（Product-Market Fit，产品市场匹配）也就顺利完成了。

我很喜欢一个"啃硬骨头"的理论：如果该啃的硬骨头不啃，绕过这个阶段，在下一个阶段出现的问题会更大。

阶段 3

创造销售打法和验证销售团队毛利模型

第三个阶段的关键任务有两项。

- 创造一套高质量的"标准销售打法"。
- 通过小团队的运作证明一个标准基层团队（例如 6~8 位销售代表和 1 位销售主管）能够实现正向毛利。

第 1 节　创造标准销售打法的必要性

我曾经用 18 个月时间带着一个团队从 10 人扩张到 600 人，并且保持着人均月产出的稳定。如果没有标准销售打法和标准化的管理套路，无法以这个速度复制销售团队。

其实，当团队规模真到上百人时，再考虑标准化的问题就已经晚了。

阶段 3

创造销售打法和验证销售团队毛利模型

当团队只有几个人、十几个人的时候，就应该考虑如何进行标准化复制的问题。

我先给大家讲几个真实的例子。

1. 案例 A：6 个亏损的分公司

某年五一假期，我的一个老部下和我聊天，他准备去新公司担任全国销售团队负责人。前期该公司扩张很快，已经开了 6 个分公司。但后面发现问题很大，每个分公司都不挣钱，甚至有的分公司一个月会有大部分人挂零。

我和他讲有两个策略，第一个策略就是远程加强对 6 个分公司的管理。但这实际上非常累，而且是不可能完成的任务。分公司的业绩任务都不能达成，每个人都处于个人收入较低、对公司产品没有信心的低迷状态。所以得花大量的时间安抚、鼓舞大家。即便是这样，不能开单的团队始终不会有好的状态。

第二个策略是把 5 个外地分公司都砍掉。把每个分公司最优秀的人才聚集到总部来。总部有产品、有研发、有服务人员，大家可以深入研究如何打造一套标准的销售方法？如何建立一个盈利模型达标的销售团队？

与其把时间花在安抚低绩效的员工上，不如花时间好好研究客户。只有这样，才是公司长远发展最健康的方式。

2. 案例 B：一个销售团队过百人的公司

这是一家 SaaS 企业，他们的产品非常不错，续约率很高，增购率也不错。

但是团队也曾经做过快速扩张，现在在全国各地有十多个分支机构。其中有业绩非常好的，也有业绩差的。我和他们一起开会，了解各分支的销售打法及培训情况。

结果每个区域销售负责人讲述的销售打法和培训新人的方式各不相同。培训负责人也说他手上有一套培训方案，但是自己也没多少信心，所以对培训要求的贯彻也不够坚决。

其实这些都是因为公司没有为销售团队打造一套标准做法而引起的。

如果没有一套标准的销售流程、标准的关键环节销售话术、标准的招聘及培训方案和日常销售管理的方法，十几个分支机构是无法高效管理的。

为什么这么讲？我简单列一下跨区域管理，需要做的事情。

- 掌控每个分公司各个销售阶段的商机数量及总金额。如果每个分公司商机（商业机会）阶段划分不同，就无法总体管理商机情况。

- 掌控每个分公司的拜访及蓄客进度。分公司有自主权，比如月初安排一个集中的"沙盘演练"（模拟客户现场的考核），到了月中（或季度中期）要把蓄客量、拜访量补起来（大部分公司都做不到这一点）。如果总部只知道结果，而不能掌握过程，就无法保证稳定的业绩。

- 新人入职后的成长进度。在入职 30 天时，是否熟悉产品讲解（80 分以上）？60 天时，是否能达成成交小单或商机积蓄的目标？

- 低绩效员工淘汰标准。总部应该有总体标准，每个区域有灵活度（例如主管可以多保 1～2 个月等），但总部至少要知道有哪些员工的业绩是不达标的，达标的标准是什么？

- 个人收入核算。提成核算的方式大部分公司都会统一，但核算过程在很多公司都极其痛苦。如果缺乏统一标准，错漏在所难免。

可以看到，如果每个分公司的销售打法不同、管理方式不同，进行整体管理的难度就会越来越大。

建立标准打法还需要测试，在确认效果后就要坚决执行。标准化落地是非常难的，比如一个"销售冠军"就是不愿意按标准方式做，是留着他还是开除他？

标准方案里要有一定灵活度，但连基本要求都做不到的人（例如 CRM 中的销售记录格式、每周固定时间的早会/夕会），坚决劝退，否则对全团队都是坏榜样。

此外，从各级管理者的时间效率上看，每个分公司每周都会发生一些异常情况，如果没有标准流程，这些异常情况出现的形式就各式各样。总部的管理者无法给出好的、彻底的解决方案，往往只能应急处理。从总部到分公司负责人，大家每天都在处理一些很琐碎的事务，没有几个人好好去研究客户，研究如何提高销售效率以及更好地服务客户。

3．案例 C：初期团队也有缺乏标准化带来的问题

我见过一个团队只有 5 名销售，但是绝大部分业绩都是一个超级销售完成的，其他人都是配角。

没有业绩的人一筹莫展，不知道该怎么办。而那个超级销售的打法又没有人进行总结，所以也难以复制到其他人身上，这样团队的扩张也遭遇很大的阻碍。

所以我给他们的建议如下。

- 销售负责人多陪访超级销售，用 3 个月总结出一套标准销售打法。开始能有 60 分就可以，先用起来，再逐步提高（这是对小规模团队的要求，大团队的标准打法要有 80 分才能推广）。

- 标准打法形成后，逐渐降低销售打法的难度。例如，现在需要 5 年软件销售经验，将来要降低到只要 2 年 to B 销售经验，再通过 2 周培训，在 2 个月内掌握这套打法。

- 这期间可以尝试招少量较优秀（甚至有小团队管理经验）的人才，用标准打法做培训，检验这套打法的可复制性。

以上三个案例都是不同阶段销售团队实际遇到的问题。而解决方法都是同一个，也就是用一段时间来打磨标准的销售打法，进而复制人才、复制团队。

4．标准化的"程度"

每家公司都有自己的独特性，产品复杂度和目标市场不同，销售流程也会不同，所以销售打法和管理方式的"标准化程度"会不一样。

总体来说，越是快单、短周期销售，要求的标准化程度越高；大客户销售标准化程度要求相对较低。但即便是大的销售解决方案，也需要"标准的流程"。如果涉及多部门协作，对流程标准化程度的要求会更高。只是其对具体动作的"标准化"要求会降低，需要发挥销售代表个人的能力。当然，这也是销售团队复制困难（人才难招、新人成长慢）的重要原因。

对此，我在指导某个 SaaS 公司时发现一些不错的思路。

这家企业专做行业头部客户，产品线很丰富，交叉销售成绩很好。但苦于培养不出新销售人才，业绩都靠老业务员顶着。究其原因，一是新业务员缺乏客户资源，大客户开拓见效慢；二是产品确实太多、太复杂，新业务员掌握速度慢。

在不断摸索中，他们找到一个新方式：让新业务员只学习一个入门级产品，该产品可以销售给行业内的小企业客户。通过积累行业经验、产品能力和客户人脉后，新业务员再逐步增加产品目录，得到销售能力的成长。

我认为"无标准、不复制"。这里面有两层含义：其一，没有标准，复制销售人才很困难；其二，不要在没有标准时便扩张团队，否则可能会"增人不增业绩"，管理者天天忙于安抚员工、不关注客户，欲速则不达。

第 2 节　如何打造标准销售打法

我经常与 SaaS 企业的创始人交流，发现到了 A 轮融资前后，大家普遍对营销组织的发展很头疼。

- "招了一堆业务员却无法独立成单，CEO 和 CTO 常被叫去帮忙。"

- "业务员人数增加了，业绩却没有同比增长，人均月产出不断下降。"

- "缺乏标准的打单套路和管理方式，销售业绩忽高忽低。"

- "销售合伙人没有带大营销团队的经验，但决策失误代价巨大、耽误抢占市场的机会。"

如何能让优秀的销售代表持续出单？如果只靠个人能力、个人状态是不能持久的。如果是一个有长远打算的 SaaS 公司，应该考虑用标准化的销售打法和销售工具。这包括销售全流程的方法、话术和完整的销售工具包。

1. 销售全流程

我们先举个快单销售的例子。所谓"快单销售"，我这样定义：客单价 1 万～4 万元，成交周期 1～4 周，成交前拜访次数 1～4 次的产品销售模式。这类销售的基本工作流程如下。

（1）蓄客：包括销售代表自开拓、高层资源、转介绍、市场线索等多种方式。

（2）验证：销售代表根据公司"客户画像"，判断客户是否为目标客户。

（3）邀约：电话邀约拜访（辅以短信、微信、邮件等方式）。

（4）首次拜访 KP（关键决策人）：了解需求、建立信任、挖痛点和产品价值、提方案等。

（5）再次拜访：方案答疑、报价、商务谈判、实施安排等。

（6）签约回款。

（7）转介绍。

（8）转交服务：销售与 CSM（客户成功）交接。

全流程里需要标准化的内容不少，我根据上面 6 个步骤罗列一下。

（1）销售找客户的方法，公司可以统一确定 3 种以上效率高的方式，并鼓励销售代表不断创新。同时，市场部制定 3～10 套短信及邮件模板，每季度设计统一的宣传广告单，由市场部统一培育（短信、公众号内容营销）或由每个业务员定向发送给自己的潜在客户。

（2）公司有标准的客户画像，画像描述要清晰、准确，并且给出验证目标客户符合"客户画像"的标准方法。

（3）统一的 3～5 套邀约电话的话术、短信及邮件模板。

（4）首次拜访非常关键，我下一节单独解读。

（5）推进成单的方法：包括解决方案、疑问解答等。由于第二次拜访涉及情况比较复杂，标准化比较困难，在实操中需要销售主管多进行拜访前的管理、拜访后的及时复盘，并不断提升销售代表的成单能力。

（6）签约回款环节：公司应该有操作性好的合同管理、合同特殊条款规则、折扣管理规范等流程支持。

（7）转介绍也可以有比较标准的做法，后续章节有专门介绍。

（8）服务交接流程、表单、考评方法。

管理工作大多是"二八原则"。我们应该把销售全流程按步骤分解，然后逐一分析每个环节标准化的效益。再决定优先和重点做哪一步骤的标准化。评价标准有三个。

- 哪个环节容易标准化成文字稿？

创造销售打法和验证销售团队毛利模型

- 哪个环节标准化后，销售代表容易掌握？

- 统计团队在以上 8 个环节中哪个环节转化率比较差？

我们简单做个表格分析一下。

各销售环节标准化工作必要性评估表

销售环节	容易标准化	容易掌握	转化率差（更需要标准化）	优先标准化
蓄客	☆☆	☆☆☆	☆	优先级较低
验证	☆☆☆	☆☆☆	-	优先级较高
邀约	☆☆☆	☆☆	☆☆	优先级次高
首次拜访 KP	☆☆☆	☆☆☆	☆☆☆	优先级最高
再次拜访	☆	☆	☆☆	优先级较低
签约回款	☆☆	☆☆	☆	优先级较低
转介绍	☆☆	☆	☆☆☆	优先级较高
转交服务	☆☆☆	☆☆☆	☆	优先级较低

以上分析与"快单"产品及目标客户群体有关，每家 SaaS 公司可以根据自己的具体情况分析。

当然，销售团队最需要标准化的常常是"邀约"和"首次拜访 KP"环节。"邀约"比较简单，我不详述，重点描述一下"首次拜访 KP"环节的标准化。

2. 首次拜访 KP 环节的标准化方法

大部分单子都是在首次拜访 KP（关键决策人）这个环节丢失的。更糟糕的是，一旦某一个销售代表首次拜访失败，将来其他销售代表邀约该客户的概率都会大幅降低，因为客户不愿意为同一个供应商的产品浪费两次时间。

此外，这个环节对销售技巧要求高，销售代表要能够准确把握客户的需求和推进时机。下面介绍的方法，我在上千销售代表中做过实践，并且效果显著。

首先，与拆解"销售全流程"一样，我们要拆解"首次拜访 KP"的关键步骤。

（1）确认拜访的是 KP（标准中提供对 KP 的定义）

（2）访前准备（资料、设备、仪表）

（3）到访破冰

（4）挖掘痛点

（5）痛点解决方案

（6）信任的建立（口述 + 视频）

（7）问题解答（Top 10 最常见的问题）

（8）引导进入下一步（报价/拜访升级）

其中，最关键的是第 4 步——挖掘痛点。

我见过很多公司的销售代表，在客户那里首先把自己的公司吹嘘一遍，拿出 PPT 讲十几分钟创始人、融资等。

这样对不对呢？这依赖于客户需求的阶段。

我简单引入一个营销学里经典的"AIEPL 理论"，其核心观点：客户的购买行为是分阶段的，应该对不同阶段的潜在客户用不同的方式推动。

AIEPL 理论认为营销有 5 个阶段：

- Aware 知晓阶段

- Information 信息搜集阶段

- Evaluation 评估阶段

阶段 3

创造销售打法和验证销售团队毛利模型

- **Purchase** 购买阶段

- **Loyalty** 忠诚客户阶段

如果是一个已经完成"知晓"阶段，了解自己需求的客户，他找你来就是做信息搜集和评估的，你需要先介绍自己的公司背景。

如果这个客户的需求还未出现，这次拜访的目的是促成需求的产生，就应该先挖痛点。否则你讲了 10 分钟还没有引起对方的兴趣，很可能他就拿起手机处理自己的事情了。

所以，上面给出的 8 个步骤要根据公司大部分首次拜访对象的状况来制定。

客户在电话邀约环节同意销售代表去拜访，但其需求并不明确。所以，挖痛点非常关键。

挖痛点用的是"顾问式销售"的方法。但考虑到不能过多依赖销售代表的能力，所以销售体会做出标准化的"提问—回答"式的引导方式。这里有几个关键点。

- 提问应该是闭环的，不要是开放问题。

- 在拜访前的准备过程中，需要深入了解客户，对客户可能的需求及痛点有所掌握。

- 在拜访提问环节，一要引导客户介绍自己的状况和需求，二要逐步引导客户说出自己的痛点或由销售代表直接询问客户是否有相关痛点。

经过反复打磨后，首次拜访 KP 的第（1）到（8）个步骤可以写成逐字稿。其中包括：目标客户常见痛点总结、统一产品价值讲述模板、建立信任的标准语言逻辑、客户十大常见问题的标准答案、推进成交的标准思路。还要配套挖掘痛点的 PPT、客户见证视频等销售工具。

如果不能沉淀为文字，就无法逐次优化修改，也无法让不同区域的分支结构有共同的业务语言。所谓"无文字、不管理"就是这个意思。

这个逐字稿，对于客单价 1 万元～4 万元的产品销售的首访流程，大概有 5000 字左右。

此外，关于"首次拜访"再补充两点。

第一，关于破冰能力。公司可以做统一的破冰能力培训，讲讲茶道、琴棋书画等。不仅能做好破冰，也能提升销售代表的综合素质。

第二，关于是否要拿出 PPT 来讲的问题。PPT 能降低新销售代表的讲解难度，是可以用的。在某些情况下，销售代表并没有机会拿出电脑讲解，所以在培训时还是要达到脱离 PPT 讲解的要求。

3．解决方案销售打法的标准化

如果是解决方案销售，这涉及 SDR（销售开发代表）、AE（电话销售）、FAE（面销）、KA（大客户经理）、售前支持、实施、CSM（客户成功经理）多个岗位及其管理者。

解决方案销售的业务流程设计、组织设计、各个环节转化率的监控更加重要，管理难度也更高。

对于客单价更高的产品，标准化的内容也有逐字稿，可能字数会少一些。因为走向解决方案销售后，与客户的沟通更需要灵活性，标准化的更多是流程而非具体话术。当然，这也造成解决方案销售代表的复制难度更大。

我有一个方法论体系叫作"可复制的市场成功"。销售打法标准化是其中第一个环节，"可复制的成交"，后面还有"可复制的人才"和"可复制的团队"，这些内容将在后文中详述。

第 3 节　SaaS 产品的定价策略

不少 SaaS 同行多次问到我关于定价的问题，我一直想不出怎么写比较成体系。后来在中欧商学院学习"管理经济学"（20 年前我在大学读书时叫作微观经济学），结合这些年做商业的实战思考，我重新做了一些思考。

1. 传统定价策略

"价格策略"是标准的 MBA 课程，基础内容大家可以自己搜来学习，我只讲和 SaaS 产品定价相关的部分。

在完全竞争的市场，企业没有定价权，决定价格的是供需关系。价格越低，需求量越高、供给量越低。除此之外，还有非价格因素的影响：政策、客户收入水平、广告、相关产品等。

而 SaaS 产品大部分是在不完全竞争市场，各家厂商的产品之间多少都有一些差异，每个细分市场上都有几家寡头有定价权。

总体来说，定价的逻辑主要有 2 种："成本导向"定价和"竞争导向"定价。前者是辅，后者为主。报价的底线是"成本＋合理的利润"，在这之上，根据竞争情况定价。

成本这部分，按微观经济学的经典理论，在一个企业做管理决策时，例如报价，要考虑的是变动成本（加做这一单增加的成本），而非沉没成本（已经发生的费用）和固定成本（与产量无关的管理费用、固定资产折旧费摊销等）。

这里的变动成本包括了售前成本、客户服务、运维支出等，多数属于人工成本，而人工成本有共享复用属性，需要财务部门协助精算。

按照博弈论，在寡头市场的博弈中，有限次数的博弈（竞价）容易产生双输的低价策略。如果考虑无限次数博弈，双方应该用理性报价，为自己和对手赢得长期盈利。

2. SaaS 定价实操步骤

"永远正确"的理论说完，我们再说有实践指导意义的。为了简化定价这件复杂的事情，我给一个思考框架。

1）明确公司阶段目标：提高市场占有率或者企业利润最大化

战略选择不同，策略当然不同。传统企业的目标都是后者，SaaS 公司因为融资机会更高，可能在阶段性目标上会有不同。

2）变动成本核算，找到价格的底线

前文说过，研发投入等变动成本不考虑，但销售团队的新购及增购销售提成、管理提成、绩效奖金、实施成本和期间服务成本等要考虑进来。

即使以市场占有率为主要目标，"销售团队毛利为正"还是底线。否则就得补贴销售团队，销售团队在层层指标的压力下，可能在业绩里注水。这是一个大的经营逻辑，企业管理者不要试图与人性做斗争。

3）参考既有市场价格，根据产品及服务的差异定价

既有市场价格是客户能接受的价格，有很强的参考意义。

如果 SaaS 产品要与传统软件竞争，可以考虑采用同类传统软件 1/3 左右的价格作为年度租用价格。传统软件是一次支付为主（后续每年 10%～15%的维保费），而 SaaS 可以一年一年收地下去。

如果该领域同类软件有国际品牌，同样可以据此锚定标杆品牌制定本土定价。

同时，SaaS 即使是同类产品也要设法展示差异。在 SaaS 市场竞争中，如何在产品设计阶段定义功能差异，在售前阶段如何找到应用场景价值差

创造销售打法和验证销售团队毛利模型

异，以及如何包装 SaaS 产品与其他配套服务（包括售后实施、轻流程咨询、售后服务/客户成功的价值等）将决定其价格水平和竞争格局。

在低准入门槛的市场上，不要想着通过低价"消灭"对手，即使对手崩盘你也涨不了价，因为有利润后新对手就会进来。所以"产品差异化 + 服务差异化"才是盈利的关键。

中国的中大企业市场与国外很不相同，美国雇员会自己找工具解决问题，中国企业则大多向供应商要全套解决方案。而且，最后是供应商全套主导"交钥匙"（Turnkey）给甲方。这样的格局貌似让 SaaS 厂商很痛苦，但其实这也是创造差异化价值的机会。

对应创造这个差异化价值的就是售前人员，没有售前的公司可以通过销售和产品部门的合作来创造这个价值。

4）"合适价格"可以偏高，然后通过折扣控制不同行业/规模客户的实际报价

不同行业的客户对产品及服务的需求差别很大，不同行业的员工平均创造的营收及利润差别也非常大。举个例子，O2O 公司可能有上千销售代表，每个销售代表一年可能只为公司带来 10 万元利润，如果标准的价格模型、按人数算费用，每年支付上百万元购买一个 SaaS 产品，压力不小。

因此除了划分多个功能不同的版本（体验版、标准版、企业版、旗舰版）之外，严格控制每个行业的折扣范围也是一个好办法。

如果做折扣，就一定要严格管理，同一个行业的客户折扣率差别不能太大。否则客户会感觉被欺骗，会认为该公司管理很不正规。

5）一些灵活的定价方式

这两年我接触的 SaaS 产品很多，除了按人年收软件服务费，其中也有不少有趣的定价和付费方式，我也和大家分享一下。

（1）CPS（Cost Per Sale，按效果付费）

如果是营销类的 SaaS 产品，按效果付费的报价方式其实更容易被客户接受。

如果每个新客户另有实施工作量，那再收一些实施费。如果该行业的客户不习惯收实施费，可以收预付款，然后慢慢消耗，这样也可以控制实施成本。

（2）同意 30 天无条件退款

这适用于产品交付简单的产品，如果实施风险不大、实施成本不高，即使真退款了成本风险也低。这样的产品可以给客户吃个"定心丸"——30 天无条件退款。

其实作为企业的采购行为，即使有问题，真正要求退款的比例也非常低。并且企业采购有流程，退款也有流程，愿意发起这样流程的人是谁？采购不愿意，那不是打脸吗？业务部门也多一事不如少一事。只有老板会亲自抓退款，这样的老板也比较少。

当然，如果产品的实施成本很高，就不建议用这个方法。不是承担不起实施成本，而是机制有问题——客户更容易在遇到困难时放弃，影响交付成功率。

（3）只卖 1 个月或 1 个季度

美国早期的很多 SaaS 产品是按月卖的。国内的现状按月卖不现实，因为我们的成交大多需要销售介入，销售提成难计算，销售代表与 CSM 的工作边界也不清晰。而且国内同质化产品竞争激烈，谁都想卖多年占住客户。

但是，卖 1 个月好过让客户试用。官网上放一个体验版没问题，那就是看看功能和应用场景。

在一个企业中运行一套系统，需要多方努力来改变业务流程，如果只是"试试看"，根本不会成功。只要是付了钱，哪怕是 1 个月的费用，就可以在客户企业中产生推力，各个岗位的重视才有可能使产品交付成功。

3. 一个产品定价的实操案例

这里分享一个我在某公司的 SaaS 产品定价实操案例。

该产品是典型的（跨行业）通用工具 SaaS 产品。产品有 6 个版本，从 2000 元/年的"小微版"到 4 万元/年的"无限版"。

价格取决于多个维度，包括：账号数、并发数（同时在线用户人数）。这 6 个不同版本的功能各有一定差异，此外，有的客户仅短时间使用，因此还有季度版、月版，甚至周版。

某 SaaS 产品及其竞品的价目表对比

	版本名称	支持人数（人）		年价格（元）	季度价格（元）	月版本（元）	周版本（元）
		账号	在线				
某 SaaS 产品	小微版	100	50	2 000	无	无	无
	基础版	100	100	4 000	无	无	无
	企业版	500	200	8 000	3 200	无	无
	全能版	1500	500	16 000	6 400	无	无
	旗舰版	3000	1000	28 000	11 200	无	无
	无限版	100 000	1000	40 000	16 000	无	无
竞品 1	标准版	150	50	800		96	38
	专业版	300	300	2 000		240	96
	全能版	3000	500	3 500		420	168
	部署版			70 000			
竞品 2	普通版	500	120	3 500		420	
	专业版	2 000	300	3 800		456	
	企业版	3 000	600	5 500		660	
	在线超过 600 人需要定制服务						

	版本名称	支持人数（人）		年价格（元）	季度价格（元）	月版本（元）	周版本（元）
		账号	在线				
竞品 3	专业版	不限	不限	3500		420	
	旗舰版	不限	每小时上百万人访问	12 000	买 2 年送 1 年		

该公司的竞争对手也大都使用类似的定价策略。

该价目表的具体使用情况如何呢？我了解了一下，相当混乱：同一个客户问不同业务员可能会得到 2 个不同的报价（而且都与价目表的某一部分一致），新业务员经常因为报价复杂而报错，老业务员也无法第一时间报价，需要根据一个 Excel 表算出价格。

我进一步了解情况，该产品与竞品相比功能有一些优势，但很多时候中型客户并不需要那么多功能，所以难以在价格上体现。同时，这是一个用户使用频率不高，但多用户同时在线时，对系统资源消耗很大的产品。产品与竞品相比的关键差异：高并发数下的稳定性好很多，竞品如果达到 600 人以上的并发就需要单独实施和部署；而该产品的云版本就可以承受 2000 人的并发，这个优势竞争对手很难在短时间内赶上。

经过讨论，我们商议出价格调整方案。

- 仅发布一个包含完整功能的版本（这一点我觉得还值得商榷，也许主流客户一个版本、轻量客户另一个版本更合适）。

- 去掉"并发数"限制，客户购买的所有账号可以同时并发。

- 报价表简化为一个公式：报价＝用户数×价格。

- 1000 人以上客户的折扣内部处理。

通过价格调整，能达到的效果：95%的报价得到规范化，大幅降低报价复杂度；减少了客户的"选择障碍"，缩短成交周期。最有趣的是，突出了产品的核心优势（高并发），一个报价就让竞争对手陷入被动。

第 4 节　通过退费条款降低成交难度

有一次我和一个 SaaS 团队的几个同事一起做面对面交流。谈到"退费条款"的问题大家有些顾虑，交流完我的思路也更清晰了，这里和大家分享一下。

首先说结论，我的看法：一般情况下，"退费条款"是双赢的选择。这个问题我分几个角度谈，最后我再拔高。

第一，退款条款能够降低成交难度。

无论是初期的营销测试阶段，还是复制团队后大规模营销阶段，如何降低成交成本是销售方法设计者都要认真考虑的问题。如果有这个退费条款，客户更容易做出购买决策。特别是对企业客户来说，即便是业务部门需要的产品，也会在采购、财务、IT 等环节受到各种挑战，而有一个保障性条款对成交速度是有帮助的。

第二，一个企业级产品的退款比例很低。

只要产品没有重大问题（例如频繁宕机、闪退）或在销售阶段出现明显虚假承诺，退费的客户数量比例和金额比例都不会超过 1%。

大家可能会很惊讶，为什么会这么低呢？

因为从客户企业的角度看，一个涉及"钱"的事情或多或少都会有"财务流程"的管控，也许这个流程很正式，也许只是老板和财务心里的一个习惯，但一定会有流程和相应的流程成本。决定购买一个产品需要流程，决定退款也同样需要一个流程。

一旦一个采购已经发生，真正会发起退款流程的一般只有老板，使用产品的业务部门、采购部门都不愿意自己打脸。在实际业务中，最后真正坚持要退款的人，基本都是老板自己，但大部分老板其实没这个时间。一般情况老板感觉非常不爽、情绪很大才会坚持退款。

这样分析下来，1%的退款率就不足为奇了。

第三，"退款"是提升产品价值、改进工作质量和发现管理问题的好机会。

在产品价值打磨阶段，一个好不容易买单的客户竟然要退款，这对产品、销售和 CEO 都有很大触动。因此会和客户大量沟通，拉上产品团队一起与客户交流，甚至 CEO 亲自与客户高层沟通，这样就有机会发现真正的产品问题。

如果早早封死退款的口子呢？可能 CEO 会听到"某某客户有很多抱怨"，但创业初期的忙碌可能会让团队忽略这样重要的信息，最终问题被隐藏到后面更致命的阶段才爆发。例如在打造销售打法阶段发现产品价值还有问题，往往会耽误更多时间。

从另一个角度说，如果合同里本来就没有退款条款，客户遇到问题提过几次没解决，也只能忍了。"今年钱已经付了，大不了明年不续费了"，这就是客户最容易产生的惰性想法。从人性上来讲，这样的反应是合乎情理的。

在规模营销阶段，一笔退款有同样的效果。客户反馈、客户投诉到一定数量后，管理层看到的信息是平面的，没有层次。真有一个退款出现了，所有人都会重视起来，服务部门会分析为什么出现退款，CEO 会亲自聆听专项汇报。产品或服务中的重大隐患就有机会被及时解决。

当然，这里还有很多细节。例如，如果产品需要实施，那么已经发生的实施费一般是不能退的。

最后，我要拔高说一下管理中的"机制"问题。

创造销售打法和验证销售团队毛利模型

我经常强调，在一个组织的运作过程中，建立一个好的"机制"比让管理者天天做"管理动作"要有效得多。

以今天说的"退费条款"为例。你可以说：我不要退费条款，发生退款对公司现金流的影响太大了，代替方法是我把这事儿重视起来，我给所有同事培训"客户第一"的理念，我教大家如何服务好客户。

可这些真的有用吗？创始人自己多做管理动作，并要求主管多做管理动作，但是如果没有目标管理和绩效管理体系配合，这些管理动作大多很低效。所有人都有惰性，大家一般只做上级检查和考核的事情。而在管理实操中，公司又很难事事都与 KPI，与同事的收入挂钩。一是这样操作太复杂（需要 HR 部门全面设计和平衡）；二是，如果这件事情本身就有很多变数和信息不对称之处，真扣钱的时候还会有很多扯皮发生，产生巨大的管理成本。

"客户第一"当然有必要，那是文化层面打基础的工作。而真正能让公司高效运转的，是那些自然而然的机制。

客户极度不满意，就会要求退款；客户退款，自然就会影响各部门的绩效，引起各个部门的改进。这就是一个好的机制，它会自然而然发生。

所以我常说，一个好的机制胜过一万遍日常管理。我这本书里，还会在很多管理环节提到具体的例子。

第 5 节　转介绍漏斗模型和客户信任度曲线

在 C 端，老客户转介绍新客户有很多有效的玩法。例如，赠送多张优惠券、推荐朋友均享优惠，但这些在 B 端却不好操作，甚至会造成客户的反感。

比方说，A 企业老板转介绍了 B 企业老板，你给 A 一个续费优惠，A 会担心 B 知道了会很不爽；A 还会担心 B 是否用得合适？企业老板更在意自己与合作伙伴的关系，而不是自己能享受一点小小的优惠。

1. 转介绍效率漏斗

C 端转介绍，一个 C（消费者）身边肯定有不少类似的 C（消费者）。但 B 端产品不同，需要根据产品本身的覆盖率测算公司要求销售代表做转介绍成功率的大小。例如，做员工福利产品的市场就很广，中型及以上企业中 50% 的都可能适用，转介绍效率可以预期；CRM 产品，则只有 10% 的企业可能适用，转介绍效率就比较低。

还有一个因素是：目标客户群体之间的关系。有的行业内部，企业家及企业的高管都比较开放，有好东西都学，例如广东的家居建材行业和江浙的很多产业聚集地；有的行业则比较封闭，互相来往很少，例如北方的医疗器械行业。后者企业间的转介绍机会自然就少了。

关于转介绍，我画了一个转化漏斗图。

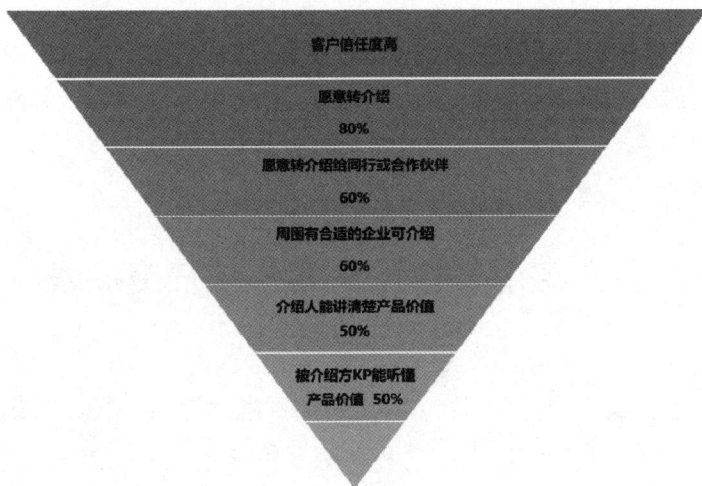

客户信任度高

愿意转介绍
80%

愿意转介绍给同行或合作伙伴
60%

周围有合适的企业可介绍
60%

介绍人能讲清楚产品价值
50%

被介绍方KP能听懂产品价值 50%

转介绍的漏斗模型

阶段 3
创造销售打法和验证销售团队毛利模型

作为销售流程的设计者，应该在每个转化率上下功夫。我把上面这张图转化成一个表格。

转介绍转化率计算表

	转化率	成功数量（个）
客户信任度高	100%	100
愿意转介绍	80%	80
愿意转介绍给同行或合作伙伴	60%	48
周围有合适的企业可介绍	60%	29
介绍人能讲清楚产品价值	50%	15
被介绍方 KP 能听懂产品价值	50%	8
被介绍方愿意约见	80%	6

从上面这张表可以算得，100 个高信任度的客户中，最终能转介绍见面的也就只有 6 个。当然，每家企业的产品、市场、员工获得转介绍的能力及意愿不同，结果肯定差别很大。这需要各家企业自己根据逻辑和经验测算。

所以 B 端转介绍更重要的是公司的整体设计，时机点的把握和转介绍前、中、后动作标准化。我简单列了一下各个环节提高转化率的动作，详见下表。同样，这些动作也需要每家公司根据自己的情况设计。

转介绍转化率及提高动作

	转化率	成功数量（个）	提高转化率的动作
客户信任度高	100%	100	【产品、服务】产品确实解决客户问题
愿意转介绍	80%	80	【销售】做好客情关系，把握要转介绍的时机
愿意转介绍给同行或合作伙伴	60%	48	（与客户行业相关）
周围有合适的企业可介绍	60%	29	【销售】提供目标客户名单

	转化率	成功数量（个）	提高转化率的动作
介绍人能讲清楚产品价值	50%	15	【销售】提供 100 字左右的说明，方便发送
被介绍方 KP 能听懂产品价值	50%	8	【销售】设法介入信息传递过程
被介绍方愿意约见	80%	6	【销售】设法请老客户帮忙约见

作为组织，如果"转介绍"客户占 10%以上的成交客户来源，那么就应该考虑转介绍的标准化工作。

2. 客户信任度变化曲线与转介绍的时机

销售代表最应该在什么时候向客户要转介绍呢？当然是客户最信任的时候。

我画了一个 SaaS 公司的客户信任度变化曲线，做实施、做 CSM（客户成功）的人肯定最有感触。

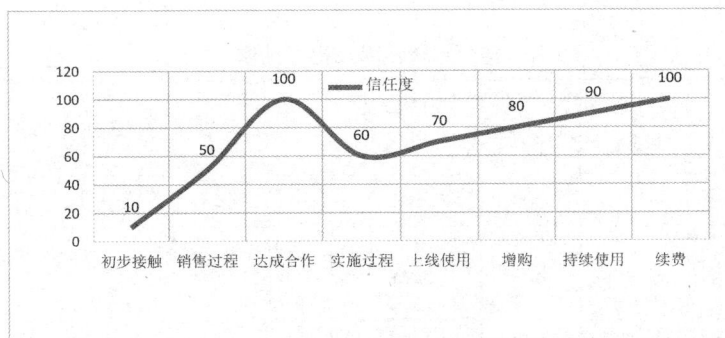

SaaS 客户信任度变化曲线图

虽然每个 SaaS 公司的各阶段"信任度"数值各有差别，但趋势类似。那么业务员应该在什么时刻要转介绍呢？

创造销售打法和验证销售团队毛利模型

（1）经过接触、客户需求及产品价值沟通、商务谈判，达成合作时应该是客户信任的一个高峰点，这时候就应该要转介绍。

在一次十几个 SaaS 销售负责人参与的闭门会上，一位 IBM 咨询出身的销售负责人对这个时机提出异议——刚签约就要转介绍是否有点不合适？

我理解各个不同的 SaaS 产品在营销过程中有不小差异，这些差异主要与客单价有关。

4 万元左右的"快单销售"，成交周期在 2～6 周，成交后与客户交流的机会并不太多。简单的产品参数配置和培训结束后，销售代表的工作重点就转移到未成交客户身上了。所以在成交时要转介绍是个比较好的时机。当然，至于如何做到自然、有礼貌，这是销售代表们必须研讨，甚至要做演练的。

10 万元以上的销售大多是"解决方案式销售"，销售代表展现给客户的是对其行业及产品理解的专业度，也许在签约时就要转介绍并不合适。至于实际情况是否如此，可以做做实践测试，也可以根据对方特点决定。

（2）实施过程一般还会有困难，包括承诺过度，实施团队需要填坑，客户满意度和信任度都会下降。

（3）后面在增购、续费时，信任度和满意度又会积累。增购和续费环节如果能做好，也是要转介绍的合适时机。

3. 转介绍的一些细节

我再补充一些转介绍的细节。

- 转介绍的对象不一定是老板或 KP，也可以是下属的员工，需要做一些价值设计了，在业务和个人发展上有更多合作，这样更容易被接受。

- 要有准备，例如准备对方可能知道的企业名单等。

- 让对方有一个转介绍的正当理由。

- 更新与转介绍客户的交流进度，达成合作后表达感谢。

当然，这些都是"术"，"道"还是公司对转介绍的底层驱动分析、有组织地标准化转介绍动作要求，以及跟进数字化的结果。

第 6 节　SaaS 产品的销售模式和营销组织演进

在"SaaS 创业路线图"中，第 3 个阶段的主要任务是创造销售打法和销售团队毛利模型的验证。

在规模扩张营销团队之前，有 2 件工作要先做到 80 分以上。

- 已验证成功的销售模式。

- 销售打法 + 完整的销售工具。

关于销售模式，有几个大的决策点需要 CEO 和销售 VP 心里非常清楚。这些点，未必需要在这个阶段就 100%决定下来，但起码要有清晰的认识，才可以做下一步的销售组织规划。

1. 明确目标客户行业和规模

客户画像是逐渐清晰起来的，但是产品适合什么行业、什么规模的企业，这应该在创业初期就清楚。根据国家统计局 2011 年的标准，各个行业的中小微企业规模要求不同。如果产品是跨行业的，可以考虑套用工业企业规则。

- 1～20 人，微型

- 20~300 人，小型

- 300~1000 人，中型

- 1000~5000 人，大型

- 5000 人以上，超大型（或集团型）

为什么规模这么重要？因为不同规模的企业，采购决策链不同。小微企业，老板拍板即可。中大企业，采购 SaaS 这类企业信息化产品，决策链涉及该产品的业务或职能部门、IT 部、采购部，金额大的甚至还要 CEO 或公司最高经营管理会议决策，差异非常大。

2. 线上线索为主，还是销售自开拓为主

这个与上一步目标客户规模、客户决策流程有很大关系。

小微客户，可以通过听取销售人员上门介绍、教育，从而快速决策买单。

中等规模的企业，则有可能会听到一个好产品就决定购买，也可能只会按规划和预算买信息化产品。如果大企业的某些业务部门手上有经费（未必是 IT 预算），也可能快速决策。

大企业通过 IT 部门的标准采购流程则完全是另一回事儿。即便业务部门确实有需求，也有可能要等明年的新预算下来。即便有预算，也有较长的决策链需要销售人员逐个环节推进。

显然，激发大企业需求更有效的方式是市场方式，而不是销售人员推动的方式。

3. 提供简单的统一价值场景，还是个性化的解决方案

这与客户企业规模未必有关，而是与 SaaS 产品有关。如果提供的是费

用报销、HR 招聘这样较通用的价值，每个企业的应用场景类似，销售套路中的产品讲解部分就比较一致。

一致意味着什么？一旦销售套路高质量地被制作出来，就容易复制给成百上千的销售人员。这样的销售代表可能只需要有 2 年以上 to B 销售经验即可。在一个一线或二线城市里，这样的销售团队招到 50～100 人也不难。

如果要做个性化解决方案，掌握销售方法的难度就会大幅提升。公司的销售人员要能够通过交流来理解客户企业的业务逻辑和业务流程，并结合自己的产品提供解决问题的思路和方案。这样的人才本身在市场上就比较难招。在一个一线城市里能招到 10～20 个合格的人就算不错了。

关于如何描绘"销售人员画像"，如何招募初期的营销团队，后续再做系统讲解。

4. 营销组织设计

组织设计每个公司不同，我通过问题的方式引导大家做思考。

- 市场部的职责如何设置？市场资源如何投入？

- 市场部门是否需要设置 MDR（市场开发专员，负责筛选市场线索）、SDR（销售开发专员，主要负责通过打陌生电话获得销售线索）？

- 销售流程是否要拆解？销售部门是否需要分 Inside 销售（电话销售）和 Outside 销售（外勤销售）？

- 是否需要单独设立售前部门和实施部门？

- 售后部门的服务方式是被动服务（传统服务热线），还是客户成功（CSM，主动帮助客户深度使用产品）？

至于建立完备的组织架构，这是第 3 阶段之后的管理任务。我在后面章节会详细描述一个典型的 SaaS 公司的部门、职责和常见的 KPI。

5. 营销组织如何发展和演化的原则

SaaS 公司发展到这个阶段，因为销售模式不同，其营销组织必然不同。侧重线上线索的，销售团队偏重做方案；需要大量自开拓的，销售团队侧重开源，甚至要像地推团队一样去扫楼陌拜。

我这里给大家一些原则。可以根据这些原则再具体分析自己公司的营销组织如何设计和发展。

原则 1：初期销售团队应该有"完整能力"。

说白了，初期销售团队应该能完成营销甚至服务的全流程。这个阶段如果需要做跨部门配合，效率太低。而且由于流程在确认中，没有历史数据，各个部门之间如果要协调，扯皮的事情也会比较多。

我和阿里中供的同学聊过，也向阿甘当面请教过，一个销售找客户（开源）、联系客户、拜访客户、讲解产品、推进成交、初期服务，这是他的完整能力。

一个有追求的销售，在自己的职业生涯里，至少应该把各个环节都做一遍。就像一个优秀的销售 VP，必须懂产品、市场和服务一样，否则缺少全局观。

一个优秀的销售组织，初期也应该具备完整销售流程和各个环节的业务能力。这不仅是效率问题，也是试错成本问题。还记得《精益创业》里说的 MVP（最小可验证产品）吗？销售组织就是 CEO 或销售 VP 的产品，也要考虑 MVP 方法论。

在实现了人均效率目标（例如人均 4 万元/月，或 12 万元/季度）后，再考虑通过营销环节的切割来提高专业度和效率。

原则 2：要复制团队可以考虑做营销环节切割。

要复制团队时，我们会发现，"咦，咋销售全才这么难招呢？"是的，初期创始人能以共同事业为由招揽优秀的、有销售总监能力的人来做一线员工。但到这个阶段时，要做规模招聘了，就会发现"全才"难招。

这背后的逻辑不是人才稀缺，而是与人的特性相悖。

一个销售代表，如果产品和解决方案的专业度很高，就不愿意去干冲击力很强的活儿。而冲击力强的销售代表就不愿意一整天坐在办公室做解决方案。在能力上和性格上，这就是两类人。能把两种特性集于一身的人非常少。

从培训的内容看，销售培训包括三个环节：①海量搜资料、大量打邀约电话（每天 50～120 个有效电话）；②拜访客户、交流后做解决方案；③成交后实施培训。如果能把这 3 个团队分开，每个新人的培训成本要降低 2/3。

所以，也许发展到后面阶段，SaaS 公司会有这样几个团队。

- 市场营销（线上/线下）

- 市场 MDR/SDR（数据清洗、第一轮电话）

- 电话销售（通过电话成交较低客单价的单子，也叫 Inside 团队）

- 面销（Outside 团队，负责拜访和成交中大客户，做新购和增购）

- 实施团队（签约后的实施）

- 服务团队（实施后长期服务，包括续费收取、促进增购）

- 如果做复杂解决方案，还需要一个售前支持团队。

售前支持与售后实施的矛盾在每个软件公司都有。通过和软件行业的交流，我的方法是把售前、实施放在一个大部门，售前顾问参与并签约项目，在项目实施阶段售前顾问也做负责人，指挥实施工程师做具体配置工作。虽然"售前专家"的能力没有都放在"最有效益"的签单上，但这对客户更好，客户能见到产品在交付时的样子。

6．小结

关于营销的部分，我只是把大致完整的组织形态及原则描述出来。不同 SaaS 公司，根据产品复杂度、是否需要实施、是否需要定制开发，组织设计会有所不同。管理是科学和艺术的复合体，它最难，同时也最有趣：没有标准答案。

好在营销管理可以通过每月业绩结果看到。所以营销管理的大策略是多尝试、快速闭环，通过多次迭代找到更佳方式。

第7节　从管理会计看 SaaS 企业的组织及激励设计

这一节我基于管理会计的经典理论知识，结合 SaaS 企业管理实际状况，给出一些组织及激励的知识框架和落地思路。具体决策，还需要每家企业根据自己的人才、市场、产品和组织能力的积累状况做出选择。

1．决策权的分配和组织设计

在决策中，知识（包括信息）至关重要。

知识可以分为两类，一般性知识（例如市场统计数据、生产成本等）和特殊知识（某三线城市的销售渠道、某研发领域的开发方法等）。一般性知识在合理的成本下可以传递给第三方。特殊知识则不易传递，或传递成本很高。

当一个决策涉及特殊知识的时候，有 2 个方式处理。

- 传递特殊知识给决策者，在决策者拥有这些知识（和信息）后进行决策。这是比较偏"集权"的管理方式。例如，可以通过建立 IT 系统传递这些信息。

- 将决策权分派给掌握了特殊知识的员工。

我认为，在公司创业前 3 年，由于业务不稳定、管理及决策流程尚未建立，CEO 往往需要通过"获得"特殊知识的方式来做决策，仅依赖信息系统或专题报告仍然是不够的，往往还需要 CEO 亲自跑客户，到听得见"炮声的地方"指挥。

当然，也有很多 CEO 很"幸运"地发现自己忙不过来，偶然授权给某些部门负责人，事后发现效果不错。这是对公司长远发展更好的选择。

一般来说，企业超过 200 人后，授权是必需的。而培养管理层具备系统思考能力和领导力的过程，大概需要 1~2 年（换人要从头来过）。所以 CEO 可以倒推一下什么时候开始授权。

虽然创始人大多是产品技术出身，但我看到不少优秀的 CEO 能亲自带营销团队，这非常棒。但请注意，某些管理定律是不能违背的，例如"管理半径"不可超过 8 个人。

如果算上产品研发、市场、大行政（包括财务、HR）、服务，可以带销售部门的名额就只剩 4 个，基本上只能管华北、华东、华南 3 个大区和 1 个渠道部。所以没有销售 VP 的公司，CEO 对营销体系应当考虑早日放权，用 1~2 年时间从大区总经理或总监中培养销售一把手。

在组织设计上，还有一个大家经常忽略的问题，就是人才晋升的"漏斗"。我讲个商界著名的例子大家就明白了。

对"海底捞"这样的餐饮连锁企业来说，最限制发展的就是"店长"的培养速度。以前每个店是一个店长、一个副店长的配置，那如果副店长没有成长起来呢？瓶颈非常明显。后来他们的设计是，店长下面设置 3 个副手分管不同模块，这 3 个副手将来都可能成长为新店的店长。

创造销售打法和验证销售团队毛利模型

2．绩效考核设计

首先，绩效与考核设计要与"组织设计"保持一致，与以下因素也要保持高度相关性。

- 外部环境

- 企业文化

- 岗位特点

- 企业战略

- 员工状况（例如低离职率）

篇幅所限，我只说说"岗位特点"。管理会计将岗位分为三种。

- 步兵：遵循规则、按部就班。例如：热线接线员、部分行政及 HR 职能类岗位。该类岗位的绩效较稳定（偏差范围不大），信息不对称比例低。KPI 中应该包括投入、流程和结果三方面的指标。

- 明星：需要创造力、创造价值大的岗位。例如：高管、业务员、研发人员。信息不对称比例很高，KPI 以结果导向为主。

- 守卫：一旦出错事态严重的岗位。例如：飞行员、财务内控等。一般需要复杂的专业技能，信息不对称比例高，重视职级晋升而非短期奖金，他们的 KPI 偏重投入和流程指标（做到位）。

各类型岗位的考核重点

岗位类型	特点	举例	绩效不确定性	信息不对称程度	选人/培训	考核 KPI 侧重
步兵	遵循程序，按部就班	热线接线员、SDR、CSM	低	低	重培训	重投入、过程和结果指标
明星	不鸣则已，一鸣惊人	高管、销售业务员	高	高	筛选和淘汰并重	重结果指标
守卫	一旦出错，事态严重	财务内控、采购	低	高	重培训，反复训练	重投入、过程指标

以上 **KPI** 的指标分三类。

- 投入指标：考核工作时长等。

- 流程指标：考核过程、流程操作的规范度。

- 结果指标：考核最终结果，例如研发产出、销售业绩等。

当然这是经典的岗位分类，在我眼里，创业公司各个岗位都得给力，一个短板被暴露后，要耗费几个月甚至一两年去修补。

另外，销售是个"明星"岗位，但如果你能给把它变成一个"步兵＋明星"的岗位，通过标准化打法大量复制业绩良好的销售，企业在营销上会更成功。

除此之外，绩效设计还有几个要点。

- 强激励一定要强监控，否则容易舞弊。

- 即便是高管，也只需要 3~4 个 **KPI**。

- 考核的标准必须明确。

- 主 **KPI** 必须是客观数据指标，避免人为操作空间。

- 若 **KPI** 是软性指标，也要有详尽的设计/描述。

- 尽可能降低主管考核员工的个人成本。

- 现金奖金主要激励 1 年内的短期行为；而股权、期权激励则用于激励长期行为。对高管的股权激励考核期应该为 3 年及以上，作为公司长期战略的激励，保障高管是长远决策。

- 未上市公司应该尽量用期权奖励，一旦授予受限制股，普通员工就有权力索要公司财务信息的权利，这对市场竞争不利。

3. 考核目标的设定

1）如何设定业绩目标

我相信带过销售团队的人都会头痛"如何设定业绩目标"的问题。

历史业绩差的团队，希望能激励他们，目标不能太高。以往业绩好的团队，肯定希望他们多背任务，可是人家会觉得"鞭打快牛"。

我给大家几个层次的思路。

- 对于业务员个人，在组织成熟后，可以设定底薪与业绩目标的关联关系，底薪越高，目标越高。当然，这只适用于成熟的销售组织，初期组织不适合弄复杂了。关于提成设计，后文还有详细讲解。

- 对于团队负责人，则要通过确认公司战略目标、梳理团队人员能力和做好团队发展规划，帮助团队负责人确定一个合理的目标。

- 在年初设计的奖金机制上，就要考虑在"临时增加任务"时，保障多任务的人的个人收益。说白了，不能让"雷锋"吃亏，多领任务的团队和个人收入肯定要设计得更高。

因此，我认为在初创公司的销售体系里，更应该用"提成制"（按业绩比例拿奖金）而非"绩效制"（有一个固定的奖金总额，根据"完成率"来核算）。无论是基层业务员、直销管理者还是渠道经理，都尽量用"提成制"奖金，只有销售支持岗位采用"绩效制"奖金。

绩效制奖金是跟着完成率走的，看似没差别，可一旦上半年目标达不成，下半年目标就该往低调，这样皆大欢喜。但往往没有真正解决问题，年底公司的利润目标会达不成。

2）绝对指标与相对指标

再讲一个知识点。在考核体系里，考核指标其实分两种。

- 绝对指标：例如考核全年销售业绩等。

- 相对指标：例如考核行业内的排名、市场占有率，考核业绩增速与市场平均增速的比例关系，等等。

例如对石油化工企业来说，一年利润多少与市场原油价格有巨大关系。相同的努力，有的年份利润奇高，有的年份利润为负。如果不建立一个相关性高的机制，高管和员工们的努力都无法显现出来，激励机制也会失效。所以这类企业就应该用"相对指标"，考核指标中应该排除原油价格波动的噪音，真正考核成本控制能力和企业管理能力。

2014 年宝钢股份的股权激励计划也是如此，他们的考核方案如下。

- 和世界顶级的钢企获利能力对标："吨钢"获利能力在世界 6 大钢企排名前 3 位。

- 和国内 8 大钢企平均利润对标：三档要求是 2.5 倍、2.75 倍、3 倍。

这显然比直接考核年度利润更加严厉和有效。"设定目标"是 CEO 和销售 VP 的重要能力，应该根据 IT 产业整体增速、所在垂直领域的增速、主攻行业的增速、各分公司所在区域经济发展的情况，再结合各地组织的成熟度，制定更合理和更有说服力的业绩目标。

3）末位淘汰

我 2006 年在华为时用的就是末位淘汰制。每季度主管都要对每个下属考核打分，每年要淘汰末位 10%的员工。

末位淘汰确实可以让所有人都很努力，非常重视自己的绩效，因为被末位淘汰是一件很没有面子的事情。

末位淘汰的执行有几个前提。

- 评比单位人数应该超过 30 人，人数太少可能最后一名绩效也不错，淘汰掉了很可惜。

- 如果有主观考核因子，考核档次应该减少（3 个足矣），多了反而增加考核难度，也不准确。

- 2∶7∶1 规则，团队中有 20%的人优秀，70%中等，10%在淘汰边缘，管理重点应在 70%上。

- "强制排队"往往使员工过度看重短期绩效，所以不适合需要高度创新的岗位。

- 强制末位淘汰不应长时间使用（不应超过 3 年），容易造成过度淘汰。

"好的机制胜过一万遍日常管理"，所以我认为激励设计是公司管理中，除战略之外最重要的事情。

第 8 节　如何进行行业开拓

做行业开拓，是很困扰通用产品 SaaS 公司的问题。不全力以赴，行业开拓迟迟没有进展；全力开拓一个行业，又担心不能承受开拓失败后，优秀人才流失的风险。

基于我自己在 SaaS 领域 8 年的营销管理及咨询经验，我给大家一组建议。

1. 看清行业开拓的目的

首先，跳出问题本身，先看看做行业开拓的目的是什么。

第一，扩大营收（深耕某些行业获得更多"水面之下"的客户）；

第二，降低获客和签约难度（聚焦某些行业，获得行业标杆客户，提升营销效率）；

第三，建立自己产品的护城河（在一个行业建立绝对优势，增高其他竞争者的进入门槛）。

做企业市场的公司，没有不钻行业的。但选择专注于 1~2 个行业，就等于放弃了其他行业，这个风险也确实很大。

中国市场巨大，行业也分得非常细，我们需要考量的因素很多，这里罗列一下。

- 该行业的市场规模和分布情况。

- 该行业客户的业务特点及 SaaS 需求。

- 该行业的信息化程度。

- 该行业 SaaS 产品竞品格局。

2. 进行行业开拓的思考框架

我推荐一个开拓行业的思考框架给大家参考。各个公司的产品、市场情况不同，请大家酌情选择适合自己的方式。

1）后端指导前端

前端是指销售，后端是指服务。从服务老客户的过程中，观察哪些老客户使用深度更深、购买意愿和能力更强，以此来做行业决策。这样的方式胜过只听销售的反馈、拜访未成交客户得到的信息。

通过这样的后端服务情况调查，由市场部结合我前文提到的 4 点，可以找到主攻行业列表。

2）引导销售而"不禁止"销售

行业开拓初期，不建议高层限制每个销售团队各自做专属行业，因为销售团队获客效率会因此大幅下降。举例来说，只被允许做农牧行业客户的 A 组也可能得到一些机械行业的客户线索或商机，如果转交给其他团队，

创造销售打法和验证销售团队毛利模型

客情不一定交得过去，中间过程的效率一定下降。而 A 组本身在初期寻找农牧行业的客户又很困难。这样多个团队都会被开源的问题卡死。

这就是"不禁止"的意思：在很确信之前不要限制团队的开源范围。

"引导"又是哪些举措呢？

应该指定每个销售团队的主攻行业，但并不限制做其他行业。市场线索按"主攻行业"分给每个小组或某个突出个人，引导这些小组的成员不断在该行业上形成积累。

多鼓励和支持那些在某个行业上连续签约客户（2、3 个就算），形成了自己的行业"小解决方案"、行业话术和销售套路的销售代表。把"行业开拓突出"的成绩和方法在团队内部进行宣传，"引导"各个业务员捕捉进入行业的机会。

3）真正发现了"黄金行业"后，产品跟上

SaaS 公司里，产品方向错误是最致命的。营销犯错都还有机会弥补，但产品应该尽量避免，因为成本太高，掉头难度也更大。因此产品选行业，更要慎重。销售前景比较明显了，通过服务真正把握住行业需求，再做研发投入。

4）成立行业专属销售部门

专属行业销售部门应该成立，并大量为产品部门输送行业需求。如果能同步配置 1～2 名行业专属售前技术支持，则更有效率。行业售前负责整理错综复杂的需求，通过自己对该行业业务的深刻理解（最好是行业专家），系统输出行业需求给产品经理。

直到这个阶段，行业开拓才真正开始。产品不做行业，销售就很难做行业，仅凭通用产品很难说服行业特性明显的客户。

3．SaaS 产品如何适配行业开拓

我认为，在进行行业开拓的过程中，产品可以增加行业属性，但不要做单独的行业版。整个 SaaS 产品还是应该维持一个版本，只不过添加一些可配置行业模块。如果单独做一个不能与主版本同步升级的"行业版"，未来就是 2 个产品，一旦拆开，将来就很难再合并到一起了。

"行业版"的错误，很多传统软件公司都犯过，后来常常发现一个行业并没有那么大的市场，行业版还不能停止维护和升级，最终变成了"鸡肋版"。而 SaaS 产品迭代优势最根本的原理就是：每个客户带来的价值需求都会沉淀在产品里，为未来的千万客户所使用。

另一个思路是通用 SaaS 公司做承载该领域属性的 APaaS，然后在 APaaS 上长出行业 SaaS。这条路逻辑上行得通，Salesforce 的 PaaS 平台 force.com 上就成功长出了医药行业的 SaaS 产品 Veeva。我个人认可这个方向，前提是这个赛道要足够宽、足够长。这是一条需要长期资本投入的路径，目前在中国还没有成功先例。

至此行业开拓的方法我就简单画完框架了。这也可以用于行业 SaaS 公司开拓某些细分市场的选择过程。

第 9 节　建立销售团队毛利模型

建立了标准打法后，创业公司还需要完成该阶段的"销售团队毛利模型"。这要求公司财务体系具备核算能力，证明销售团队有真正的"毛利"。我列一个简单的计算表格。

创造销售打法和验证销售团队毛利模型

收支项目列表

收支项目	金额
年度营收（只包含一年 SaaS 服务费，即 ARR）	S
销售代表工资、提成（含公司支出的社保费用）	A
销售部门费用（管理层薪资、团队办公及运作费用）	B
相关市场投放费用（SEM、SEO 等获得线索的直接成本）	C
市场部门费用（市场部所有成员的薪资、部门办公及运作费用）	D
新增客户首年服务费用（根据新老客户比例，将服务部门的费用分割成新老客户两部分）	E

这里的毛利算法有多个层次的解读。

- 最低要求是：毛利 $1 = S - A$ 要大于 0，这表示销售代表自己能养活自己。如果连这一层都做不到，那么就纯粹是让市场和销售团队在烧钱。由此培养的营销团队的财务模型和运营模型都是不健康的、难以复制的。

- 我认为基础的要求是：毛利 $2 = S - A - B - C$ 要大于 0 ，这表示销售部门能养活自己，还能承担市场部为了获得销售线索支付的成本。

- 当然，更高要求是：毛利 $3 = S - A - B - C - D - E$ 要大于 0，这表示营销服务体系的新单能够为公司的研发行政体系贡献一定的毛利。

请注意，这里并不要求计算整个公司的"盈亏平衡点"（Break Even Point）。在路线图的第 3 个阶段里，能证明"营销体系"这个飞轮能够在财务的概念上转起来即可，并不需要用一支这么小的营销团队承担整个公司的研发及行政费用。

同时，这个公式只用于 SaaS 企业创业初期的"第 3 个阶段"，所以只考虑新客户的新单和增购收入，没有考虑续费带来的收益。成熟 SaaS 公司的经营财务模型将会在后面的章节中介绍。

初期销售团队的毛利模型不健康，隐藏了很多信息。

- 可能是第 2 阶段的 PMF 做得不够扎实。一旦用小规模销售团队跑市场，就发现与客户需求匹配度不高，还需要再次把重点放在产品打磨上，这时不要急于扩张团队。

- 可能是商业模式仍有问题，客户痛感不足，销售成本很高，仅通过销售 SaaS 产品很难为公司挣钱。

- 可能是销售方法不够高效，需要把从获客到成交的每个环节再做提升。

如果确实是以上问题，我们需要返回第 2 个阶段，把每件事情做扎实，再重新进入第 3 阶段。

在路线图的第 3 个阶段完成的是一个销售工作的闭环和销售部门财务指标上的闭环。如果销售团队还不能养活自己就急于扩张，将会造成公司现金流出加大。团队越扩张，公司经营状况越糟糕。

一方面，这是隐性的销售补贴。销售体系的同事都挣到钱了，公司却没挣钱，这就是一种补贴。补贴的坏处是各个层级为了自己的目标或利益不断侵蚀公司的利益（很多是无意识的），公司最后得到了一个不能盈利的畸形营销体系。

另一方面，补贴获得的 B 端企业客户并没有多少价值。这些客户"来"的原因是销售"过度"推销或低价得到超值的服务。但实际上并没有被激发出很强的需求，也就在使用中缺乏黏性，最终流失率很高。SaaS 公司原指望新单第一年不挣钱，来年续费再挣钱，但实际上大部分"补贴"出来的客户根本没有续费。

因此我非常反对"跨越式发展"——路线图的 5 个阶段都需要步步为营，不能随便跨越。

阶段 4

扩张期的组织发展

第 4 阶段的任务是构建完整的业务组织体系：形成市场能力，为销售团队提供质量与数量均衡的线索；培养客户成功部门的能力和梳理跨部门的服务流程；建设售前、实施等业务支持部门。

在这个阶段，SaaS 公司除了复制销售团队，还需要打造市场团队、CSM 服务体系。如果是解决方案销售的公司，还需要构建售前技术支持团队、实施交付团队。

第 1 节　可复制的市场成功

我曾经在一个 SaaS 公司负责营销体系，销售业绩在 18 个月里从单月 30 多万元做到接近 2000 万元。这当然是全体员工努力的结果，但这背后也有一套营销管理的逻辑。

我把这套方法体系叫作"可复制的市场成功"。它有三个层次：复制成交—复制人才—复制团队。

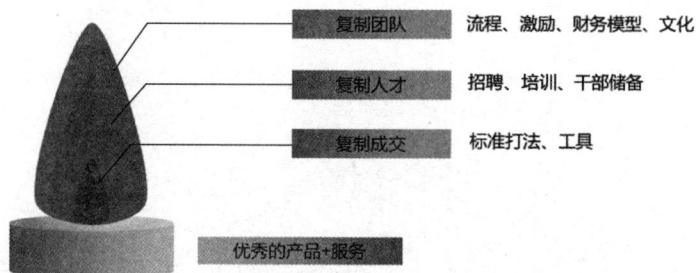

可复制的市场成功

下面我详解一下这个方法的体系框架。

启动营销团队复制的前提，先要有产品价值闭环、优良的服务保障。

很多公司销售人才的复制周期是 2～6 个月，相同产品的服务人才（客户成功经理）的复制周期是 6～12 个月（复杂产品更长），那么在销售业绩快速增长的情况下，服务力量是否能够跟上呢？

SaaS 的本质是续费。没有这些服务资源，销售一年增长 5 倍、10 倍，最后只能带来灾难。

1．复制成交

这部分我在前文已经讲过，这里不再重复。

2．复制人才

在市场、销售套路标准化后，复制到每个人身上也很困难。

有一次在与一个超大 SaaS 公司交流时，销售培训部门负责人就问我该不该搞"新兵训练营"。我说，如果规模复制，当然应该搞；可是，我们得先确认培训课程、培训组织的质量都能过 80 分。

另外，如果一个销售全流程对业务员的基本素质和销售经验要求太高，也是无法规模复制的。这时候要考虑降低人才要求和销售全流程的难度。

复制人才本身也是有套路的。我有一套"集中面试—集中入职—集中培训"的标准方法论，后文将会详述。

对于快单销售团队，如果有一套方法，可以让合格的业务员在 2 周内完成基础产品和销售技能培训，2 个月后有 60%的新业务员出单数目达标，团队复制就走上正轨了。后面的工作就是不断优化方法，建立学习型组织，让大部分业务员积极参与自我学习和不断改进标准打法。

这也是标准化打法对跨区域团队的重要价值——大家有共同的工作语言，沟通成本大幅下降；升级后的方法和工具，也能够低成本、快速落地。

关于复制人才，还得多说一点：要为员工职业发展做总体组织设计。快单销售团队，要设计成长路径（设置多个级别）和晋升通道。解决方案销售团队，要设计员工的成长通道。特别是针对年轻人，他们更喜欢变化，厌恶机械重复。

3．复制团队

更难的是复制团队。如何能够把一个区域的团队成功，复制到其他区域？如何让每个团队都拥有激昂的斗志？如何避免亚文化的产生？

我常说，营销在于创新，管理在于积累。

营销创新天马行空都行，反正不行再换下一招。可是管理不行，比如提成政策一旦公布，就不能朝令夕改。如果修改，公司不但得多付成本，还会引起员工对管理公平的质疑。再比如，一个错误的干部任命会让一个团队连续多月萎靡不振。

虽然管理可以学习，但试错成本太高，而在激烈的竞争环境下，机会稍纵即逝！

我给一个建设"可复制团队"的任务清单，各公司可以看看在各项任务上的得分。

- 关键业务流程的建设：清晰、有效、可数字化衡量、可不断改善。

- 提成和激励制度的建设：在财务核算模型上，基于公司当前战略目标，设计匹配的提成和激励制度，激发一线团队的工作热情，正确平衡内部竞争与合作的关系。

- 建立部门日常工作规范：周报/日志、CRM 使用、例会制度。

- 人才培养机制：设计公司的领导梯队，通过目标引导和机制设计，让各级干部提高成长要求，招募优秀人才，培养新人。

- 文化传播机制：一个区域优秀的创业文化能够复制到其他团队，公司及团队活动能够展现公司的 VMV（使命、愿景、价值观），并能够沉淀成文字和标准。

- 建立关键指标体系：实现数字化管理，坚持月度数据例会。

- 公司营收模型搭建及年度预算：控制现金流，抓住发展机遇。

当然，标准化方法也有高风险。如果标准方法本身不完善，复制只能带来更多问题。因此，要确保"标准"的质量，经得起打磨和验证。

第 2 节　如何高效扩张团队

公司在扩张阶段最大的苦恼就是招不到合适的人。

这一节我讲讲如何带领大团队做招聘，即使每家企业情况不同，但道理相通。

1. 招聘工作的难点

招不到人的第一大原因是什么？HR 招聘专员的普遍答案：符合条件的简历太少。这是实情，也是客观条件。但招聘就是在同样困难的情况下，从市场上招到优秀的人才。

所以，最关键的原因真的是简历太少吗？我与至少 50 家企业聊过招聘问题，一般有两种情况。

- 筛出来的简历浪费严重，优秀的候选人没来面试、公司介绍无吸引力、面试过程管理混乱等。

- 筛选简历的开口太小。

关于第一条本节会介绍一整套方法，帮助大家提高招聘漏斗各个环节的转化率。

关于第二条，不同团队会有不同看法。但我们要思考，公司招聘到底应该是重质量还是数量？

常规答案是重质量，但常规方法总招不来对的人。

我有一个新的解决思路，因此我的答案是先重数量。在数量足够时，再通过快速有效的方法筛选。

2. 招聘工作的大原则

1）招聘开口：数量重于质量

我看到很多团队有这样的问题，业绩不好的同事，团队负责人却迟迟不愿淘汰。这些负责人的回答通常是，业绩虽然差，好过没有啊！

其实，主要问题是人才画像要求太高，不能持续招人。结果现有团队不合适的人迟迟未被淘汰，导致团队斗志低迷，团队规模扩张受阻。

因此，先把招聘口子开大一些，保障有人先进来。

2）层层快速筛选，留下高质量人才

在招聘、新员工培训的过程中，应多次设置筛子，避免浪费企业、应聘者（或新员工）的时间。

如果要求能吃苦，招聘时就应该讲清楚公司的加班时间、团队的工作状态。不要用公司福利好、上下午茶歇等待遇把目标不一致的人招进来。

只有设置了多重、严谨、非人为判断的筛子，才能完成招聘从数量到质量的升华。新人培训环节，也一定要有考试，而且考试的实操性要求要高，保障高质量的筛选。例如产品讲解、模拟客户互动等考核。

这个筛子出现的时间一定要早。不要等到入职一个月才考试，更不要等到试用期结束前才回顾业绩。考核的过程、对考官的要求以及打分表的设计，都要严谨和有可操作性。

3）集中招聘、集中入职、集中培训

让应聘者在不同时间分别来面试，最大的损失是简历资源。

传统的招聘 HR 一个个通知应聘者，一个个面试，效率非常低。面试官给每个候选人的时间太少，公司介绍不透彻（除非公司本身很知名），岗位的职业发展也没说清楚，双方沟通不彻底，应聘者意愿未被激活。

所以我反其道而行之。

从 2014 年 6 月到 2015 年 6 月，有一个演讲我讲了 50 多遍，就是招聘演讲。

通过多次演练，这个演讲控制在 70 分钟。因为时间短了讲不清楚，长了影响后面的一对一面试。我会在这 70 分钟里，讲清楚行业前景、公司愿景、团队实力、产品价值、个人收入情况、销售提成比例、新人培训计划以及吃苦耐劳的要求。其中还会穿插 10 分钟产品演示，除了产品功能介绍，也通过演示内容展现团队艰苦奋斗、团结互助的文化。演讲中每 7 分钟有一次快速互动，防止听众走神。最后再加上 5 分钟的答疑。在结束时，再做拔高总结——让每个人都觉得"现在加入，正逢其时！"

几乎每次演讲后我都会做小优化，招聘 PPT 最后一个版本是 v3.8，那么从 v1.0 到 v3.8，我大概迭代了 28 个版本。

通过集中招聘宣讲，应聘者能够全面了解公司，大幅增加其入职的意愿。每次到场 30～120 人，中途离场的比例不超过 1%。

而"集中入职"是为了"集中培训"。培训 2～3 个人的效果远远不如培训 5～30 人。人多了才有学习和竞争的氛围，也才有努力争取留下来的压力。

3. 与众不同的招聘流程

根据招聘工作的大原则，我们设计并实践了一个招聘流程。几年运作下来，公司的招聘效率非常高，招来的人才大多在公司茁壮成长。有的离开公司也到很多 SaaS 公司担任重要职位。

流程如下。

1）业务主管亲自搜简历

很多 HR 喜欢在招聘网站上挂个 JD（岗位描述），但主动投来的简历平均质量很差，远不如主动搜索的质量好。当然，这里讲的是规模招聘，如果是个别 VP 岗位的招聘，应该通过别的渠道来解决。

在招聘网站搜索简历，有很多过滤参数，需要灵活调整，平衡简历质量和数量的关系。这活儿到底是 HR 做还是业务主管做？得看公司处于什么阶段，创业公司业务主管做靠谱，效率更高。

2）招聘专员或助理发模板招聘邮件

这些邮件包含公司的完整介绍，这样可以节约打招聘电话的时间。招聘专员也要电话确认应聘者的求职状态，这可以衬托电话面试官的重要性。

3）业务主管亲自打招聘电话

一个优秀的应聘者会有 20 个公司邀约，HR 如果只做"面试通知"，优秀人才来的概率就只有几分之一。要把这个概率提高到 80%以上，主管应该为每个优秀的简历打 15 分钟电话，把公司、岗位、个人发展和收入介绍清楚，把来听招聘宣讲的价值也讲清楚。

这里有一些灵活度，如果业务主管很忙，可以把简历按质量排序，前20%~40%业务主管打，剩下的由 HR 招聘专员或助理打，最终转化率也可以接受。管理上二八原则也适用。

电话沟通后再发一条短信。防止优秀的应聘者接到多个招聘电话后记不住面试时间，错过集中招聘演讲和面试。

面试前一天下午或面试当天提前 2 小时短信再确认。这是为了保障到场率。

高层集中宣讲。招聘演讲及面试前，HR 打印好简历、面试打分表及签到表。

管理者逐一面试、复试，并要求尽快入职。这里有一个打分表，要求初试、复试的面试官按多个标准维度打分，并提供了部分标准提问，初试官、复试官的标准提问是不同的。

招聘面试打分表

面试打分级别：A＋/A/A-/B＋/B/B-/C/D　　初试人：　　　　　　复试人：

项目	内容或题目	初试问答（记录对方回答及你的评价）	初试分数	复试问答（记录对方回答及你的评价，复核初试的关键内容）	复试分数
外在	第一印象	（写下观感）		（写下观感）	
交流	通过问答了解对方理解问题的能力和逻辑思维能力	讲一个与客户之间印象最深刻的故事： □关键点突出/□逻辑清楚/□简洁/□结论清晰（选择√或×）		自述优势： 觉得自身还需要提高的地方： □关键点突出/□逻辑清楚/□简洁/□结论清晰（选择√或×）	
业务	详细了解销售经验、以往掌握的销售方式、销售业绩及能力	作为一个销售人员最重要的特点应该是： 以往销售业绩情况： 对企业销售经验＿＿＿年 □电销/□面销/□会销 □短周期/□长周期（平均成交周期：＿＿＿） □和老总/□和 HR/□和 IT/□和＿＿打交道		和客户打交道的方式方法有哪些： 以往销售业绩情况复核： 对企业销售经验＿＿＿年 □电销/□面销/□会销 □短周期/□长周期（平均成交周期：＿＿＿） □和老总/□和 HR/□和 IT/□和＿＿打交道	

项目	内容或题目	初试问答（记录对方回答及你的评价）	初试分数	复试问答（记录对方回答及你的评价，复核初试的关键内容）	复试分数
管理	了解团队管理能力	带团队的情况： 带销售团队＿＿＿年，最多带＿＿＿人		1.带团队遇到最难的事儿是什么： 2.是如何解决的： 带销售团队＿＿＿年，最多带＿＿＿人	
认同度	事业认同 文化认同 团队认同	1. 你对公司的产品怎么看： 2. 自己的职业规划： □没想法直接勾选		你对公司怎么看：	
薪酬	了解收入情况	我想了解一下您现在的薪资及您的期望薪资，其中基本工资和去年全年收入分别是多少（一句话问出，保障答案的真实性）： 目前底薪： 去年一年收入： 期望底薪： 期望年收入：		不知您是否方便透露去年一年收入大约是多少：	
总结	判断此人是否可用？	特性描述： 计划入职时间：	自己是否愿意带领此人去完成一个困难的任务？ □可用 □不确定 □不可用 （不可用则不用参加复试）	特性描述：	□可用 □不确定 □不可用

扩张期的组织发展

4）总结、汇总、跟踪"招聘效率漏斗"

把一次招聘、入职、培训的过程，当作一个效率漏斗来统计和分析，每个环节都要"细抠"，才能提升最终效率。

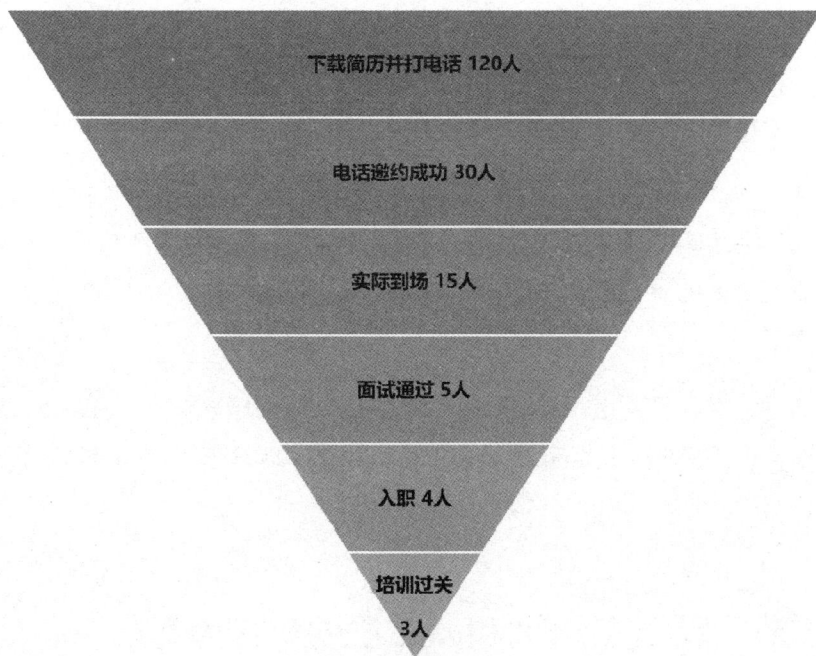

下载简历并打电话 120人

电话邀约成功 30人

实际到场 15人

面试通过 5人

入职 4人

培训过关

3人

招聘转化漏斗模型

集中在下周一入职，进入为期 2 周的新人入职培训环节。所以我另一个配套的演讲是《新员工入职文化培训》，固定在每周一早上 9 点开讲，同样讲了 50 多遍。

在开了 5 个分公司后，我要求每个分公司总经理都按这个招聘流程工作。分公司开张前几个月，我会请各分公司助理把总经理的招聘演讲录下来并提出意见，如此往复。管理就是日积月累，每周提高 1%的水平，一年下来就能提高 50%以上。

4. 招聘是个苦活儿

看完招聘转化漏斗，会发现招到 3 个合适的人，竟然要打 100 多个电话！没错，招聘就是一件苦活儿，但没有人啥也做不成。

集中招聘至少在效率上比零散招聘节省 30%～50%的时间。更重要的是大大提升了简历使用效率，不耽误公司发展。当然，集中招聘也有岗位级别、岗位类型的适用范围。

有一些产品较重的 SaaS 公司 CEO 问我，每个月要招的人很少，是否还用这个方法呢？我调查发现，他们每周招 1～2 个人，一个月也要招 5 个人。如果这样每周招人，不如都在月初招人，通过一次集中招聘把 5 个人招够。

强调一点，不要抱怨在招聘中遇到的困难，问题永远在于团队负责人，有没有在最重要的事情上花足够多的时间。而人才，永远是最重要的事情。

第 3 节　新员工培训和高品质的培训管理

管理就是让人把事情做好，而培训是管理工作的重要一环。不会培训的管理者不是好管理者。优秀的销售总监、分公司总经理都勤于做培训，也善于做培训。

培训的主要目的是赋能。只有批量培养出优秀的人才，创业团队才可能在市场上取得成功。培训的另一个目的是筛选，通过培训和考试高效找到适合岗位的人才。

1. 新员工培训

与入职后的常规培训不同，新员工入职培训的主要目的就是"筛选"，次要目的是集中赋能。

在讲培训新员工的方法之前，我再强调一下"无标准，不复制"。

以销售团队为例，如果缺乏标准的销售打法，大批招募新人的风险就会很大。少量招几个新人，还能通过师傅带徒弟来应付；一旦招的人多了，老师傅自己就忙不过来了，缺乏标准培训，即使投入大量时间也不能见效。这时不但新人不出业绩，老师傅自己的业绩也保不住了。最后再劝退新员工、团队减员，会带来很多负面影响。

1）设计新员工培训的思路

在入职培训环节，我建议也设置考核科目，成绩不合格者坚决淘汰。

如果有 2 周的入职培训，第 1 周培训产品价值和标准销售打法，第 2 周培训销售技巧和进行电话邀约等实操比赛，那就可以在第 1 周的周四下午做一个产品讲解的考试。

不合格只有 2 种情况。一是不努力，不下功夫背诵和演练，讲得磕磕巴巴、丢三落四，未来大概率也不会很努力。二是不适合，能大段背诵，但缺乏理解力和语言逻辑。

这样就又设置了一个"自然淘汰"的筛子。"自然淘汰"永远比人为判断要好。因为它简单直接，容易操作。未来复制团队时，也容易被新晋管理者掌握。

2）一个新员工培训计划的实操案例

我以辅导某个公司销售总监做培训设计的真实案例，为大家剖析如何做好新人培训。

这位销售总监发给我的原培训计划表如下。

培训计划（修改前）

		培训内容	讲师
第一周	周一	讲解公司文化和愿景 销售全流程总体概括培训 现阶段客户画像介绍	公司 CEO 培训部张三 培训部李四
	周二	十大常见问题 学习客户拜访案例	培训部李四 销售总监
	周三	成交客户流程介绍 产品操作讲解	销冠王五 产品总监
	周四	电话邀约讲解及演练 客户案例讲解 电话邀约演练	培训部张三 培训部李四 培训部李四
	周五	电话邀约复盘 电话邀约实战	培训部李四 培训部李四
第二周	周一	销售拜访流程讲解 销售拜访流程演练	培训部张三 自行练习
	周二	销售礼仪培训 销售拜访流程对练	培训部李四 结对练习
	周三	销售拜访流程对练	结对练习
	周四	考核销售拜访流程	正式考核
	周五	公司 CRM 使用规范 销售部部门规范培训	培训部李四 销售总监

这个培训计划做得很细致，主要包括两部分内容：电话邀约和拜访流程。两部分内容都遵循"讲解—演练—实战/考核"的过程。这也说明，该公司在销售打法标准化上已经有所积累。

但是在我看来，这个培训计划很单薄。如果我的培训主管提交了一份这样的培训计划，我会提出以下问题。

- 这次培训的目的是什么？

扩张期的组织发展

- 培训的考核目标是什么？如何通过考核达到培训目的？

- 培训的考核目标如何传递给每个新员工？有没有激发他们努力学习的积极性？

- 有没有给新员工一个清晰的路径，告诉他如何努力就能达到考核目标？

- 有没有给新员工信心，让他们相信自己通过这个路径就能达到目标？

- 这条路径上有哪些关键的里程碑（考核项目）？

- 新员工在第一个、第二个里程碑的考核不合格如何处理？

- 新员工在最后一个里程碑不合格如何处理？

我的建议是，一个培训计划不能只有时间线，还应该包括以下内容。

- 解决学习动机问题（公司愿景/文化和个人发展机会）。

- 第一天就要讲清楚考核要求。

- 考试不要放到最后，而应该分阶段进行。目的是增加紧迫感，加快淘汰频率。

第一周增加一个电话邀约模拟考核；"销售拜访流程考试"时间提前到第 6 天，但只考"陈述价值"部分，60 分过关；第 9 天，增加一次完整考核，加上与"客户"的模拟互动和十大问题解答，80 分过关。

讲清楚如何达到培训要求，为了考试过关训练强度应该是怎样的？比如，明确告诉大家，需要练习 10 遍以上，顺利脱稿讲通 3 遍以上，两人结对练习 5 遍以上，才有考试过关的可能。

补充后续月份的工作要求。从第 3 周起，每周由销售主管陪访 1 次，并提改进建议。第 1 个月，有效拜访量（见到 KP）要求为 5 个，进入验证客户阶段 1 次。第 2 个月有效拜访量（见到 KP）要求 12 个，并且进入客户明确需求阶段 3 次。每家 SaaS 公司都不同，需要根据情况调整。

上面没有说到"成交"要求，是因为该企业的客单价超过 20 万元，平均成交周期为 2~6 个月，无法在短时间内考核成交业绩。但越是周期长，越需要考核销售过程，所以增加了对商机把握的考核。

我给一个更清晰的培训计划表给大家参考。

培训计划（修改后）

		培训内容	目的	考核点
第一周 目标：达到对公司的事业认同及文化认同、掌握电话邀约技能	周一	讲解公司文化和愿景 本次培训的考核要求 销售全流程总体概括培训 客户画像介绍	解决学习动机问题 讲清楚要求：通过"销售拜访流程"考试 整体理解销售全流程的内在逻辑了解目标客户是谁？如何找到？	
	周二	学习客户拜访案例 成交客户流程介绍 产品操作讲解及演练	…	
	周三	电话邀约讲解及演练 客户案例讲解 电话邀约演练	…	
	周四	电话邀约实战及复盘 电话邀约模拟考核	考核电话能力（主要考基础销售技能）	★
	周五	销售拜访流程讲解 公司及产品介绍 PPT 关键点讲解	周末各自回家记忆流程框架、背诵关键语句	
第二周 目标：具备高质量拜访客户的能力	周一	销售礼仪培训 销售拜访流程自行练习 考核销售拜访流程	考核销售拜访流程（主要考业余时间的努力程度）	★
	周二	十大常见问题 销售拜访流程对练		

扩张期的组织发展

		培训内容	目的	考核点
	周三	产品操作演练（自建细分行业模拟账套） 销售拜访流程对练		
	周四	模拟考核销售拜访流程（包括客户互动及十大常见问题）	考核销售拜访流程（考综合素质和培训期间的努力程度）	★★★
	周五	公司 CRM 使用规范 销售部部门规范培训	了解和遵循公司内部流程及制度	
第一个月（第 3~4 周）		有效拜访量（见到 KP）要求为 4 个，并有 1 个商机进入第一个阶段"验证客户"		★★★
第二个月		有效拜访量（见到 KP）要求 12 个，并有 3 个商机进入第二个阶段"客户明确需求"		★★★

3）沙盘模拟演练

简单介绍一下沙盘模拟演练的形式：几个人坐在一起，一人扮演客户（或多人扮演客户企业中的多个角色）和几个打分员一起考核一位销售代表。

沙盘模拟演练的价值：可以迅速发现团队成员的业务短板、对标准化销售打法的掌握程度和积极努力程度。

相比主管陪访，沙盘演练的优势如下。

- 节约时间

- 避免尚未合格的销售代表挫伤品牌形象

- 更全面地暴露考核对象的能力短板

- 可以周期性进行

平时多流汗，战时少流血。沙盘演练就是最好的练兵工具。

4）关键的打分表

那么沙盘演练考核的关键是什么呢？

我还是强调标准化，也就是说，从公司策略设计的角度看，一个高品质、标准化的打分表对沙盘演练考核的质量至关重要。

在公正、公平、权威的基础上，一个高品质的打分表也明确了学员学习的目标。打分表在内容培训结束后就可以发给大家，不必藏着掖着。打分表上强调的内容一定要与业务上的重点一致。

最后，我列一个"首次拜访 KP 流程"的沙盘演练打分表。

沙盘演练打分表

考核对象：

考核维度	评分标准	标准分	得分	扣分说明
完成时间	在 25 分钟内完成拜访流程沟通以及 PPT 话术，每超 1 分钟，扣 1 分【互动及问答环节不考核完成时间】	10		
流畅程度	陈述或软件操作中卡壳 3 秒以上，每次扣 1 分。	10		
体系完整	拜访流程的每个环节，包括： ①破冰寒暄 ②定向需求了解 ③客户痛点的挖掘 ④PPT 讲解 ⑤客户问题解答 ⑥加强客户信任 ⑦下一步推进 …… 【每缺一个环节扣 5 分。扮演"客户"的同事应认真配合】	40		

扩张期的组织发展

考核维度	评分标准	标准分	得分	扣分说明
故事生动	案例 1 要点： 案例 2 要点： 案例 3 要点： 【每漏讲一个要点扣 2 分】	20		
PPT 内涵	内涵完整，PPT 页面的要点： 【每页 PPT 总结出一个要点，每漏一个要点扣 1 分】	20		
总体情况	给学员的建议：	总得分		

打分员：   打分日期：

　　一个学员沙盘演练过关的标准是 80 分，优秀标准是 90 分。

2．如何做好一次培训

　　下面我再讲讲如何做好日常的业务培训。

　　1）内容和形式来源于需求

　　优秀的讲师在接到一个培训任务后，问的第一句话应该是谁参加培训。因为即使定了主题，还要根据培训对象的需求来确定培训内容和培训形式。

　　2）参训者需求调研

　　不同人参加培训有不同的需求，若想调动学员的积极性，最好先做需求调研。在官方要求的课程范围内，列出相关的模块由学员选择他们感兴趣的几项，同时也让学员写下自己感兴趣的内容。

　　我还是举一个真实的培训案例。下面是我某次在北京讲授公开课前的调研问卷。

SaaS 创业路线图

to B 产品、营销、运营方法论及实战案例解读

调研问卷

有了这个调研，就能掌握参训学员的背景信息和关注点。提前搜集问题的方式，比现场提问的效果要好，因为现场提问双方思考时间都不足。但现场提问环节仍然需要，不过只作为"现场产生疑问"的解答。

3）根据需求确定内容

中国进入移动互联网时代后，商业环境、商业模式每个月都在变化，标准课程的价值越来越低。这就需要授课者有很强的敏感度，在不断接触一线实战的过程中，能够不断调整培训内容及案例。

通过调研，可以了解全部学员的企业情况和所关心的问题，据此做准备。同时，针对大家的提问，在课程中穿插最近拜访 SaaS 企业中的典型案例，在信息脱敏后分享出来解决大家的疑惑。

4）预读材料

我在中欧商学院上《供应链管理》和《决策分析》两门课时，课程前发下来的预读材料有 400 页，主要内容是十几家企业的真实案例。认真读

下来的学员,在课堂上自然能充分理解教授讲的理论与实际案例之间的关系。

无论是企业内训或外训,准备预读材料都有难度。但提前 1～2 周推荐一本相关的书请大家先行阅读,还是有价值的。在知识水平上拉齐,会让参训学员更有积极性。

5)PPT

做 PPT 有很多误区,我的原则是把"焦点"让给讲师,不要让大家的视线长时间停留在 PPT 上,那样很容易走神,讲师也很难掌握观众的状态。

因此,PPT 的页面不要太满,有关键条目、图形和简单动画即可,如果能有关联度很高的影音材料,也可以考虑加入。

在现实工作中,大部分培训和演讲的问题都出在 PPT 页数太多。有的拼命赶进度,很多关键逻辑都没说清楚;有的最后没讲完,没形成闭环;还有的在台上不停地翻 PPT,以为学员和自己一样熟悉内容。

有一个关于 PPT 演讲的基本的数据,每一张 PPT 大概要讲 3 分钟。演讲者/培训师可以据此计算 PPT 的页数。

6)结合实战案例

一个好的培训,一定会结合实战案例。

人的大脑更容易接收"故事"而非"概念"。所以讲了一段"概念"后,一定要穿插一个"故事",最好是真实的客户和业务。如果这是身边同事的真实故事,效果就更好了。

3．讲师演练和现场演绎

1)讲师水准与反复练习

讲师的基本素质是逻辑清楚、表达清晰、语言有力,讲课时声调要长短不一、抑扬顿挫。更重要的是,讲师需要有匠人精神,愿意精益求精地打造自己的"产品"。

一个 15 分钟的培训，需要 3 次以上配合 PPT 或白板的全程试讲，这样才能保证不超时且重点突出。

一个 40~90 分钟的培训，讲师应该提前一周完成 PPT，然后花上一些零碎时间，不断补充中间的细节。这里有 2 个目标：一是逻辑清晰、重点突出，让学员获得清晰的知识框架；二是，现场演绎精彩，调动学员积极性。

2）如何在现场调动学员的注意力

由于大脑是高能耗组织，大部分人一次只能集中 15 分钟注意力。然后大脑会走会神儿，再回来。培训现场的关键就是每次大家"走神儿"的时间有多久？

讲师要学会掌握整体节奏。比较难的"逻辑和概念"，一次不要讲太久，控制在 15 分钟内。然后，讲讲轻松的故事，或者做一次现场互动，用这些来作为一次替代性的"走神"。经过这短小、可控的调整，学员的注意力能够再次回到复杂的逻辑上。

现场互动主要有 2 种。一是"提问—回答"，封闭性问题和开放性问题都可以。二是笑场，一个优秀的演讲，最好隔 10 分钟左右能有一个让大家大笑的机会，然后很快又回到培训上来。

3）身体语言

在很多场合中，手势、表情、语调都比语言本身更容易理解。讲师对自己的身体语言要进行专项训练，最好是请人录像。

2015 年，因为公司业务需要，我做过十几场外部演讲。有一次看自己的演讲现场录像，发现自己 90 分钟里在讲台上走了上百圈。这时候再问同事，他们才告诉我，"眼睛都看晕了。"

4）培训形式

这里我只简单罗列一些内容。

（1）破冰。如果是团队融合或 1 天及以上的课程，可以考虑先做破冰，让大家熟悉起来。

（2）场地、物料、设备的准备。这里有个关键点，是桌子的摆放方式，鱼骨式方便讨论，电影院式让听众与讲师距离更近，根据培训内容选择。

（3）讨论形式包括"头脑风暴""分组讨论后轮流上台展示""沙盘演练"等形式。讨论式培训是趋势，这样做培训深度不错，但耗费时间，适合 3 小时以上的培训。

5）培训质量评价

在企业里，所有事情都应该有闭环。培训评价就是培训的闭环。如果只是现场评价讲师的培训效果，用软件工具打分就很容易，而关键是打分的准确度。

也有读者问我，怎样评估培训的有效性？

如果是考核新销售代表的培训，可以按新员工出新兵训练营后 x 个月的出单率（出单人数/出营总人数）来衡量培训部的绩效（x 与公司产品的平均成交周期有关）。而业务体系培训部门的 KPI 可以与业务部门的业绩达成率挂钩，毕竟培训部还有培训老员工的职责。

4．长期培训规划

在企业里，HR 部门、业务运营部门都可能是培训的主体。如果一个部门每个月都有 10 人以上的新人入职，就应该考虑设置培训负责人了。他将承担组织培训的工作和部分课程的讲师工作。大部分课程还是需要由业务部门的骨干及管理者来讲。

任何一个大部门都应该每年做培训规划：总的目的、课程规划、讲师选择、培训讲师评价、参训员工评价。

如果团队分散在各地，每个城市的人数又没多到需要单独做培训，那么就只能做分散培训。分散培训需要有标准套路、标准要求、标准考核方式。考核设计要容易形成客观结果，降低培训考核"误杀"的可能性。现在远程视频系统已经很成熟，完全可以统一时间组织远程培训，并在培训后做远程互动答疑。

以销售部门为例，我比较看重这些培训。

- 新员工的入职培训：作为筛子，是对新员工的锤炼和再次筛选。

- 产品培训：产品发布新版后，最好由市场部门或销售运营、培训部门进行价值点梳理，并对销售团队进行培训。不同部门学习的侧重点不同，这个培训应该区别于 CSM 的深度产品操作培训。

- 常规销售技能培训：有经验的销售代表和销售管理者进行分享。

- 定期业务培训：包括成交分享、丢单分析。

- 管理能力培训：针对储备干部定期进行管理能力的培养。

- 针对性的短板培训：观察每个团队及销售代表的销售漏斗。对于电话邀约率低的人补做邀约培训；对于首次拜访客户失败率高的人需要重新拉回训练营做首访沙盘演练……

除了会议室培训、远程视频培训，现在也有一些不错的线上培训的工具，可以帮助业务团队用碎片时间进行线上学习和考试。

5. 小结

本节内容从新员工的入职培训谈到如何做高质量的日常培训。对于培训，最重要的事情是弄清楚培训的目的。然后设计好规则流程，并把考核要求有效传达给每个参训学员。

此外，新员工招聘与新员工培训是一个系统的工作。没有标准工作方法，就无法批量做新员工的培训；不能做批量培训，就不能批量招募新人。如果培训体系没有能力进行快速、深度、有效的人才筛选，招聘人员就不敢张开口子多招人。可见，"招聘—培训—辅导—考核"，这些环节是一个大闭环。除了"客户旅程"，我们的 HR 及运营部门也可以考虑设计一个"员工旅程"。

第4节 营销团队骨干培养

前文讲过团队高效扩张的方法，而团队扩大后立即面临的问题就是谁来带团队？

销售团队要带得好、管得细，一个主管带十几个销售代表不现实。因为日常的销售管理工作非常细碎，从早会激发、夕会复盘、陪访、理单、过程数据管理、团队内部专项能力培训，到个别辅导、谈心激励、绩效沟通、劝退。一个销售主管带 8 个一线销售代表已经是极限。

那么团队扩张后，必然就会面临基层和中层干部不足的问题。

1. 空降团队负责人

空降一个高级团队负责人比较简单快捷。但这是逼不得已，成功率最低的选择。这让销售团队成员看不到晋升的希望，认为这是公司对大家能力的否定。即使新负责人把大家震慑了，也花时间把刺头们都搞定了，也还有能否适应企业文化、理解产品、掌握业务的坎。如果失败过一次，下一次新来的负责人会更难获得大家的信任。但是团队做业务方式转型，那就不是换负责人的问题了，是全团队都要重新打造。

2. 提拔销售冠军或骨干员工

提拔销售冠军是另一个选择。但前文也讲过销售冠军的特点，独狼风格强烈。提拔销售冠军往往是"少了一个销冠，多了一个烂主管"。

这个情况在团队初期容易频繁发生。解决办法是尽早把晋升标准说清楚：有意愿帮助别人最重要，其次要有领导力。同时，要提前做好骨干员工的管理能力提升动作，包括：安排管理能力和领导力培训、上级管理者安排一对一的管理辅导等。

销售冠军如果想晋升，业绩很重要，与人合作的意愿和能力也同样重要，这是需要自我修炼的地方。

同时还有一个比较棘手的问题：对团队主管来说，公司把团队最优秀的人抽走了，还成为内部竞争者，那年度业绩目标怎么完成？这里有三个应对方法。

（1）一是组织裂变。新团队依旧放在老主管下面，分裂得越多，老主管就越往上晋升。这个玩法的前提是团队未来扩张目标很大。

有一次与海底捞的 HR 交流，他们培养新店长的方式就是裂变式。对于一个餐饮门店企业来说，培养新店长的速度是直营店面数目扩张最大的瓶颈。海底捞的玩法是：一个老店长在自己门店的利润里有一定比例的分红收入，他培养出一个新店长后，在新店利润里的分红比例是原来的 3 倍！徒弟店如此，徒孙店也是如此，所以海底捞的店长不仅乐意而且热衷培养新店长。

（2）二是做经济补偿。每培养一个新主管，老主管就加底薪。但坏处是这批人的底薪就在薪酬体系之外了，未来做组织调整或薪酬绩效调整会遇到困难。而且对企业文化是一种破坏，把贡献和钱直接绑定，那今后所有的贡献都要用钱来衡量。

（3）三是靠文化和沟通协调。文化和氛围的建立复杂，是一个系统工程。从人性的角度来说，作为主管也希望自己的部下有前途。一个团队有晋升通道也能激发更多成员的努力。做好沟通，在不违背原则的平衡下还是能够达成一致的。

3. 专项招募、定向培养

最后是专项招募高素质人才，作为未来团队负责人定向培养。

一家销售团队规模已经比较大的公司准备招募一个空降的销售负责人，问我的建议。我仔细了解了一下，目前的销售负责人的能力模型满足不了未来的发展。但下一级的主管又没有一个能够接手，这当然也反映出该销售负责人培养人才方面的短板。我又了解了一下他们的业务及业务管理复杂度，最后还是建议专项招募 2 ~ 3 个候选人，定向培养。

我描述一下具体方法：由公司销售 VP 在 HR 的配合下招几个销售管理经验丰富的高资质候选人，说服他们在一线作为过渡期工作 2 ~ 4 个月。等掌握了基础销售打法、熟悉了企业文化氛围并赢得一部分同事的认可后，再提拔。

在我之前所在的创业公司中，我也亲自为几个分公司的总经理、副总经理岗位招募过储备干部。有一半候选人都能成功完成过渡期。他们的业务能力及领导力肯定过关，关键是决心和心态。所以此项工作的重点在于前期沟通，说明困难、意义、前景。当然，底薪也可以酌情增加，一般是"管理岗的薪酬、一线的职位"。提成/奖金是对岗位工作绩效的认可，而底薪是对过去经验和能力的认可，底薪上没必要太苛刻。

4. 小结

所谓管理，就是在重要的事情上花足够多的资源和时间。人才工作是企业和团队最重要的工作，或培养或招募，只要肯花"足够"的资源和时间就会有效果。

第 5 节　销售目标的制定与管理

完成目标是销售团队的使命，一个"跳起来"可以摸得到的目标可以增强团队的凝聚力，让每个人斗志昂扬。而一个离谱的目标，可能会造成销售团队，甚至公司的崩盘。

1. 销售目标的来由

首先，销售目标与公司当年的战略目标紧密相关。

这有可能是公司融资的需求，要求营销体系在几个月内将月度收入提高到某个数字；也可能是公司有盈亏持平的需求，需要业绩达到一定指标才能实现正向现金流；还可能是公司发展的需求，公司 CEO 和董事会决定今年销售增速的具体值。

这些都属于是拍脑袋决定销售目标，缺了两方面的考量。

- 市场容量有多大？今年是否有这么多新客户和老客户的增购空间？

- 组织能力是否匹配？是否有足够成熟的销售代表去拿订单？是否有足够的实施及服务同事能够服务好这些客户？

作为销售部门负责人和销售部门的同事，对完成公司战略任务责无旁贷。捍卫目标就是捍卫每个销售战士的荣誉。但与此同时，公司层面要提供足够的支撑，保障大部分业务员能够完成自己的销售任务，保障大部分部门能够完成自己的销售任务，保障整个营销服务体系大概率能够完成任务。

因此公司要为营销体系提供资源（包括扩张团队多损耗的资金）、提供组织赋能、提供更多的产品和服务支持。这是每个公司做营销规划必须考虑的事项。

2. 离谱的目标导致营销团队崩盘的故事

如果"拍脑袋"拍得不对,拍出一个很离谱的目标,最终可能会让整个营销团队走向深渊。我见过三个知名企业经历了这样的过程。

问题首先出在任务分配环节。销售 VP 把任务分给总经理,总经理再分给当地各团队负责人。大家立即反馈"任务不靠谱啊"。但高管团队都知道为何要定这么高的目标,于是高管做出各种扩张团队和加大资源投入的承诺、各种打气鼓劲、各种文化动员,最后基层管理者们也被忽悠得轴轴的了,只能说"干"!

能打仗的团队任务多本身没毛病,有问题的是销售 VP 为什么接了不靠谱的任务。一旦任务不靠谱,大家对上级的信任就会削弱。销售每次打败仗,都会损耗对公司管理和产品的信任。这是第一块多米诺骨牌。

另一个是个人收入大幅下降。销售体系的员工和管理者有一半,甚至三分之二的收入来自业绩提成及任务完成奖。每月、每季度的任务如果不能完成,大家的收入就会缩水。Q1 任务相对去年 Q4 增速不高,大家可能还能坚持;但如果 Q2 任务很高,销售感觉自己跳起来也摸不到,结果就是跳的力气都没了,可能效率比 Q1 还差。当月提成收入低于预期,年底奖金与年度任务完成率挂钩无望时,销售团队就会开始松动。个人收入下降是第二块多米诺骨牌。

Q2 结束销售一把手就要面临艰难选择了,是向 CEO 申请降任务,还是咬牙让兄弟们再坚持一下呢?前者涉及公司年度战略和财务预算调整,决策层压力巨大;后者则是从下至上的心理及情感压力。

实际情况更严重:在超过业绩的目标下,公司年初就定下"研发要加大投入做增值产品以帮助销售实现业绩目标"的决定;市场也加大了投入,甚至由于销售部门的扩张,HR 和财务部门都成倍增加了人手给予支持——收入目标尚未实现,但成本费用已经先行。这时候不是销售部门崩盘的问题,而是整个公司的现金流都会失控,公司面临生死问题。这是第三块多米诺骨牌，现金流问题。

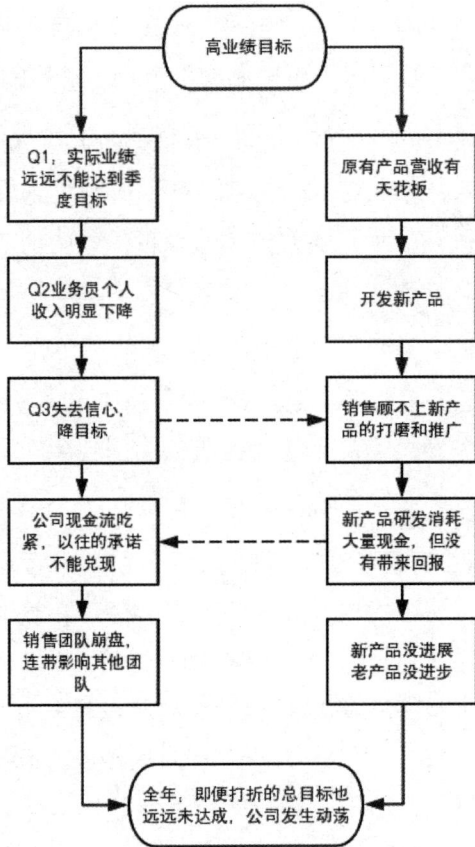

定下过高业绩目标后的事件流

以上只是抽象地分析了信任塌陷、个人收入、现金流三方面的问题，具体运营中还有比宏观决策更艰难的事情，比如裁员。

我画了一个"定下过高业绩目标"后的事件发展路径，左侧是销售部门相关事件，右侧是研发部门相关事件。看起来中间每一步选择都是正确的，最后却导致令人扼腕的后果。

所以公司定年度业绩目标，需要大致合理。销售部门可以在这个总目标的方向上去努力，但是也要制定出合理的落地步骤和方法。

3. 制定销售目标的思考框架

制定目标是一项数字工作。我们用几个公式来拆解一下如何制定销售目标。先列一个公式：

SaaS 公司的营收 = 新购收入 + 增购收入 + 续费收入

SaaS 公司的营收来自新客户的购买、老客户的续费、老客户的增购。老客户的增购包括增购用户数和增购新模块。

1）新购收入

谈新购必须要先谈谈"开源方式"，也就是客户是怎么来的。

SaaS 公司常见两类极端：一类是 90% 以上的成交客户都来自市场部提供的线索；另一类，90% 的成交客户都来自销售业务员的主动开发。也有一部分 SaaS 公司能把"市场线索"与"销售自开拓"平衡得不错。

2）以市场线索为主的公司

这类公司的销售额公式为：

新购业绩 = 有效市场线索的数量 × 线索成交转化率 × 客单价

不同公司做线索运营的深度不同，还可以考虑往期未成交线索和不同级别线索的转化率来做更精细的测算。

做了这个公式拆分之后，销售部门的任务就很清楚了，就是设法提高"转化率"；而市场部门的职责同样清晰，就是"提高有效线索的数量"；而产品研发部门则是提高"客单价"的责任主体。

如果这两个部门向同一个 VP（或 CEO）汇报，他就要对整个销售结果负责。他需要掌控好市场线索的投放与销售转化产能（成熟销售的人数）之间的平衡，保持整体业绩产出在高水准上。

但一个销售负责人真的就应该只承担转化率的职责吗？

3）来自销售开拓的公司

我们再看另一个极端开源类型的 SaaS 公司：成交客户大部分来自销售自开拓，也就是说市场能力接近于 0。这类公司的销售业绩公式：

新购业绩 = 成熟士兵数 × 成熟士兵月均单产（人效）

如果我们忽略新员工在培养期内产生的业绩，大致就可以用上面这个公式来做全年销售规划。这种类型的公司销售 VP 应该非常重视"成熟士兵"的数量。

我举个例子，某公司今年新购目标为 5000 万元，销售 VP 开始做规划。

（1）将任务分解到各个季度：Q1 至 Q4 可以为 15%、25%、30%、30%（根据业务增速确定），再将任务拆分到每个月。

（2）计算出每个月需要多少成熟员工。假设，9 月份的销售目标是 400 万元，而人均单产是 8 万元/月。那么在 9 月份就需要 400÷8 = 50 个成熟销售。

（3）推算需要招募和培养多少销售。假设销售新兵成熟周期为 3 个月，为期 2 周的新兵训练营淘汰率 20%，前 3 个月试用期淘汰率 30%（简单计算为 3 个月留存率 50%）。如果 6 月份有 20 名成熟销售，那么就需要在 6 月初招募 60 名合格的销售新兵，这样 3 个月后（9 月份）就能得到新成熟的业务员 30 人。加上原有的 20 名成熟业务员，总共 50 名成熟业务员。

所以，销售目标是可以进行推算和精确执行的。

当然，每家公司还有很多实际问题需要考虑。例如，根据成熟员工的流失率在上面的招募计划中增加一点余量。还要考虑市场容量问题：每个区域团队扩张后是否会造成人均单产数字的下降？

如果在年初做销售规划时还不能做这些判断，起码要在每个月观察这些关键指标。

阶段 4

扩张期的组织发展

4）市场线索与销售自开拓平衡的公司

回到前文提出的问题，一个销售负责人真的就应该只承担转化率的职责吗？

前文两类公司都是偏极端的。一个公司的营销体系，市场线索和销售自开拓两个方向应该均衡发展。只依赖市场线索或只依赖销售自开拓都是不健康的表现。我做个表格进行对比。

三种获客方式对比分析表

获客方式	优势	劣势
依赖销售自开拓	单兵种运作、简单、扩张快、深耕各区域市场	对销售运营能力要求高、触达大客户难度大、对客户认知改变慢、区域市场销售难度越来越大
依赖市场线索	初期风险小（营销整体 ROI 可控）、品牌效应逐步积累	深水区客户难以触达、边际效益递减、团队上规模后多兵种协同管理难度更高
均衡方式	以上优势叠加，业绩更稳定，受竞品影响更小	让销售团队脱离享用市场线索的舒适区，保持拥有自开拓的意愿比较困难

在 SaaS 创业路线图不同阶段获客方式可以有不同的侧重。

- 验证阶段：不太可能做广告投放，一般是更侧重销售自开拓或高层资源介绍。

- 营销阶段：这时候往往通过少量广告、搜索关键词的投放，更容易批量得到目标客户。而主动过来的客户，销售难度相对低得多，有利于快速形成标准销售打法。

- 扩张阶段：需要均衡发展。

获客方式受产品及目标客户属性影响很大，但也有可作为的空间。

有一部分销售团队认为产品和目标客户更适合用市场的方式来获得线

索。客单价越高、客户规模越大，越难通过销售去教育客户。但公司的销售体系里真的没有人能够自开拓吗？真的没有人能够通过建立深度客情关系和提供真诚服务获得客户的转介绍吗？

再看看那些依赖销售自开拓的公司，市场能力真的就不能够提升了吗？真的不需要品牌建设吗？

销售能做的是广泛覆盖，但只靠销售，深入目标市场将会越来越难。产品真正进入客户心智，还是要依赖市场部的工作。作为 to B 的公司，无论产品大小，无论目标客户类型如何，都不应该放弃销售自开拓或放弃市场获得线索。因为，这会是公司未来发展的组织能力短板！

从这个角度说，作为一个营销负责人，需要在作年度营收规划的时候，考虑销售自开拓和市场线索的平衡发展。

从业务员的个人角度来看，找客户资料、打陌生电话、绕过前台触达 KP（采购关键决策人）、陌生拜访，这些都是应该具备的基础能力。如果做了几年销售，还没有做过其中一项或两项，那就是一个能力不完整的业务员。一旦环境发生变化，就不能适应。

对于缺乏自开拓经验的销售团队，可以从服务好老客户获得"转介绍"开始。

另一个办法是构建一只全新的直销团队。这支团队在能力培养期（前几个月），公司可以提供高质量的线索，而其长远目标是能够独立进行开源工作。

5）续费

我常说，SaaS 的本质是续费。

即便在 SaaS 公司的前 3 年，续费金额还不能与新购金额相比，续费仍是 SaaS 公司最重要的工作。

续费率不足 70%的 SaaS 公司就不值钱。换句话说，这样的公司应该按传统公司的市盈率估值，而不应该按 10 倍的市销率估值。

测算续费的公式也很简单：

$$续费收入 = 待续金额 × 目标（金额）续费率$$

在客户成功部门的实际管理中，要注意对付费客户进行分类分级。不同级别的客户的服务力度、服务频率是不同的。客户成功部门如何管理目标，如何设定激励方案，本书有专门的章节讲述。

6）增购

首先增购在公司内部有归属问题。在新客户首次签约后 6 个月之内的客户增购以销售为主要负责人，6 个月之后是以客户成功经理为主要负责人，当然权、责、利都是对称的。

这个期限与产品实施周期、合同是否约定多次付款有很大关系，因此这个时限的设定方式、时长都可能不同。从我接触的 SaaS 公司来看，从 3 个月到 12 个月不等。

对于那些产品线丰富的 SaaS 公司来说，交叉销售，也就是销售更多的新产品给老客户，是提高 LTV（生命周期总价值）的重要手段。

总结一下，营收目标的公式为：

$$营收目标 = 新购目标 + 续费目标 + 增购目标$$

4. 按月还是按年制定销售目标

这个问题其实没有标准答案。

1）按年定任务

如果一个企业平稳发展，例如每年 30%～50%的增速，当然应该按年制定销售目标，并且在一年当中坚守每个月的目标，保证每月按时达成。

这样从管理层到基层业务员的年度总目标、KPI、激励提成方案都相对容易制定。

2）按月下任务

如果一个企业一年业绩增长几倍甚至十几倍，可能就只能在年初框定一个很"粗糙"的年度目标，然后每个月根据每个团队的情况下不同的任务。

按月下任务的前提是团队成员抗压度高、对公司及团队认同度高，否则大量队友会抱怨"鞭打快牛"。而氛围不好的销售团队很难保障稳健增长的销售业绩。在这类情况下，应该设计更简单、更合理的目标分配及绩效提成方案。要多考虑几种情况。

（1）如果每月保持高增速（甚至超过预期），销售团队应该拿到非常有说服力的个人收入。

（2）如果增速下降，要保障销售体系的同事不出现收入巨幅下降的情况。同时又要保障遇到困难时，销售团队能够拼尽全力、永不言弃。

（3）高速增长目标意味着超级高压，短期压力带来团队负责人的短视。公司在制度设计和工作执行中，要引导各个团队负责人兼顾当月业绩增长与团队人才、能力的持续提升。

5. 销售 VP 如何管理销售目标

换一个角度，看看销售 VP 该如何管理公司制定的销售目标。

有人说 CEO 的野心与手上的现金成正比。作为销售 VP，首先要理解公司的中长期战略和 CEO 今年真正的目标，是做 IPO 前的业绩冲刺，是实现全公司正向现金流，还是实现市场占有率第一？

其次，销售 VP 要明确自己的责任就是定下一个合理的销售目标，不能指望别人承担这个责任！合理目标来自以下方面。

- 对市场纵深及横向空间的理解。例如，今年我们的产品能否打入二三四

扩张期的组织发展

线市场？

- 对现有销售打法及销售组织能力提升空间的认识，人均效率能提高 20% 还是 50%？

- 对客户使用产品满意度的真正了解。

销售 VP 的责任还包括维护销售目标的严肃性，一旦定下就得坚持到底，否则下次没人会再保持对目标的绝对重视。

那么，CEO 要的目标就是不合理怎么办？

我的建议是如果公司战略已定，那销售目标再难也得干；但不能蛮干，关键在于要建立"毛利模型"和准确计算毛利模型的机制和能力。如果遇到困难，公司层面应及时做出目标的调整，虽然表面不好看，但总比把公司拖垮强。我围绕这一点展开一下。

第一，销售 VP 负责销售总目标，也得负责"毛利"底线目标。否则销售部门不计成本地开分公司、扩张团队、扶持代理商，会给公司带来巨大资金损失。

第二，有"毛利"意识，还要有建立"毛利核算模型"的组织能力。"毛利核算模型"需要完善的财务能力和 HR 能力的支持。具体而言，每个月结束，财务部门是否能够在 5 天之内准确出具各地分公司的收支数据、人均效率数据，并与 HR 部门对下个月人员扩张后的收支数据做出测算。这个能力在很多已经干了 3 年、5 年的 SaaS 公司都还不具备。

第三，公司内部风险控制的要素。作为销售一把手，即使数字算出来不好看，也容易和分公司的总经理们一起陷入侥幸心理，"这些新人效率不高但很快会提升的""那些老人这个月没产出但都有蓄客，下个月就起来了""毕竟是全年销售目标"。有的公司没有毛利模型，也没有销售体系每月向决策层汇报数字、接受大家挑战的机制。决策没有流程，太快太草率，就会付出巨大代价。

第四，要像炒股票（高风险投资）设置"止损点"一样，公司也需要在年初就设置一条"预警线"。一旦毛利指标或人均产出效率指标低于某个数字，销售团队就要停止扩张。销售 VP 在年初就得与 CEO 约好，如果毛利模型指标预警，就得停下来，避免公司陷入更大风险。这与销售体系利益可能不一致，却是销售 VP 着眼全局应该做到的。

如何避免错定目标后的大崩溃？就一条，每月盯紧毛利指标，该止损时必须停止扩张，减少低 ROI 的市场投入。销售体系不挣钱的商业模式是不成立的，而且"刷单"太多，无法管理。

当然，最好是不要定下超过组织能力的目标。纷享销客的管理顾问章永宏老师讲：从源头上说，销售指标源于战略目标，快速增长是必要的，不仅是市场变化的要求，也是资本的要求。

但是，快速并不解决核心能力的问题。所以，增长第二，持续第一，道理就在这里。持续增长的基础是组织能力。从业绩来看，体现为收入结构的质量和可持续性。比如，如果以续费率作为核心指标，就能看出客户质量。再加一个 NPS（净推荐值），就能反映客户忠诚度。

所以，公司 CEO 和销售 VP 应该关注绩效而不只是业绩。绩效包括：财务指标、客户指标和品牌，还有最重要的员工和团队的成长。

第 6 节　销售提成设计

销售提成设计是一个非常重要的高技术含量工作。我曾经在公众号文章里发起过一个关于公司提成政策的投票，结果如下。

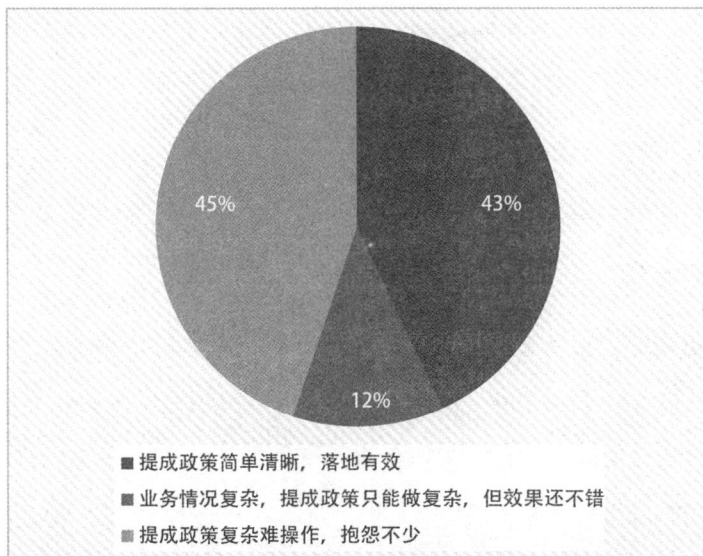

公众号读者关于公司提成政策的投票结果

高达 45% 的读者反映"提成政策复杂难操作，抱怨不少"。进一步看，如果抛除"提成政策简单清晰"的部分，余下政策复杂的部分中，约有 8 成的投票者是抱怨的。可以说，制定一个复杂提成政策的难度非常大。那么，这背后的原因是什么呢？

我这一节从一个真实销售提成设计的案例出发，逐步总结出销售提成设计的原则。

1. 销售提成设计的误区和相应原则

有一天我与一家销售刚起步的 SaaS 公司聊他们的提成方案，发现管理经验较少的创始团队很容易走进几个误区。我借着这个案例为大家拆解一下不同阶段企业的销售提成政策应该如何设计。

1）原有设计

该企业销售业务的整体情况：客单价 3 万 ~ 4 万元，成交周期 1 个月（属于快单型销售，而非解决方案型销售）；销售业务刚刚起步，有单月能做 4 单的销售代表，也有几个月不能开单的销售代表。

原有提成方案：

a 根据每月签约数决定当月提成比例 10%～30% 不等（阶梯提成）；

b 根据上月签约数决定次月底薪级别（共 5 级）；

c 除了基本底薪，另设置有绩效底薪，与"签约数＋拜访新客户＋服务老客户次数"挂钩；

d 关于"服务老客户"，因为销售代表拜访新客户都在上午 10 点以后，为了充分利用早上的时间，让销售代表协助服务部门为老客户的团队做培训。

2）存在误区

我从最底层的逻辑倒着分析。

（1）误区一：不够专注

先看 d 点：让销售代表兼做老客户服务

在组织设计上，销售部和服务部是目标非常不同的两个部门。销售代表以业绩（合同额、回款额）为绝对目标，不应该分心；而服务部门的职责是让客户满意，CSM（客户成功部）则更进一步，让客户用好系统、达成续费。

两个部门的人才画像也是不同的，销售团队要求成员有强烈的成交欲望，对产品价值理解深刻，善于随机应变捕捉客户反应、挖掘客户痛点，但对产品细节要求不高；服务团队要求有耐心、产品能力专业、能掌握产品操作细节，熟悉不同行业的应用场景。

初期销售和服务团队总共不超过 10 个人时，销售、服务可以由 CEO、产品研发负责人带着大家混着做。但如果有足够的人数，就应该尝试分工，专注才能专业。

如果客单价不高（小于 4 万元），可以考虑安排销售代表把一个客户的成交及初期服务（包括简单配置实施和培训）都做了。但长期服务应该交给专门的部门，销售代表只服务客户企业中关键人的联络及客情关系。

因此，d 点的设计是不可取的，销售是需要专注的工作。如果承担了一些服务职责，又只要求做动作，KPI 中却不对后续的效果负责，势必流于形式。这样销售代表的服务动作不到位、客户不满意，最后反而让服务部门的后续工作更加困难。

（2）误区二：分不清薪酬提成设计与日常管理工作的边界

再看看 c 点：绩效底薪与"签约数＋拜访新客户＋服务老客户次数"挂钩。

首先这个设计太复杂，团队领导的管理成本太高。

我们要分清薪酬、提成设计与日常管理工作的边界。拜访量是日常管理要求，薪酬、提成制度关系到员工的个人收入是非常严肃、非常刚性的，既不能经常调整，也不能说了不算。所以拜访量不适合与薪酬收入挂钩。

再举个例子，我以前也让分公司总经理给他们的助理打分。不和奖金挂钩还好，在总部还能看到哪些助理优秀、哪些能力不行。但与奖金挂钩后，总经理都不好意思给他们打低分。为什么？关系到人家的收入啊！人性使然。我观察了一下，这与总经理的能力高低、是否尽职都没有关系，就是制度没有设计好。

（3）误区三：过度复杂的薪酬等级制度

我们再看 b 点，根据上月签约数决定次月底薪级别。这个设计的初衷很清楚，奖励业绩好的销售代表，并且能降低经营成本。

这里有几个问题。第一，业绩好的销售代表单月提成已经拿到好几万元，增加底薪一两千元刺激不大。第二，底薪是对员工生活的基本保障，每月调整会让大家极度缺乏安全感，这会造成人员不稳定，销售代表到了月底也会急于求成、胡乱承诺和打价格折扣。

这方面我建议销售刚起步的公司尽量简单明了。等销售产出更稳定、销售管理能力更成熟后再考虑引入分等级的薪酬机制。而且需要请专业的 HR 设计。即便如此，一般也会把底薪调整的频率放到一年一调（根据上年完成情况、当年领任务的情况调整），最快也只能按季度调整。

如果是希望通过降薪让业绩差的员工自己离开团队，这时应该通过淘汰机制和主管的管理动作解决，而不应依赖薪酬机制。

例外情况、历史问题应放到日常管理中解决，不要因此把对公司影响长远的薪酬提成政策搞得太复杂。

（4）误区四：关于阶梯提成

最后看 a 点：根据每月签约数决定当月提成比例 10%～30% 不等（阶梯提成）。

首先，10 万元以下合同很少有分阶段付款的情况，因此尽量不要按"签约数""签约金额"来决定提成及提成比例。按回款金额最简单、最直接，还能减少作弊风险和管理成本。

其次，我不太赞同初创公司用阶梯提成制。

如果每个月做 2 单有 10% 提成，做 3 单提成为 15%。那销售代表就有动力把这个月的单子攒到下个月一起拿一个更高的提成。

如何防范呢？阿里中供体系原创了"金银铜牌制"：这个月提成比例由上个月完成数决定。这个规则的好处是销售代表这个月业绩好，下个月提成比例就高，那就会更努力干出好业绩。

但我觉得更复杂了。我带过上千人的销售团队，这些方法都试过。最终结果很可能如下。

① IT 系统暂时支持不了，手工核算困难，错算情况时常发生。

② 销售、主管们很多注意力都集中在研究这些"提成算法"和"核算"上。有的甚至因为影响了个人收入而吵得不可开交。最终大家都在关注"算法是否公平",而不是关注如何提高业绩。

阶梯提成和"金银铜牌制"对管理能力、财务核算能力、文化强度的要求都很高,并不适合初创公司。

大道至简,应该给销售代表最简单直接的提成方案。让他知道,"哦,我签下这 4 个单子,就能拿到 8000 元提成。"人更容易受到直观、感性的语言冲击,算来算去反而会影响工作动力。

2. 销售费用能否换为提成

在"可复制的市场成功"中提到一个关键原理——只有标准化才可以复制。

不仅销售打法应该标准化,管理方式也要尽量标准化。这样 90%的问题可以通过流程和制度解决,管理者只用花少量时间处理好剩下 10%的特殊状况,大部分精力则可以专注在业务和客户身上了。

管理制度/流程标准化的要求是什么?我认为有 3 点。

- 可文字化,能够清楚写下来,可反复琢磨和学习。

- 公平公正,制度是要公开讲的,如果不公平,缺陷很多,就会有人钻空子,老油条不断侵蚀公共利益,老实人也会逐渐变成老油条。

- 高效,管理干部要聚焦部门关键业务,别为了非战略目标花费太多时间。

如果要较快速地复制团队,对管理干部的要求也不能太复杂。如果某个事项有太多"意外"需要应对,很多新晋干部就会搞不定,造成团队低效,甚至引起同事间的纠纷。

以"销售费用报销"为例,进一步讲讲销售管理标准化。

1）销售费用报销的真实情况

有一家进入 to B 市场不久的企业请我做营销顾问，有一次谈到销售费用报销的问题。

销售费用也就是和销售业务直接相关的费用，主要是招待费、客情礼品费和拜访客户的市内交通费用（如果通信费、交通补贴以固定金额发到工资里，就和"销售费用报销"没有关系）。

很多公司都定一个额度，让业务员在额度范围内实报实销相关费用。

首先报销审批过程很琐碎，占用了业务员、管理层和财务部门不少时间和精力。其实这些审批都是无意义的。总监哪知道每笔费用与客户有没有关系啊！这就是漏洞，老油条每月都会尽量把额度用完，新人跟着这股风气也就逐渐壮起胆子照葫芦画瓢了。

团队负责人要去一笔笔查吗？难度太大。

如果这类报销100%都批准，那走这个报销审批流程又有何意义？不如干脆说："你们都拿 1000 元发票来报销算了，业务部门也不用批，交给财务只要票据合格就直接打款！"

可这样就公平了吗？销售冠军 A 一年做了 150 万元的业绩，业务员 B 刚刚达标做了 50 万元，他们都应该每月报销 1000 元吗？

换作"按上个季度业绩的 1%"给报销额度，可是如果业务员 B 这个月正好有一个大目标客户就是需要更大的投入呢？

华为有句话：让听得见炮声的人决策。从费用使用效率的角度讲，只有一线人员才知道这笔钱到底该不该花。

2）销售费用管理的两个方案

方案一："项目毛利核算"方案

项目组在项目结束后按"项目毛利"拿奖金，大家自然都互相看着不会乱报销费用。项目经理身在一线，也非常清楚什么钱该花，什么钱要节省。

方案一适合成熟的大项目制企业（客单价 20 万元以上）。很多大软件项目公司会采用这个方式，但这对财务核算能力要求很高，初创公司很难做到。

方案二："费用报销转提成"方案

也就是说，增加提成点数（例如 1%），把销售费用包含在提成中。

举个例子，业务员人平均年度目标 50 万元，人均年度报销费用 5000元，就可以折算为 1% 的提成点数。在实际操作中，我建议可以加到 1.5%，因为业务员承担了更多风险，理应有更多收益。

这样就把"这笔招待费是否该用"的问题交到了"听得见炮声的人"手上。业务员认为请客户吃饭可以提升赢单率，自然就会请；认为没啥用，当然就会放弃。掏的是自己的钱，钱就会用到刀刃上。

而公司呢？不但节约了报销流程的成本，也不会因为主管或总监经常怀疑哪位员工报销费用有猫腻而造成信任感流失。在报销这件事情上，业务员与公司的利益实质上一致了。

3）业务员的担心和我的解答

在这家公司聊费用转提成方案时，业务员当然会有很多疑问。毕竟以前做客情投入是 100% 能报销的；现在做了客情投入，最后没成交，费用全都自己扛了。

这个风险不能否认，所以我建议企业在设计"费用报销转提成"方案时，提成点数要比历史平均费用率要稍高一些。

我们可以给业务员算一下，如果以往一年完成 50 万元，费用 5000 元；现在是 1.5% 的提成，可以多收入 2500 元；如果能力在逐年提升，比如做到70 万元就多 5500 元。

总体而言，这是业绩好的业务员的激励方案。

如果一个新业务员加入公司，对产品和自己能否成交完全没信心，不愿意有任何投入，那其实他在初期就会被筛掉，这样双方都节约时间，减少机会成本。

4）看待此问题的三个视角

从基层看，这个"费用报销转提成"制度，是需要做引导和铺垫的。

我以前带的销售团队有 1000 多人，我们经常倡导的是"我们的提成中有 1/3 要做客情，只有这样才会有持续的好业绩"。同样的，干部的管理提成中也有 1/3 要拿出来请部属吃饭，重要时刻给同事准备贴心小礼物。

我观察过，团队中大部分人都能够做得很好，特别是那些销售冠军。他们一旦自己主动组织了客户小沙龙并且颇有成效，团队就会安排他上台分享。当他们上台打开自己背包里常年准备给客户的一系列大大小小的礼物时，所有人都学到了一个做好客情的好方法！

从管理层的视角看，节约了管理成本、减少了团队互相不信任的风险，保护了团队来之不易的艰苦奋斗的风气。

其实主管和总监很讨厌不断地审批。大家都经历过"财务部通知去年所有报销今天结束"前的混乱下午吧？

更重要的是全局视角。有成长愿望的一线同事和基层干部都应该逐步培养自己的全局视角。

很多人问我如何打造销售铁军。这当然是一个复杂的系统设计，其中包含团队负责人的带头作用、销售团队的运营、企业文化和氛围的形成。还有一个很重要的基础，就是"业务员收入中的固浮比（固定工资占总薪酬的比例）"。这与团队的狼性与否有非常重要的关系。

如果固浮比是 7∶3，就无法获得一个充满狼性的团队。销售是个非常苦的职业，看看每天有多少个 30 秒内挂断的陌生电话就知道了。谁喜欢被别人突然挂断电话或当面甩脸色呢？

如果躺着也能拿到大部分收入，在很多困难时刻，人性使然会让业务员多放松"一点点"。

我认为有战斗力的销售团队，提成和奖金应该占个人收入的 40%以上。要做到这一点儿，"销售费用报销转提成"也会在中间起到一些作用。我咨询的这家企业，原来固浮比是 51∶49，加了费用转提成的点数，固浮比变为 45∶55。

全局视角还有更关键的一个点，就是文化。文化不是口号，文化与我们的管理制度是否公平公正有很大关系。

按照原有报销制度，老油条们经常按最高限报销，公司又无法核实只能都给报，那其他销售也会逐步被带坏。初期团队凝聚力强，我们可以很好地控制这些问题，可是开了多个分公司之后呢？

如果制度的执行本身就有不"公平"之处，将来开了分公司，每个分公司的总经理都有能力把这些非 KPI 的问题掌控好吗？这些"不公平"的漏洞未来就会不断带来个人及组织腐败的问题，最终侵蚀整个公司的文化底座。

5）实施细节

公司中凡是涉及个人收入变动的事项，都需要非常谨慎地对待。

把费用报销转为提成的工作，和其他管理变更一样，需要与各层级同事敞开沟通，通过会议及与关键人的一对一沟通达成共识。设计方案时，可以考虑让公司吃点儿亏，保障业务员的利益。因为这个机制本身就会让公司大幅获益，所以别计较太多。

实施起来，也可以有个过渡期，例如 1~3 个月。具体细节怎么设计，多听大家的反馈，而大方向 CEO 自己要拿定主意。

3．小结

我常说，没有坏的员工只有坏的制度。不要怪那些"老油条"，只能怪自己设计的制度漏洞太大。

我也常说，设计一个好的机制胜过一万遍日常管理。销售提成设计和费用报销制度都是激发销售团队的关键事项，每个公司在这些问题上都需要谨慎推敲。

第 7 节　渠道的价值

在 2018 年的时候，我对 SaaS 公司的渠道价值有很多疑问。随着接触到更多 SaaS 公司，我对渠道代理商体系的价值有了不同的看法。

1．传统软件代理商的价值

对传统软件厂商来说，代理体系提供的价值有三种。

- 销售通道：把产品销售给客户（相当于厂商直销部门）。

- 实施落地：帮客户完成产品落地部署、系统集成、上线培训等（相当于厂商实施部门）。有系统集成能力的代理商或专业服务提供商，也被称作系统集成商（SI，System Integrator）。

- 售后服务：持续上门或电话维保服务（相当于厂商售后部门）。

传统软件代理商会承担上面一项或多项职责，对应获取相应报偿。举个常见的例子，假如厂商 A 的产品通过代理商 B 销售给客户。

传统软件厂商/代理商提供的价值及报偿分配

价值阶段	厂商提供价值	代理商提供价值	客户支付价格（举例）	对应报偿分配
销售通道	提供产品	完成销售动作	License（买断）：30 万元	代理商 4 折拿货，售价为 8 折，差价部分归代理商（15 万元）
实施落地	远程技术支持	完成定制开发、按照部署等工作	定制开发等实施费用：20 万元	大部分归代理商/系统集成商
售后服务	远程支持代理商	上门或电话服务、收取维保费	首期费用的 15%：4.5 万元	完全归代理商

如果只是销售简单的盒装软件，第二项实施落地的费用就很少，第三项售后服务的费用也很难收到了。

在这样的价值分配体系下，我们常常见到一个金蝶、用友的软件代理商公司里，实施、开发工程师的人数会比软件销售业务员的人数多几倍。其提供的是多个阶段的价值，也因此得到多个阶段的报偿。

2. 常规 SaaS 代理商的价值

我们都知道，SaaS 提供的是在线服务，其收费模式与传统软件不同。除了每年收年费，10 万元客单价以下 SaaS 产品的交付过程基本不存在安装部署和定制开发的工作（大客户交付会有一周至几个月的实施过程，但也很少涉及代码级的开发）。

分析一下 SaaS 代理商在 SaaS 服务价值链中提供的服务和价值。为了方便理解，我还是举个具体的例子。

SaaS 厂商/代理商提供的价值及报偿分配

价值阶段	厂商提供价值	代理商提供价值	客户支付价格（举例）	对应报偿分配
首次销售	提供产品	完成销售动作	首年：10 万元	代理商分得 6～7 万元
实施落地	提供标准实施方法	完成协助客户制定使用制度、培训等落地工作	交付过程较简单，一般不单独支付实施费	无
售后服务	客户有问题时，直接电话/在线服务	维护客情、偶尔提供上门服务	续费：每年 10 万元	代理商分得 4 万元（或者 6 万元）

续费的分配比例是目前 SaaS 厂商与代理商最大的争议点。

从 SaaS 续费模式来说，SaaS 公司提供的售后服务已经升级为"客户成功"服务：不再是被动响应客户的疑问，而是要主动帮助客户用好产品、用深产品，以期客户能够按时续费，并有增购新模块、扩容的机会。

同时，按照 SaaS 公司的商业模式，如果续费分不到"大头"（50%以上），那么可预期的收入就大大降低，SaaS 公司的估值就会受很大影响。

但对代理商来说，有一个很大的疑问："客户到底是谁的？"

"本来这客户是我找到的，也是我签下来的，但我只在第一年的费用里拿'大头'，后面的续费我只拿一小部分？"

再加上，厂商可以直接联络客户，客户很多产品方面的问题只能厂商解答，代理商对"客户归属"问题有强烈的不安全感。

我在 2018 年一直不想讨论这个内容，就是担心写出来会影响我们 SaaS 公司与代理商的合作关系。但如果我们不正视这个重要的话题，SaaS 厂商的渠道就发展不起来。今天的现实就是如此，整个国内 SaaS 圈子里的几千家 SaaS 公司，有健康代理体系的屈指可数。

"可数"的这几家，要么 SaaS 厂商委曲求全，把"续费"的大部分返给代理商；要么 SaaS 厂商的产品有独特性质，在市场上有垄断地位，代理商无法放弃。有一家 SaaS 公司更厉害，以前上百个直销员工转做了代理商，这信任关系和长远利益的绑定确实有特色，但也很难复制。

3. SaaS 代理商的价值设计

如何解决这个困局？

我认为根上的原因，还是代理商提供的价值不够。在传统软件代理商中，稍微上点规模的公司大多都同时具备"销售""系统集成"两个能力。

而大量 SaaS 代理商，还是偏互联网代理的能力模型，只重视销售，而在掌握产品特性、解答客户疑问、帮助客户分析业务流程等方面的能力单薄。当然，这个责任最终还是落在 SaaS 厂商身上：厂商有责任做好"代理商的价值设计"。代理商能提供哪些价值，首先还是与 SaaS 厂商的产品、收费价格体系有关。其次，也与厂商渠道部的战略设计、落地能力有关。

在 SaaS 产品的价格体系中，如果只有单纯的软件服务年费，代理商除了首次销售，之后的价值确实没多大。

那么 SaaS 代理就没有出路了吗？通过与几家渠道方面比较成功的 SaaS 厂商交流，我还是看到了几种有希望的模式。

- 有的 SaaS 产品的收费本身就是"软件服务年费＋交易分成"的模式，当地代理商可以承担运营/服务工作，然后就能在"交易分成"中占一部分比例，获得相应报偿。

- 有的 SaaS 产品比较复杂，当地代理商可以为客户提供"代运营"的服务，帮助客户用好产品，得到更多价值。这是对代理商价值的提升。对厂商来说，这样做也保障了 SaaS 产品的上线成功率，对未来续费意义重大。

- 在 SaaS 产品的使用过程中，客户还额外需要很多定制化的内容，当地代理商可以通过提供定制内容带来增值。

也就是说，代理商可以提供代运营、内容服务、业务梳理等深度实施服务，也可以提供传统软件时代的系统集成、定制开发服务。只要能在 SaaS 产品的基础上把"蛋糕做大"，我觉得代理体系的价值就突显出来了，代理商与厂商就不再是"零和游戏"。

此外，我还见到一些代理商用偏门路子：代理商在某些知名品牌的 SaaS 产品上不挣钱，但通过这个品牌的产品获得客户，然后再销售别的产品或服务。个中好坏，大家自行斟酌。

4. 如何建立成功的 SaaS 渠道代理体系

我与几位亲手建立过全国大渠道体系的 CEO 进行了交流，也在某个 SaaS CEO 群里听了大家的看法，我发现有两种建立渠道体系的路径。

- 路径 A：利用现有资源，也就是其他厂商的代理商，建立自己的渠道。这样的方式比较受限于既有代理商的能力。

- 路径 B：根据价值设计，重新寻找能力和意愿双匹配的企业或个人做新代理商，重建渠道代理体系（也可以设法改造既有代理商，但这比培养新招进的代理商更难）。

路径 A 显然更容易，这也是大部分厂商选择的路线。不过也可以看到，路径 A 小成很快，大成很难。

路径 B 的风险是新代理商的稳定性和持续性。

具体怎么选择，需要结合自身战略目标、短期目标、优势和短板。

5．小结

只有常规软件服务年费的 SaaS 产品，厂商与代理商是"零和游戏"关系，待续的年费就那么多，你多我就少，这样的渠道发展困难重重。SaaS 厂商如果要做渠道，就有责任做好代理商的价值设计，让代理商承担一定责任也获得相应报偿。同时，SaaS 厂商的渠道部门要做好赋能代理商的规划。

第 8 节　全国营销布局策略

我在 2014 年做全国市场布局时，为祖国辽阔的国土面积而自豪：如果在一个小国家，即便有再好的产品，也没这样的市场纵深。从 2014 年年初到 2015 年年中，我们的营销队伍从十几人发展到五六百人，连续 6 个季度做到营销体系人数翻番、业绩翻番。在全国营销布局的方法论上有做得好的地方，也有可以改进的地方。

1．关于直销与渠道关系的思考

对一个公司来说，直销输出方法、输出对产品的迭代反馈、输出销售额，也输出人才。因此我强调直销的重要性，我认为"无直销、不渠道"。意思是没有做过直销就做渠道，风险很高。

不少 to B 创业者是技术出身，认为自己把产品做好，找到专业的代理商自然能够卖好。这太理想化了。说服代理商需要耗费很多时间，代理商遇到问题反馈给产品的路径又太长。更重要的是代理商没见到完整的销售打法也没信心，很容易放弃。

当然，直销的难题是"重资产"，各地开分支机构，房租、房租押金、办公室装修装饰费用，还有大直营团队的人员，这都是重度投资，要投钱、投精力。

渠道则有输出销售额、输出毛利的优势，我看到有些传统软件公司的销售额是直销 70%、渠道 30%；但毛利反过来，直销 30%、渠道 70%。说白了，直销的人贵、管理成本也高；代理商老板因为是自己的事业，小团队的管理成本低，在开源节流上也更积极主动。

如果考虑规划直销与渠道占总营收的比例，我建议小的那部分也不能低于 20%。否则企业内部不重视，制定政策是总是偏向比例占绝对优势的那边，小的部分很难发展起来。真遇到市场有变化时，直销组织能力或渠道组织能力，都很难在 12 个月内建立起来。

在实际选择中，什么样的产品适合偏重直销，什么样的适合偏重渠道呢？直销毕竟是自己付工资，怎么折腾都是内部的事情。SaaS 厂商做渠道规划则有一些要素需要考虑。

（1）产品复杂度

如果产品过于复杂，就会涉及交付的问题。虽然现在通信手段很丰富，视频会议、远程桌面、远程配置都可以做到，但大家更喜欢面对面交流。如果都需要原厂交付，第一成本高，第二厂商的售前、实施资源也大多稀缺，这样纯销售代理可能会难以胜任，需要找有 SI（系统集成）能力的代理商了。SI 如果要做，意味着更大的人员和培训成本的投入，启动难度更大。

（2）产品迭代的稳定性

不是说不可以发新版，很多 SaaS 公司是每个季度，甚至每月发新版的；但至少每次产品迭代变化不要太大，需要学习的东西不要太多。因为代理商需要挣钱，人员稳定性也不如直销，在人员培训上的投入会有所控制。

（3）直销渠道的整体策略的稳定性

说动渠道商代理产品，对渠道部来说是一个费力的工作。如果直销、渠道之间的边界隔半年就变一次，那渠道工作难以进行。渠道与直销区域、产品、客户的边界务必要清晰并且稳定。

顺便提一下，有人提出按行业划分势力范围。这比较理想化，操作起来复杂度高。因为客户企业的名称里就有地理位置，而一个企业到底属于哪个行业就比较难说清。比如一个制造化肥的化工厂是属于农牧行业还是化工行业呢？这些不能分类。我就带团队花 3 个月干过行业划分的事，看了两千个客户企业的网站，参考国标、参考智联招聘的行业划分，才算制定了一个行业划分标准。但这样的标准仍然有很多灰色地带，需要制定复杂的规则、基于中台部门的权威和相互信任才能运转起来。

2. 全国布局如何打开

说完布局策略，我们再谈谈全国布局如何打开的实操问题。

布局全国市场，最重要的就是人才储备。如果要建设强力的直销团队，就不要在每个城市招一个新城市经理。即使他能力很强、资源很好，也很难成功。因为企业要的是强悍的销售团队，而不是一个代理人。

一个充满"狼性"的销售团队，需要有打法、规则，更需要有"文化"。而且每个 SaaS 产品的打法各有特点，我从 2013 年开始找 SaaS 销售代表，真正好用的人很少。大部分传统软件产品销售代表太专注在产品的专业性上，开拓新市场的冲击力不足；大部分互联网销售代表则是冲击力不错，但产品专业度短板需要慢慢补。而适合我们的现成代理商销售团队就更难找了。

最终发现还是得找一群"相似"的人，然后放在一个大熔炉里慢慢炼。

2015 年春节后我们能同时开 3 个分公司（之前一个季度还提前开过 1 个试点城市），是因为这 4 个分公司的总经理已经在 2014 年北京直销部实操过从招聘、培训、陪访、理单到团队激励、早晚会、劝退人员等所有的实战科目并且业绩优秀。他们带着 3～5 个骨干去开新的分公司，从经验到能力都是一流的。

他们每个小组到了当地，春节后第一个工作日就能搞起百人参加的招聘会。没经验的人是难以做到的。

渠道经理也一样。当时招募来的渠道经理，都先放在渠道部自己的"雏鹰团队"训练直销基本功，开单过关才能出营。这样的渠道经理放到任何代理商那里，都可以带动起当地团队的士气和学习技能的热情。这就是榜样的力量。而且榜样一定要在身边，在北京的榜样是帮不到郑州团队的。

3. 全国销售运营

全国销售布局初步完成后，总部需要拥有一个成熟的销售运营部门。如果人才条件允许，这个部门也可以提前几个月开始建设。销售运营部门需要建立起一个效率指标体系，然后不断地在各个转化率、效率指标上下功夫。

因为全国团队数量多了，销售 VP 不可能每个团队去转悠，需要用"数目字"来管理团队。运营团队要负责盯数字、搞活动、激活"人心"。

与创业初期不同，这时的销售 VP，应该多张开眼睛往外看，多学习外部经验，也多和其他部门交互磨合出更高的配合效率。同时多发现市场上的变动因素，为公司应对变化赢得时间。

规模化的背后藏着三个字：标准化。虽说标准化的程度根据产品、市场和团队状况需要灵活掌握，但以我亲眼看到的状况，绝大部分年收入几百万元的 SaaS 公司，甚至很大一部分年收入过千万元的 SaaS 公司都没在标准化上下足功夫。我还没见过在标准化上做过头的 SaaS 公司。

企业规模更大后，没有标准化销售打法、标准化管理方式的公司领导者，天天被紧急的琐事缠身，无法抽身研究业务，无法做出正确的管理决策和战略决策。

只有稳扎稳打地提升管理水平、构建优良文化、储备优秀干部，才能打下基业长青的基础。

第 9 节　线索客户流转及市场部 SDR 管理

我认为市场工作在顺序上是后置的。前期打磨产品时不应该多花钱引流，更需要直接触碰客户。前期做测试性销售时，也不应该浪费资金打撒网式广告，而是需要明确目标客户，设法赢得深入沟通的机会。

销售到了一定阶段，已经总结出一套成熟的产品/服务价值描述，市场工作才容易开展。市场的主要工作在获得市场线索上，而非品牌上。品牌需要慢慢培育，可以早启动、慢花钱。

1. 线索—客户流转的过程

从线索到客户的过程，在业内也称为 L2C（Leads to Cash，线索到回款）的过程。关于 L2C 的文章很多，这里不再重复讲 L2C 的相关理论。我从组织和业务流程的视角，重新画了一张 SaaS 公司内部线索—客户流转图。

一图胜千言。这张图包含内容很多，主要包括了以下几点。

1）一条线索到客户的过程

线索（Leads）→市场验证的线索（MQL）→销售验证的线索（SQL）→商机（一般 to B 公司商机要分 5~7 个阶段）→成交客户→续费客户（进入稳定期）。

to B 产品、营销、运营方法论及实战案例解读

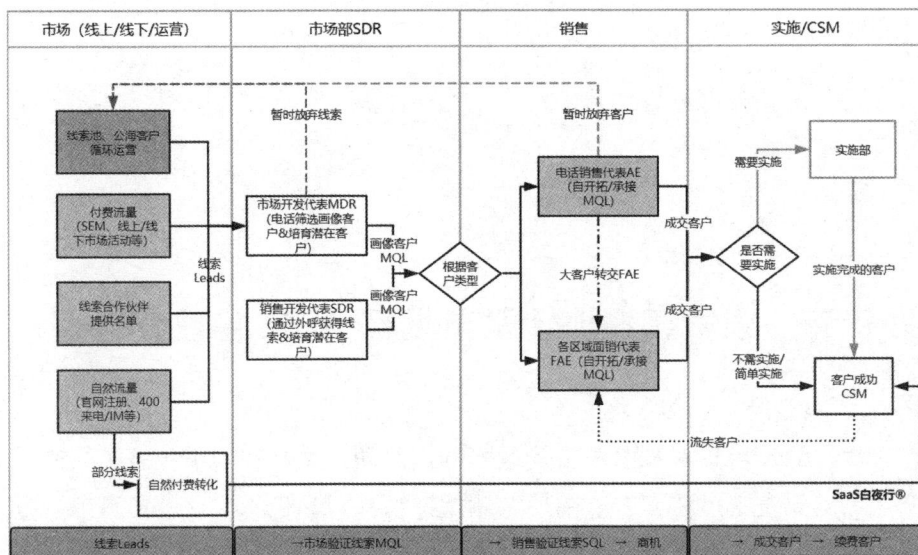

SaaS 公司线索—客户流转图

　　每家企业都需要定义自己的标准。什么样的线索才可以叫作 MQL？哪个阶段的线索叫 SQL？成为商机的标准是什么？成为商机是否需要审批？

　　只有统一了定义，日常管理中才会减少误会。

2）客户来源途径

● 市场的自然流量、市场部的付费流量。

● 市场 BD 合作线索。

● 电销或区域面销（外出拜访的销售团队）也有自开拓获客的方式：客户转介绍、陌生电话、陌拜、混圈子等。

3）暂时放弃的线索或客户

　　虚线部分是一个"回流"分支，SDR 或销售代表暂时放弃的线索或客户，应该由市场部继续用自动化的方式培育。营销自动化的方式包括：邮件、短信、DM（直邮印刷品）、公众号、服务号推送，线上线下课程及活动等。

4）流失客户

顺便说一下，CSM（客户成功经理）不能成功续费的"流失客户"，同样应该"回流"处理，可以交由销售代表作为新单重新跟进。我建议这个交接点是续费逾期后 30 天。至于为什么是 30 天？各位读者可以思考一下，后面关于客户成功的章节还会详细探讨。

2. 是否需要设置 SDR 小组

SDR（销售开发代表）在国内 SaaS 圈还是近 2 年出现的概念。

2019 年 8 月份，我和 SaaS 圈 10 个公司的 CMO、市场总监及 SDR 负责人聚在一起，花 5 小时探讨了关于 SDR 的方方面面。

1）SDR 的职责

在国内 SaaS 公司里，SDR 一般有两类职责。

- 通过电话清洗市场线索，并分类分级。

- 主动外呼陌生客户，产生有效线索。

SDR 输出的市场验证线索，会分配给销售代表（AE 电销/FAE 区域面销）转化成交。

其实，按美国硅谷 SaaS 的用语，承担 A 类职责的是 MDR（市场开发代表），承担 B 类职责的才是 SDR。但我调查了一圈市场部的 CMO，他们的 SDR 确实是把两项工作混合在一起的，所以本书中统一称"SDR"。

SDR 小组对输出的 MQL 有一些要求，例如：需要有公司名称、需求等。业内 CMO 爱用 BANT 的标准。

- Budget 预算

- Authority 权限

- Need 需求

- Time 预计上线时间

以上内容能够满足 2 项，就可以达到成为 MQL 的要求。在实际操作中，要求可能会更低一点。毕竟 to B 的线索很难得，营销组织一般不会轻易放弃。

2）SDR 应该放在哪个部门

这里有一个很有争议的话题，我单独拎出来讲，就是 SDR 应该放在销售部还是市场部？

首先，我们要明确一下：SDR ≠ 电销 。

这是完全不同的两个部门。SDR 的职责是输出有效线索。电销的任务是电话成交。很多公司让电销做 SDR 的事情，电销先清洗一遍市场线索，客单价低的自己电话成交，客单价高的交给面销团队跟进。这是极其错误的！

大家设计的制度不要和人性做斗争。当电销面临一个 5 万元的单子时，是转给面销，还是自己设法做成一笔 4 万元的单子呢？不要认为自己公司风气正就能克服这些问题，正是这些错误的机制最终造成团队文化出问题。

其次，是否需要成立 SDR 也与客单价有关。如果线索量不大，客单价在几千元到 2 万元的范围，那就直接让电销团队打"裸线索"即可，不一定要成立 SDR 团队了。

如果客单价不高，但线索量很大，电销超过二三十人，为了加强管理，也可以考虑成立 SDR。SDR 的价值是线索分级后，销售团队负担 MQL 到成交转化。否则，由于线索质量波动大，转化率也无法管理。

第三，我建议 SDR 放在市场部。

看起来，SDR 是市场部与销售部中间的一个环节，好像放在哪边都可以。但有几个原因需要把 SDR 组放在市场部。

扩张期的组织发展

（1）如果公司要管理 MQL 到成交的转化率，那么输出 MQL 的部门最好与做转化的部门分开。在这件事情上，销售部门不能既当运动员又当裁判员。

（2）市场部的工作需要闭环。搞了线下活动，转出了多少有效线索？加大了 SEM 投入，对应有效线索量如何？这些都需要尽快闭环，没有效果反馈的市场部就好像在盲人摸象，就无法通过快速迭代提高效率.

（3）在实际运作中，销售部门的 KPI 是业绩，反馈线索转化情况只是"附加工作"，如果 SDR 放到销售部门，这些数据的反馈就隔了一堵部门墙，反馈速度和质量大大降低。

（4）市场部通常的 KPI 是有效线索，如果 SDR 放在市场部，两者将具有共同的目标，这就从制度上确保了 SDR 不会漏掉所有潜在的有效线索。

我在有的公司看到，SEO/SEM 的负责人直接管理 SDR 团队，这样很特别，但效果很好。因为反馈足够快，SEM 负责人花那么多钱，自己也会盯紧后面每个流程，希望做到更好的 ROI。

在这次闭门会上，我调查了一下，10 个 SaaS 公司，能拿到 L2C 全程过程转化数据的不到一半。我和致趣百川的 CEO 何润交流，我们认为整个 SaaS 圈里这个比例不到 20%。这也说明国内 SaaS 公司的线索管理水平还在初级阶段。

所以，在市场部内部形成闭环就更重要了。

3）SDR 的工作方法

SDR 的工作方法是通过打电话从市场线索中筛出符合条件的有效线索。

（1）筛出的线索需要打上一些标签以及做备注。这是个分类分级的过程。只有对线索进行分类（有效/无效、线索来源、客户行业、客户需求类型等）、分级（客户规模、需求紧急程度等），后续销售转化的效率才能考量和提升。

（2）他们的通话过程需要录音。录音有 2 个作用。

- SDR 主管抽查，检查 SDR 对线索分类分级的准确度。

- 销售代表拿到分来的线索后，需要通过听录音了解之前的沟通情况，避免重复问题引起客户不满。

（3）销售代表给线索客户打电话，也同样应该录音。这里有 3 个理由。

- 调查 MQL 到 SQL 的转化率。

- SDR 也需要偶尔听销售的录音，以了解自己判定的 MQL 的后续跟进情况。SDR 和销售间的关系，应该不仅仅是 SDR 单向地输送 MQL 给销售，销售也应该及时准确地提交线索反馈，双方达成正向、良性的互动关系。

- SDR 可以通过听销售的优秀录音学习话术，达到快速培训上岗的目的。

4）SDR 的 KPI 设置

我调查了几家较大的 SaaS 公司，市场部 SDR 的薪酬结构大多是：底薪＋绩效奖金＋线索成交后的提成。

其中，绩效奖金取决于三个指标：电话量和时长＋MQL＋SQL。

设计线索成交后的提成机制：为了引导 SDR 在转出有效线索后，仍然有动力持续跟进自己的线索转化情况。

从行动结果上看，这样设计带来的好处有 2 个。

- SDR 对于有效线索的判断更精准，有利于提高 MQL 到 SQL 阶段的转化率。

- 因为 SDR 是客户最先接触的人，所以在后续跟进过程中，如果客户和销售代表发生了任何的不愉快，SDR 能够从中调停。

5）SDR 的人才画像及职业发展通道

以电话筛选市场线索为主的 SDR，需要有以下能力。

- 电话沟通能力：吐字清晰。

- 理解能力：能听懂客户的初步需求。

- *产品价值陈述能力：能理解和讲清楚产品价值。*

- *稳定：能按流程操作，逐步引导客户。*

- *耐心：对客户的问题耐心回答。*

所以这类 SDR 并不要求有销售能力，由销售转岗也并不合适。销售代表的能力模型更有攻击性，但也缺乏耐心。相反，这是一个更偏客服性质的岗位。

如果是需要自己打陌生电话开拓线索的 SDR，则更偏销售性质。这类 SDR 岗位的能力模型与"电话销售岗"的能力模型更类似。

要增加一个岗位的吸引力，公司 HR 部门和业务主管部门应该做好该岗位的职业发展通道。我也列一下 SDR 的职业发展通道。

- 晋升为 SDR 团队负责人。

- 转岗为客户成功经理（CSM）（一般针对比较轻的产品）。

- 转岗电话销售代表（AE）。

3. SDR 工作的关键：部门协作

SDR 的上游是市场线索输出小组：SEO/SEM 组、PR 及内容小组、品牌组、线下活动组等。双方的协作在一个部门内，而且上游这些部门大多也要考核"有效线索"，所以大家的配合一般都比较顺畅。

SDR 的下游是销售部门。对 SDR 及市场部来说，销售部门能否准确、及时反馈线索的转化情况，这对提高市场工作的效率极其关键。

其中，"线索分配规则"虽然是销售部门的工作，但市场部负责人应该与销售部一起协作制定一个既有利于提高线索转化率，又有利于销售团队成长的规则。

从更高层面讲，SDR 的工作有以下几个重大意义。

（1）建立起 L2C 的数字化跟进能力，我们才能真正衡量每个线索通道的 ROI。

我知道有不少 SaaS 公司客户来源主要是 SEM，但对 SEM 投放的限制又很严格。我问为什么，回答是年初有预算限制。这就明显是 ROI 算不清楚，影响正确决策了。

（2）从提升组织能力的角度说，SDR 对线索分类分级后，能够更好地衡量销售部门后续转化效率还有多大可提升空间。

关于协作，很多公司会发现在实际操作中会有很多困难。

有的 SDR 反映，销售成交周期是半年，他们的工作结果很难评估。我的建议有两方面。

第一，L2C 的转化周期太长，可以用 MQL 到 SQL 的转化率指标（即 MQL 有效率）来评价 SDR 的工作结果。

第二，如果要计算市场部的 ROI，MQL 有效率就不够用了。我们还是需要知道 L2C 的情况。这时候我建议分割得更细一些：通过数据观察销售内部的哪个商机阶段比较快就能成交，而且该阶段后成交概率比较高。

以 L2C 转换漏斗图为例，"商机阶段 2"的需求确认后，已经有较大概率能够拿到订单；而很多甲方在后面商务、合同签署、付款环节可能会耗费几个月的时间。那我们评估一批 Leads 或 MQL 的 ROI，可以不用等到"回款"阶段，而在"商机阶段 2"就可以做出评估。

这样做的好处是能够将评估周期从几个月大幅度缩减为几周。这加快了方法迭代升级的速度，也能更有效地评估 SDR 及销售代表的工作效率。在企业管理中，奖励和批评都要及时。与员工沟通上周工作效果，跟沟通 3

个月前的一批工作效果，沟通效率的差异是很大的。

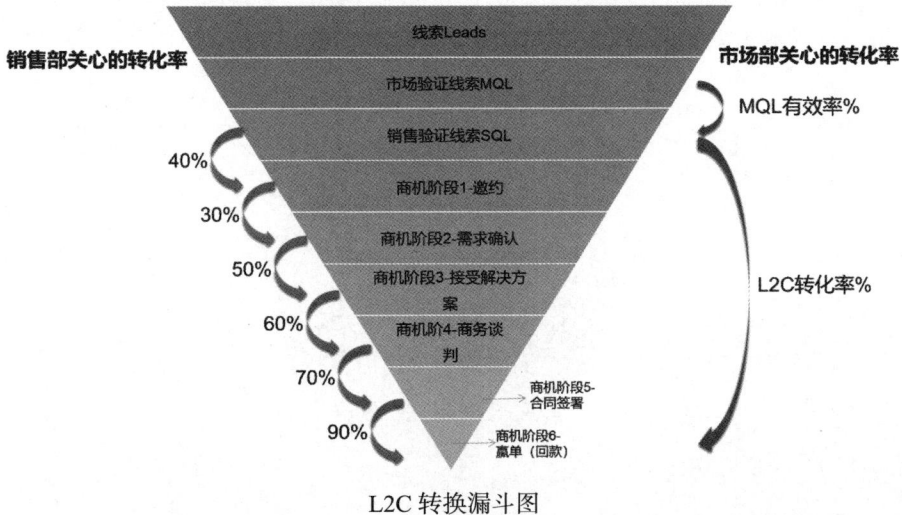

L2C 转换漏斗图

从线索到需求确认阶段的转化率我称为 L2R 转化率。这个指标能够按周统计，快速指导和优化相关工作。当然，财务部计算 ROI，还是会用到 L2C 的完整转化率，这个"慢"指标会更可信，可以作为考核及统计指标。

4. 目前国内 SaaS 公司 SDR 部门配置状况调查结果

我在公众号里曾经做过 2 个关于 SDR 的调查，这里分享一下结果，方便各位读者了解国内 SDR 部门的发展状况。

（1）调查 SDR 配置情况及工作内容

调查对象（共 93 人）所在企业中，销售主要依赖市场线索，但没有 SDR 部门的占 28%。建议这部分企业仔细考虑是否需要设置 SDR 部门。

从职责上看，只打陌生电话获得线索的 SDR 比例很低。大部分 SDR 承担的是清洗市场线索或者清理市场线索兼打陌生电话的工作。

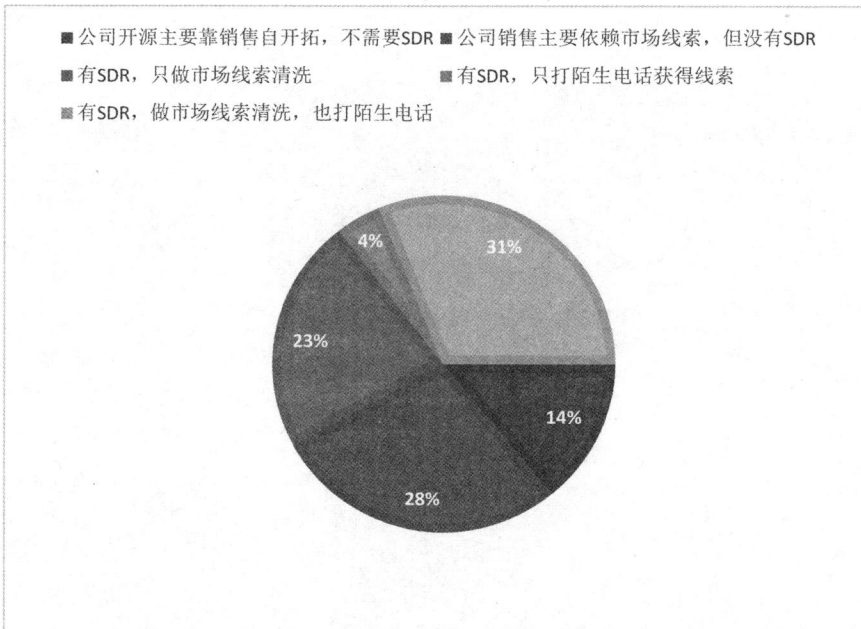

图例：
- 公司开源主要靠销售自开拓，不需要SDR
- 公司销售主要依赖市场线索，但没有SDR
- 有SDR，只做市场线索清洗
- 有SDR，只打陌生电话获得线索
- 有SDR，做市场线索清洗，也打陌生电话

31%
4%
23%
14%
28%

调查结果 1：国内 SDR 配置情况及工作内容

（2）关于 SDR 小组放在哪个部门管理

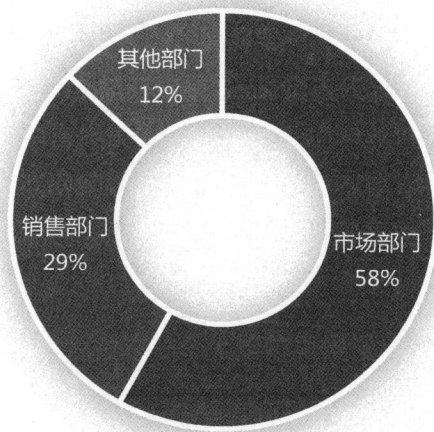

其他部门 12%
销售部门 29%
市场部门 58%

调查结果 2：SDR 小组所属部门

有 29%的调查对象所在的企业，SDR 仍然放在销售部门。建议这些公司考虑调整 SDR 小组到市场部。当然，所有的组织安排，也与部门负责人的能力有关。SDR 放在市场部的前提是市场部负责人有能力管理好该类型的团队。

也有读者反馈，他们没有 SDR，但有能力更全面的"增长黑客"，能做各种市场获客工作，还能做线索清洗工作。有这样的超级牛人当然不错，但我考虑这样的人太难寻找。公司上规模后，市场部还是要做一些岗位职能拆分，这样有效线索的输出量才能持续增长。

第 10 节　客户成功管理

在前面的章节，我都没有强调服务部门。

我说过，SaaS 的本质是续费。前面不提服务部门，是因为早期客户的服务太重要，应该由创始人和产品负责人亲自服务客户。随着销售效果显现，客户数量增加，就应该组建高水平的专属客户成功团队了。

为了完成本节内容，我专门与几个知名的通用 SaaS 及行业 SaaS 公司负责客户成功的朋友沟通了与客户成功部门管理相关的内容，包括 CSM 的职责、KPI、CSM 人才画像、招聘途径、工作方法等，下面就逐一谈谈。

先说明一下，CSM 本身的英文词有两个组合。

- Customer Success Management：客户成功管理

- Customer Success Manager：客户成功经理(指负责客户成功的基层同事)

为了便于理解，本文的 CSM 均指客户成功经理（人）。

1. 客户成功部的职责

SaaS 公司的客户漏斗与传统公司不同，除了上半部分的销售漏斗，还有下半部分的服务、续费及增购漏斗。目标客户成为"成交客户"后，在 CSM 的服务下，还会继续演进，成为"活跃使用客户"→"忠诚客户"→ 高 NPS（净推荐值）客户。

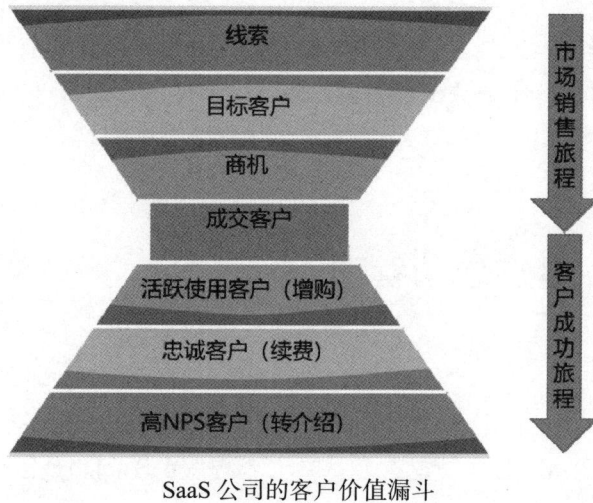

SaaS 公司的客户价值漏斗

硅谷有一家专业做客户成功管理软件的 SaaS 公司 Gainsight，Workday、Box、Marketo、VMware 都是其客户。2016 年我和同事一起到硅谷参观十几家 SaaS 企业，其中也拜访了 Gainsight。当我第一次看到客户价值漏斗图时，还是挺震撼的。这扩展了我对"客户旅程"的理解。

我先把客户成功部的具体职责罗列一下。

（1）保障客户续费

因为 SaaS 客户是每年续费的，所以"客户成功部"的第一职责就是保障客户续费。

（2）客户预期管理

实际上仅靠活跃度的监控是不能预测决策人（或权力影响者）的价值

认知变化的，由此带来的续约风险需要借助前期对行业、客户、干系人管理方法来提前干预。

很多时候，客户用不好产品，并不一定是产品不好、服务不好，而是客户对"成功"的期望与最终产品能满足的程度存在着差异。

CSM 的服务，很多时候是在弥补这种差异。所以了解客户对"成功"的预期就会变成 CSM 在第一次接触客户时非常重要的职责。

CSM 基于客户的预期判断他们是否是目标客户。如果是目标客户，那么就与客户共建合作路线图、行动计划。通过差异化干系人管理策略确保目标达成。最后通过数据衡量客户目标的达成情况，持续优化行动计划。

对于非目标客户，下文客户分类中再做阐述。

（3）初期促活

经过大量 SaaS 公司多年实践证明，客户购买后的头 30 天是客户能否将产品用起来的关键期。所以客户成功部要特别重视刚接手的新客户，要做好需求了解、关键岗位交流、使用方案沟通、使用培训及初期增加使用活跃度的工作。

在实操中，不同客单价的产品初期增加使用活跃度（促活）的责任人不同。

- 如果产品轻、客单价也不高（在 2 万～10 万元），通过配置就能完成简单实施，这项工作通常可以交给 CSM 负责。这也是 SaaS 产品客单价的主要分布区间，所以在大部分 SaaS 公司中，初期促活由 CSM 负责。

- 如果该 SaaS 产品有实施环节（高于 10 万元），公司实施部门会负责其中的大部分工作。实施完成后交接给 CSM，后者同样要对客户在实施后的促活负责。

- 如果客单价较低（低于 2 万元），我建议考虑让销售代表把初期简单的产品配置及培训工作完成，并对初期促活负责。

关于交接节点、交接次数，大家可以透过现象看本质。如果客单价高，收入能够覆盖交接成本，组织设计上就值得把各项工作切割开，"专业的人做专业的事"。如果客单价很低，不如由销售代表完成初期启动后再转交CSM。CSM 在接手客户后，主要做批量服务的工作，并不会为一个低客单价的客户付出太多时间成本。

说回 CSM 的促活任务。

促活的标准通常是"使用活跃率"。至于如何制定活跃度标准，与产品特性有较大关系。举例来说，OA 类产品可能更重视已开通账号的登录率，CRM 产品更重视深度功能的使用率。

还有一个相对更复杂的"健康度"标准，考量高层岗位（例如老板）是否使用、业务流程是否嵌入。由于 SaaS 产品的运营系统无法直接提供这类数据，所以操作难度更大一些。

在分析用户使用情况时，可以借助一些数据分析工具，通过埋点/非埋点形式观察用户使用情况。这里既包括活跃度的情况，也包括健康度的数据。

SaaS 企业可根据用户的行为分析，设定若干"北极星指标"，区分活跃用户与非活跃用户。通过北极星指标的达成情况更好判断用户的活跃度。

（4）异常处理

服务中小客户的 CSM，由于负责的客户数量较大，一旦客户使用上手后，CSM 就不需要每天关注所有客户。SaaS 运营系统会将活跃度突然下降的客户预警给 CSM，提醒他们尽快介入。

SaaS 运营系统相当于 Gainsight 的客户成功产品，但国内 SaaS 公司一般都自研自己的运营系统，除了客户成功管理，也管理客户的订单、开通/关停等操作。

（5）定期沟通

CSM 需要按一定频率（根据客户级别、状态决定）与客户进行定期沟通交流。

（6）增购

在一般情况下，新签约后紧接着的一段时间内的增购与销售代表关系更大。但过了 3～12 个月后，客户的增购就与 CSM 的关系更大了。该期限的设置与客单价关系较大，客单价越高，销售代表需要进一步努力做增购的时间就越长。

在公司的职能设计中，权责利要一致。负责增购的人有对应绩效，也一定要有日常动作，不能不劳而获。

（7）输出客户使用案例

与市场部输出标杆客户案例不同，客户成功部输出的案例更贴近使用方案和客户的具体业务。这些案例更多用于指导其他服务同事，也用于一对多的客户运营，包括线上培训、线下沙龙等。

2. 考核指标（KPI）

明确职责后，客户成功部门及客户成功经理的考核指标就比较容易确定了。我调查了几家国内客户成功能力不错的公司，他们的考核指标有续费率、初期成功激活率、所属客户活跃率和增购金额。

有的公司为了覆盖增购的职能，允许把增购部分算进续费中来，这也是合理的。但我认为应该另外计算一个纯粹的续费率，以满足内部管理需求。

续费率包括客户（数量）续费率和收入（金额）续费率。大部分公司会看重收入续费率。但也要根据情况判断：如果聚焦中小企业市场，续费客户数量也非常重要，不能用几单大客户的续费掩盖了大量中小客户流失的影响。

增购任务是否应该由 CSM 承担职责？业内实践效果不错。我的思考是，活跃率、激活率与公司收入没挂钩，都有注水的可能性；而续费率、增购金额是真金白银，作为考核员工及公司决策的关键指标更真实可靠。

不同客户成功管理成熟度的企业可以选择不同的 KPI 组合。

除了 KPI 之外，客户成功管理很成熟的 SaaS 企业，还会对中高级 CSM 顾问进行评级。其中，解决方案能力和价值传递能力是重要的考评项，并非只看客户续约和活跃度数据。

3. 人才画像和招人途径

根据职责和 KPI 可以给 CSM（客户成功经理）做人才画像了。

- 专业领域知识的理解深度。

- 耐心和服务意识。

- 多任务并行的能力。

- 精通公司产品。

- 产品配置和实施能力。

在做较高客单价产品或实施时，需要做少量定制开发客户的 CSM，还需要增加以下能力要求。

- 主人翁意识：作为项目主负责人，在项目推进过程中需要较强的目标意识，以此推进项目目标达成、协调资源、管理干系人。缺乏主人翁心态，仅做被动响应，未给客户带来价值会引发客户不满。

- 项目管理能力：由于客户成功经理需要为客户提供全生命周期服务，所以需要具备项目规划、资源协调、风险管理、干系人管理等项目管理能力。

- 行业轻咨询能力：如果是复杂产品，需要对客户业务进行分析，并提供解决方法。

可以看到，CSM 的人才画像，与热线客服专员非常不同，与销售代表的特性更加不同。

在国内，CSM 还是一个新出现的岗位（相信未来几年的需求会非常旺盛），所以招募 CSM 新人非常困难。各个 SaaS 公司主要依赖将其他岗位的同事转岗做 CSM。

关于寻找合格客户成功经理候选人的方法，我的建议如下。

首先，无论多早期的 SaaS 公司，招聘客户成功部的负责人，都要招有在成熟 SaaS 公司"成熟的客户成功部门"工作 1 年以上的。客户成功是一个体系性很强的工作，转岗的"生手"负责人在前 2 年都很难摸到客户成功的门道。而 SaaS 公司的关键在续费，如果有 2 年在客户成功上没有建树，SaaS 公司后面的路会很难走。

在 CSM 基层员工的层面上，优选的方式是从实施岗位转客户成功。如果从售前支持转，也很好。不过售前也是很难培养人才的岗位，优秀的售前人才更难招到。从销售岗位和客服岗位转 CSM 的挑战大一些，需要更长的培养周期。

当然，这都与人的特性有很大关系。有的人也许天生就适合做 CSM，而不是他原来的岗位。

如果从公司外部招聘 CSM，行业背景比服务背景更重要。CSM 有轻咨询的特点，培养一个既不懂目标行业，又不懂产品的新人需要 1～3 年时间。

我见过有的 SaaS 公司招募客户行业里有经验的人士来做 CSM 的，这是个好办法。但级别不用太高，毕竟 CSM 的工作内容 80%还是服务，需要有耐心。

CSM 为续费率负责，是否需要在 CSM 部门设立具有销售技能的岗位来负责续费环节的合同处理、客户谈判等商务事宜呢？

这是个非常好的问题。在硅谷，SaaS 公司的做法是设置专职的"续费商务岗"。因为在西方人的眼里，CSM 是"产品及行业专家"，不应该去谈价格、催回款。

但在关系型社会里，客户更习惯"谁服务我，我就信任谁，我就把钱给他"，反过来的逻辑也成立，"我把钱给了谁，我就会找谁提供服务"。所以一般情况下，CSM 直接找客户签续费合同效率更高。

同时，在这个过程中，我们希望通过服务让客户满意、续费，而不是平常服务得不好，到了续费时还要上销售的"促单"手段。如果 CSM 团队较大，续费的商务工作量也很大，可以考虑设置全职（或兼职）的"商务助理岗"，协助 CSM 处理合同、回款等工作。

4. 客户成功的工作方式

我也讲讲从 CSM 专家那里学到的客户成功的方法。

（1）客户按行业分组

作为销售代表是很难选择固守行业客户的，因为今天查到一个客户资料，明天一个客户转介绍就可能跳出该行业。但客户成功经理、售前技术支持、实施顾问，这些岗位应该分行业或者至少做一些行业侧重。

分行业（或大行业里细分的子行业），CSM 熟悉客户业务的速度会大幅度提升，客户满意度也会提升。反过来 CSM 还能经常输出一些行业应用方案，帮助市场和销售部门。

（2）客户及干系人分级

每个 SaaS 公司的客户都可以按照是否付费、ARR（年度经常性收入）金额大小、客户潜在价值、客户使用功能模块集合、客户开通时间等维度进行分级。

对于大客户的管理，CSM 还需要对客户企业的干系人进行分级管理。以 CRM 产品的大企业客户为例：CEO 和销售 VP 在 S 级，销售总监和部门主管在 A 级，销售部门骨干员工在 B 级。这个标准主要是指导性的，难以按标准流程来要求。但可以通过丢单案例分析会等方式，让 CSM 看到不按分级标准服务的惨痛后果。

客户分级后，可能有的 CSM 会负责十几个超大客户，而另一部分 CSM 会负责几百个小客户。

那么，该如何确定一个 CSM 应该负责多少客户呢？我建议可以算算 CSM 服务客户待续费金额，也就是每个人负责的 ARR 有多少。

我看了一下 Gainsight 的 CSM，每人承担 200 万美元的续费 ARR，这应该是美国 SaaS 的标准。

我问过几家国内客户成功管理体系很成熟的 SaaS 公司，一个 CSM 承担的客户待续费 ARR 为 200 万~500 万元。

（3）根据客户所处服务旅程阶段匹配对应任务

在客户成功部的管理中，也可以根据客户所处服务旅程阶段，对导入期、平稳期、续费前期等不同阶段定义 CSM 的不同工作任务。

（4）符合画像的客户与不符合画像的客户

最后讲一个所有 CSM 最头痛的点。

任何一款 SaaS 产品都有适合的客户和不适合的客户。从 SaaS 公司整体的角度看，做好客户成功第一重要的事是客户画像，找到正确的客户做服务。很多公司为了生存签了非画像客户。这虽然能带来收入，但对产品的口碑造成了损坏。

很多时候，客户流失率很高，并不是因为客户成功部门失职，而是最开始进来的客户就是不合适的。

当然，作为客户成功部门，付费的就是客户，并没有太多可挑选的余地。所以我的建议如下。

首先，整个公司要升级对"客户成功"的理解，不适合的客户尽量不做。客户成功是全公司各个部门的共同目标，需要产品、市场、销售、财务等部门的共同参与。

其次，客户成功部可以把客户根据标准分为"精准客户"（符合客户画像）和"探索客户"（不符合客户画像），对两类客户分别统计活跃率、续费率等指标，加强对产品及客户的理解。

第 11 节　SaaS 售前及实施岗位的新特点

SaaS 产品首年客单价范围很大，从几千元到上百万元都有。不同客单价的产品在售前和实施阶段的情况有很大区别。

对于那些客单价超过 20 万元，有代码级定制开发的项目，从售前、销售到实施、服务，更接近传统软件解决方案的做法，不是我本节讨论的重点。

这里讨论的目标是客单价 4 万元到 20 万元，通过系统配置就能完成实施的 SaaS 产品。平均客单价在 4 万元以下的产品，尽量通过销售代表、CSM（客户成功经理）完成售前及实施工作，否则收到的费用不能负担更多岗位的成本。

扩张期的组织发展

1．销售与售前职责的融合

售前技术支持部门的职责是协助销售了解客户需求，做出针对性解决方案并为客户解答。售前顾问大多是行业专家和产品专家（对客户业务的理解能力比产品还重要）。

在国内，以前售前顾问与销售代表的职责边界是很清晰的，合作时各自承担各自的职责。在 2016 年与 Salesforce 销售团队交流的过程中，我发现美国已经不是这样。

Salesforce 设计组织结构第一考虑按客户规模分级，第二是分阶段负责（筛选—Demo 演示—成交）。具体是这样设置的。

- ESMB（10 人以下微型企业）销售部：SDR 直接成交。

- SMB（10～100 人小企业）销售部：SDR 了解需求→AE（高级销售）成交。

- MM（100～1000 人中型企业）销售部：SDR 了解需求→EBR（中级销售）做 Demo 演示→AE（高级销售）成交。

- Enterprise（1000 人以上大型企业）销售部：SDR 了解需求→EBR（中级销售）做 Demo 演示→AE（高级销售）成交。

我当时就问，小企业（SMB）的客单价就能达到 10 万～15 万美元，为什么没有看到"售前支持"岗位呢？答案是没有售前。那些 AE 就要非常熟悉产品和行业方案，他们其实身兼销售和售前的职责。在 MM（中型企业）和 Enterprise（大型企业）组里会再分行业小组，针对重点行业（健康、政府、金融、消费品），会请外部顾问和内部专家做行业解决方案。

我理解这些行业专家其实不是以"配合打单"的售前支持工作为主，他们重在输出和对全体 AE 赋能。

我认为这正是 SaaS 区别传统软件的另一个特性。SaaS 产品由于以下特点更容易被销售人员掌握。

- 产品标准化程度更高，定制开发的比例较低。

- 用户页面更友好、易用。

- "系统管理员页面"也能得到非常精心的设计和打磨。

- 产品迭代速度快、产品性不断加强。

"让销售代表把售前的活儿干了"，这在传统软件上是非常难的。但由于 SaaS 产品简单易懂、配置难度低，高级别的销售可以掌握售前技能。

2. 国内售前岗位的实际情况

在国内要让高级销售承担售前是有难度的。但是从成本的角度讲，国内 SaaS 产品客单价不高，不再按传统比例配置人员（每 5～10 个销售代表配置 1 名售前支持）应该是趋势。

在我熟悉的 SaaS 公司中，售前支持岗位主要有两项职责。

A 配合打单：由于有更强的行业知识及产品理解，售前顾问在打单中往往起到举足轻重的作用。他们能把 20 万元的单子做成 50 万元，50 万元单子做成 200 万元。这样真的对公司好吗？

B 对销售团队进行赋能：通过总结行业案例经验，结合产品知识，为销售团队输出各个行业的"解决方案"，对销售代表进行方案能力的培训和实操指导。

对于传统软件公司，A（配合打单）是售前岗位的主要工作，他们也是按打单金额设计薪资结构的。

而对于 SaaS 公司，我认为应该以 B（赋能）为主，帮助销售团队提升方案能力，这是长久之计。对应的工作目标和绩效设计，自然也不相同。

3．售前与实施部门的配合

实施与售前部门关系紧密，售前挖的坑（对客户的过度承诺）最后还得实施得去填。为了让售前支持不在客户面前夸大其词，有的公司把售前与实施放在一个部门里，部门负责人对售前、实施任务都要负责。甚至签单完成后，让售前顾问做实施项目经理，带着实施工程师去完成交付工作。

即便这 2 个部门不放在一起，也应该在绩效设计中，把售前的部分绩效与交付结果、客户签验收单等节点挂钩。

也有公司把实施部门当作售后服务的一部分，因此与 CSM 一起管理。主要考虑实施后如何平滑地将服务工作过渡给 CSM，从而给客户带来最好的价值和服务体验，但具体效果有待验证。

4．小结

相对传统部署版软件，SaaS 产品的"轻"特性也影响售前及实施岗位的设计。SaaS 售前应该以"赋能"为主，帮助销售团队提升方案能力。同时，售前与实施要加强连接，不能陷入售前挖坑、实施填坑、客户不满、公司损失的恶性循环。

第 12 节　SaaS 公司典型组织架构及职责划分

随着销售体系的发展，越来越多的部门参与到获得客户、服务客户的过程中。本节我将从"客户价值链条"的角度，梳理产品、销售、市场、服务这 4 大主要业务部门的职责、工作手段和 KPI。

1. 业务部门与职能部门

不同行业对各个部门的名称、分类都不同。

我简单把所有部门分为两类，公司里对部门"集合"还没有统一叫法的可以参考一下。

- 业务部门：指与公司业务相关的部门，一般包括产品及研发部门、销售部门、市场部门、服务部门。

- 职能部门：指支撑业务运作的部门，一般包括人力资源部门、财务部门、行政部门等。

这里我绘制了一张典型 SaaS 公司的组织架构图，主要提供一级部门的设置建议，每个 SaaS 公司的二级部门差别很大，列出来仅作方便理解之用。

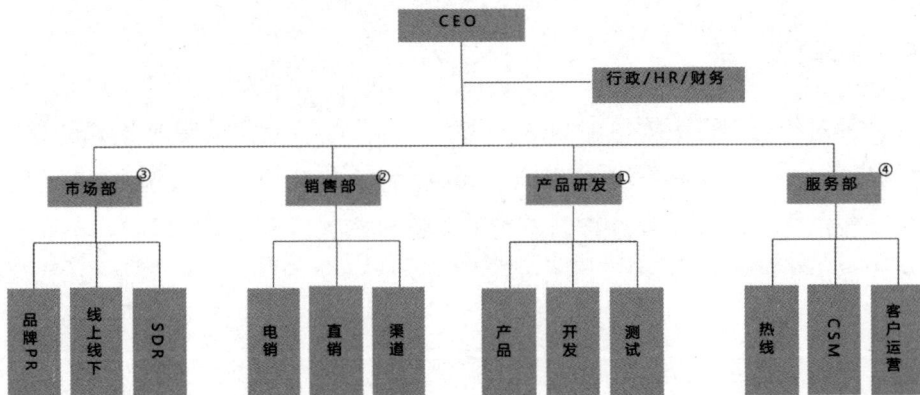

SaaS 公司典型组织架构设计

图中我也标注了 4 个业务部门在公司发展过程中的侧重顺序。在创业初期，产品研发当然是最重要的，进入验证和营销阶段后，销售部需要得到 CEO 的充分重视。通常来说，SaaS 产品的门槛不高，营销上必须有突破能力和突破速度。

随着销售组织的成功壮大，就需要市场部进行市场教育、品牌塑造和线索获得。再往后，随着客户数量的增加，CEO 和产品负责人必须从客户服务工作中脱身，服务部门开始获得重点关注。

每家公司部门发展的顺序和节奏各有不同，但对于 SaaS 公司来说，各个业务部门输出的价值是类似的。

2. 各业务部门在客户价值链条上的位置

貌似每个 CEO 都知道该如何安排各部门的工作职责。但在真实世界中，我接触的不少规模已经超过 200 人的公司，在部门划分、部门职责上都还纠缠不清。为了理清客户价值链条与部门职责的关系，我整理了如下表格。

客户价值链条及各部门职责表

序号	客户价值链条	责任部门	部门职责	部门手段	考核 KPI
1	潜在客户	市场部 PR 组	培育潜在客户	内容营销等	百度指数、微信指数等
2	目标客户	市场部线上组、线下组	寻找目标客户	线上 SEO/SEM/活动、线下活动	UV（独立访客量）
3	意向客户	市场部、客服部热线组	用市场方式引导客户注册	官网、官微、热线	有效线索量
4	市场销售线索	市场部 SDR*	与客户确认需求，对线索进行分类分级	电话/IM	线索分类分级准确率
5	自开拓销售线索	销售部电销组#销售部面销组	开拓新线索	电话/IM；上门拜访	有效线索量
6	L2C【新购】	销售部电销组#销售部面销组	成交小客户；成交中大客户	电话/IM；上门拜访	销售额（合同额或回款额）
		售前技术支持#	解决方案制作及陈述	PPT/WORD/案例库	销售部门业绩或支持打单业绩

序号	客户价值链条	责任部门	部门职责	部门手段	考核 KPI
7	帮助客户启动产品	销售部 客户成功部 实施部#	简单产品小客户培训交付；中等复杂产品中小客户实施；复杂产品或大客户实施交付	培训视频、标准使用方案；实施表格、实施案例；标准实施流程（SOP）	实施交付成功率；客户首月激活比率；
8	连接客户，获得【转介绍】	销售部	长期维护客情，保持与客户 KP 的连接	个人化方式为主；公司统一做节假日、生日客情管理	转介绍率（参考指标）
9	客户增加用户数或新模块【增购】	销售部 客户成功部 实施部#	促进客户增加使用部门和人数	服务、培训实施过程	增购率（金额/数量）
10	客户持续活跃使用	客户成功部	主动理解客户业务、推荐更好使用方式、解决客户问题	业务流程梳理工具；行业客户使用方法案例等	付费客户活跃率、健康率
		客户成功部-客服热线	被动响应客户来电咨询	400 电话、IM	接通率、满意率
11	【续费】	客户成功部	提前 3 个月联系客户了解续费障碍、续费签约	电话、IM、拜访	续费率（金额/数量）

非必设部门

* 重点说明部门

对 to B 公司来说，市场部的内容输出能力非常关键。纯靠 SEM 买线索的公司，获客成本太高。市场部的职责是从"潜在客户"中寻找"目标客户"，从"目标客户"中培养"意向客户"。

对于市场线索量较大或市场线索是公司关键"客户来源"的公司，我

扩张期的组织发展

通常会建议设置 SDR。

到了销售环节，销售部的主要职责有两个：获客及 L2C 转换。

售前技术支持：SaaS 产品相对传统软件较为简单，售前支持的主要工作不应该是打大单，而应该是对销售团队"赋能"。所以他们的主要工作是输出行业解决方案、给销售团队做售前能力培训。对应的 KPI 也与传统软件公司的售前岗不同。

有人会提出：售前支持团队如果是赋能属性，每个人的绩效如何量化呢？如果是从销售业绩分成，容易吃大锅饭。我建议一般售前支持岗与销售岗的比例在 1:10 到 1:5 之间。团队里售前岗位人数一般都不多，管理者应该很清楚谁强谁弱。对于这样的岗位，设置 KPI 未必是好事。当然，如果该岗位人数较多，还是要制定一些更细的考核标准，例如：输出方案模板的数量/质量、对业务流程改善的贡献、陪访量等。

成交后，低客单价产品可以由业务员直接交付，减少交接成本。如果是比较复杂的产品则需要 CSM 或专职的实施部门完成交付。

CSM 对客户的活跃使用负责，进一步说，应该对客户的"健康"使用负责。

最重要的是，在客户价值链条上，从"新购"到"增购""续费"，包括"转介绍"，务必要有清晰的职责划分。

- 新购：由销售部门负责。

- 增购：可以划定新购合同后的期限，例如 6 个月以内的增购由销售部门负责，之后由 CSM 负责。

- 续费：由 CSM 负责。因为销售只会对"销售业绩"的金额负责，所以须有一个部门（CSM）对"续费率"负责。无论在哪里，我都会强调由 CSM 而非销售部门负责续费率。

- 转介绍：即使客户交接给 CSM 了，销售仍然有职责要维护好与客户的客情关系。大部分转介绍也由此而来。

在公司部门及职责设计中，以上各部门的"权责利"要匹配，并据此设计工作目标及 KPI。

3. 小结

SaaS 本身有很清晰的 L2C 转化路径，对客户的长期续费又很看重，所以组织架构的设计是很接近的。如果所在公司的组织架构与此大相径庭，肯定有自己的历史原因。CEO 和高层管理者要真知道原因在哪里。

我不建议把负责售后服务的部门按照传统软件的"客服部门"来组织和设计。严肃地说，没有客户成功部的 SaaS 公司是典型的假 SaaS 公司。

阶段 5

效 率 提 升

阶段 5 是一个持续的组织迭代升级的过程。SaaS 创业公司发展到这个阶段，"增长快"不再是唯一目的，"又快又健康"的 SaaS 企业才会真正具备价值。

如何衡量"快"和"健康"？既需要建立外部财务指标体系，也需要建立内部经营指标体系。再通过周期性的管理动作，保障这些指标被及时关注和响应。

第 1 节　管理会计与公司经营

"管理会计"与"财务会计"不同。前者是为内部管理决策服务的；后者的目的则是记账和报税，需要遵循中国的会计准则和税法，提供给外部的股东及会计事务所。

我们先从固定成本、变动成本这样基础的概念说起。

1. 固定成本与变动成本的取舍

顾名思义，"固定成本"指短期内与生产量/销售量无关的成本，例如 SaaS 公司的研发费用。"变动成本"指与生产量/销售量正相关的成本，例如销售额越高，发给业务员的提成支出就会越多。

SaaS 公司的办公室租金、研发及职能部门的薪资、管理层薪资，这些在一个较短的时间内是"固定成本"。我先介绍一个公式：

$$边际贡献 = 客单价 - 变动成本$$

这个公式要讲究收入与费用的匹配。如何划分变动成本与固定成本，这与业务关系很大。

案例 A　美国西南航空的变动成本与固定成本

我先讲一个在商学院，被管理会计、组织行为学、领导力等多门课程的教授反复从不同角度引用的案例——美国西南航空。

美国六大航空公司大部分在"9·11 事件"后都破产了，只有西南航空连续 40 多年保持盈利。原因是什么？是创始人的眼界？是企业文化？都有影响。但请注意，我们经常强调企业文化，但文化也要有经济基础，管理者必须会帮部属算个人收入账。

以西南航空为例，其飞行员、地勤工程师、空乘等岗位的底薪都比其他航空公司低 1/3 左右，加上西南航空非常重视飞机的利用率，飞机降落后在 30 分钟左右就会再次起飞，所以这些岗位的工作量比其他航空公司高出很多。这些都是对"变动成本"的控制，最终其"每座位每英里"的变动成本，竟然只有其他航空公司的一半甚至更少。因此西南航空在激烈的市场竞争中保持着巨大优势。

而在保障员工收益上，西南航空的方式是"后端奖励"，他们拿出税前利润的 15%分享给员工，以此保障收入。这个部分就是需要企业文化和企业信用，否则谁会愿意降薪加入一个工作压力更大的企业？"收入保障＋

效 率 提 升

工作稳定＋优秀文化"吸引了大量的求职者，西南航空在 20 万名求职者中只雇佣 6000 人，这也形成了人才的正向循环。

西南航空获得这么低的"变动成本"关键在于机型选择（只选波音 737 一个机型，降低设备维护成本）、机场选择（只选不昂贵也不拥挤的二流机场），购买燃油期货等。也就是说在"固定成本"上做了更大投入，以保障"变动成本"更低。

这就是抉择。固定成本投入的周期长、对应风险也更大；但如果选对了，未来对变动成本的影响也更深远。

案例 B　一个 SaaS 公司的成本安排

作为 SaaS 公司，我看到大多数公司的选择是偏向增加"变动成本"（同时减少"固定成本"），例如租办公室而不是购买办公室；先测试销售方法再组建团队，而不是先摆上 6 个分公司再让大家各自摸打法；前期尽量控制研发成本。

我下面就为大家做实际测算。为了便于理解，我用虚拟的"沙云科技"作为例子，看看他们的管理会计数据。

- 每月研发成本 100 万元（1）。
- 职能部门（行政、财务、人事、总裁办）薪资及租金等费用 20 万元（2）。
- CSM（服务）部门费用 30 万元（3）。
- 市场部薪资费用 10 万元（4），市场部推广费用 15 万元（5）。
- 销售部门底薪 100 万元（6）。
- 如果我们考虑的是一个月的短期决策，以上这些都是固定费用。

此外，业务员的销售提成和销售管理层的管理提成之和为销售额的 35%，这是变动成本，对应的边际贡献率＝100%－35%＝65%。

可算得固定成本＝研发 100 万元＋职能 20 万元＋服务 30 万元＋市场

部薪资 10 万元＋市场推广 15 万元＋销售部门底薪 100 万元＝275 万元。

盈亏平衡点的月度销售额＝固定成本 275 万元÷边际贡献率 65%≈423 万元。

如果"沙云科技"当月营收为 400 万元，则税前利润为：400 万元×边际贡献率 65%－固定成本 275 万元＝－15 万元。

案例 C 考虑年度经营情况

从一年的角度考虑，服务、市场部薪资、市场推广、销售部门底薪都应该改成"变动成本"。因为从一年的角度看，这些岗位都是需要根据业务量做调整的。研发和职能费用，假设在这一年没有变动。

我这里提出一个"营销服务费率"的概念，它不包含固定费用：

营销服务费率＝（市场＋销售＋服务的费用）÷销售收入

以案例 B 为例，营销服务费率＝（服务 30 万元＋市场部薪资 10 万元＋市场推广 15 万元＋销售部门底薪 100 万元＋销售额 400 万元×提成 35%）÷销售额 400 万元≈75%。

我近年见过的 SaaS 企业，营销服务费率大多在 60%～90%之间，甚至有超过 100%的（也就是说客户第一次收费不够养活营销服务团队）。这个案例里的 75%大约是中位数。

那我们仔细想想，75%意味什么？

- 每增加 100 万元销售额，都同时增加 75 万元变动成本，也就是说，只能增加 25 万元毛利。

- 如果希望不增加现金压力，研发成本增加 100 万元，需要销售额增加 400 万元（在本例中需要销售业绩翻番）。

所以想方设法提高市场效率、销售部门的线索转化效率、服务部门的续费率和增购率，就会降低"营销服务费率"，提高"边际贡献率"。

从利润考量的角度看，对于固定成本的增加要特别谨慎，研发和职能费用每增加 1 万元，都需要增加 4 万元的销售收入才能平衡。在"寒冬期"还能盈利的 SaaS 公司，一贯在研发投入方面非常谨慎。即便融到很多钱，在增加研发投入上仍然需要谨慎考量，因为这是一个长期的"固定成本"。

这也是产品技术出身的创始人的优势，他们往往更加擅长控制研发投入。如果创始人是营销出身，公司的技术合伙人就必须有很深的技术功底，他的任务是把配置好最优的研发资源。

2. 价格的威力

分析完变动成本与固定成本的关系，我们再看看产品定价对公司利润的影响。还是使用"沙云科技"的财务数据。

这是按原价格销售的利润表（管理会计）。

利润表（按原价销售）

		公式	金额（万元）
销售	客户数	N	40
	平均客单价	P	10
	销售额	$S = N \times P$	400
变动成本	销售提成和管理提成（35%）	$B = S \times 35\%$	140
	服务部门	3	30
	市场部薪资	4	10
	市场推广费用	5	15
	销售部底薪	6	100
	变动成本小计	$VC = B + 3 + 4 + 5 + 6$	295

续表

		公式	金额（万元）
	研发部门	1	100
固定成本	职能部门	2	20
	固定成本小计	$FC = 1 + 2$	120
利润（税前）		$Y = S - FC - VC$	-15
	利润率		-3.8%
	营销服务费率		73.8%

上表中，N 为客户数，P 为价格，S 为销售额，B 为销售提成和管理提成，VC 为变动成本，FC 为固定成本。

如果我们平均客单价在原价基础上打了 9 折是什么情况呢？

利润表（按 9 折销售）

		公式	金额（万元）	变化率
	客户数	N	40	
销售	平均客单价	P	9	−10.0%
	销售额	$S = N \times P$	360	−10.0%
	销售提成和管理提成（35%）	$B = S \times 35\%$	126	
	服务部门	3	30	
变动成本	市场部薪资	4	10	
	市场推广费用	5	15	
	销售部底薪	6	100	
	变动成本小计	$VC = B + 3 + 4 + 5 + 6$	281	−4.7%
	研发部门	1	100	
固定成本	职能部门	2	20	
	固定成本小计	$FC = 1 + 2$	120	0.0%
利润（税前）		$Y = S - FC - VC$	−41	173.3%
	利润率		−11.4%	
	营销服务费率		78.1%	

成交价格平均打 9 折，总收入降低 10%，变动成本降低 4.7%，固定成本不变，亏损却扩大了 173%！对于盈利的企业价格对利润的影响也是成倍的。

价格威力巨大。也就是说，我们销售过程中如果折扣管理不好，对利润的影响远超过费用节约的地方。

反过来讲，如果能够把价格上调 10%，营收对应增加 10%。这 10%的收入，没有对应固定费用（例如研发费用、服务器费用和房租）的增加，变动成本中的大块费用（人员底薪、市场推广费用）也不变，只有提成费用有少量变化，所以提价带来的利润贡献是非常大的。

也请做 SaaS 的同学多想想：价格战害人害己，是双输的结局。

所以我经常说，资本寒冬不全是坏事，如果每家 SaaS 公司都理性地以年度盈利为目标，价格战就少了。

3．小结

"管理会计"不只是财务部的事情，它是 CEO 和公司高管都需要学习的基础管理知识。

本节只拿出管理会计中最基础的"固定成本与变动成本"的分析方法做了一个具体 SaaS 公司的成本分析。每个企业都应该基于"管理会计"方法建立自己的经营财务模型。

第 2 节　建立指标体系评估公司经营状况

前文提到，SaaS 企业在"效率"阶段需要建立指标体系。本节把这个指标体系完整描述一下，并给出评价标准的参考值。

1．评价公司整体经营

除了公司会计中的常见财务指标（主要在资产负债表、现金流量表、损益表里），SaaS 公司也很关注 LTV（客户生命周期价值）和 CAC（客户获取成本）等行业指标。

这些都是反映在财务数据上的"最终结果"。作为创业期的管理团队，我更看重能快速迭代的日常业务过程指标。

2．评价产品

评估一个 SaaS 产品研发效率、效果的好坏，有很多指标可以用，我只推荐 3 个通用的指标。

（1）服务可用率

如果一个月中服务宕机了 1 次，时长 15 分钟，该月的"服务可用率"为：

1－（15 分钟÷（30 天×24 小时/天×60 分钟/小时））≈99.965%

早期产品要考虑版本迭代速度，服务可用率可以低一些。进入扩张期后，客户数量已经较大，宕机会造成非常负面的影响，服务可用率应该设法做到 4 个 9（99.99%），大致相当于全年只能有 3 次 15 分钟左右的服务宕机。

客户服务的核心思想是"分类分级"。从研发侧考虑，也可以把少量重点客户与大量普通客户分开部署在不同设备上，减少发生宕机影响的范围。

（2）模块启用后留存率

SaaS 与传统软件的本质区别是重视续费。SaaS 公司应该以留存客户为

主要目的，而不需要与传统软件公司一样不断开发新功能以期再次销售新
版本给客户。

所以在开发一个新模块的决策上要更加谨慎。那么如何衡量新模块上
线后的效果呢？有一个很好的指标，就是"模块启用后留存率"。即 1000
个企业用到这个模块（可能来自产品中的自然引导，也可能是市场部的内
容引导或 CSM 的人工引导），1 个月后还继续使用的比率有多少。

产品和研发不对进入的流量负责，但要对试用后的留存率负责。

（3）开发过程 Bug 率

我在华为时，研发部门用的是"千行代码 Bug 率"指标。近年头部 SaaS
公司用到类似的一个指标：开发过程 Bug 率＝版本开发过程中 Bug 数÷版
本开发人月。

另外，还有测试部门的"漏测率"等，不再一一赘述。

3. 评价市场能力

大部分 SaaS 公司的"客户来源"都在两个极端，要么是市场线索，要
么是业务员自开拓，能做到两者平衡的 SaaS 公司不到 10%。过度依赖一种
方式是不利于公司发展的。

（1）成交客户中来自市场线索的比例

如果要给市场线索的比例一个建议的参考范围，我认为要努力做到
30%～70%。太依赖业务员自开拓，而荒废了市场能力，这是很可惜的。

（2）各线索通道的"线索有效率"

由于组织能力和 IT 系统的原因，很多 SaaS 公司还难以做到 L2C 的完
整跟踪。有一次我与一个知名 SaaS 市场工具产品的创始人聊天，我们估算
大概只有不到 30% 的 SaaS 企业能够准确估算线索有效率。

这其实很关键。我建议 SaaS 公司进入"扩张"期后，要找到合适的 CRM 及营销工具，并提升组织的流程能力，真正解决这个问题。

除了区分"自开拓"与"市场线索"，市场线索还要分"线下活动""自然流量""百度 SEM 流量""360SEM 流量"等，找到投入产出比更大的方式。如果尚未解决 L2C 的问题，至少可以看看销售的统计数字，明白哪一个"线索有效率"更高。

（3）自然流量线索的比例

这个可以衡量品牌和口碑的积累情况。完全不做品牌，会长期依赖百度投放，除了成本高昂，业绩的天花板也会很低。当然，不同产品这个指标差别很大，一般来说我认为目标应该定在 10%以上。

（4）线索分类分级的准确率

SDR 团队不负责成交，只负责初次联络客户，确定客户需求的有效性并进行线索的分类分级。不同级别、不同行业的线索，交给不同级别、不同行业特性的业务员，能够大幅提高线索准确率。

4．评价销售体系

初次见到一位 SaaS 创始人，我不会问 LTV/CAC 的数字，那些太抽象，而且数字往往是未更新的。我会先问这些问题。

（1）平均客单价与平均成交周期

一般来说，两者有很紧密的关系。我和很多 SaaS 团队聊过，大体总结了一下。

- 4 万元以下客单价，应该在初次接触客户后 30 天内完成首个签约付款。

- 4 万～10 万元客单价，应该在初次接触客户后 60 天内完成首个签约付款。

- 10 万～20 万元客单价，应该在初次接触客户后 90 天内完成首个签约付款。

再往上就不太好讲了，成交周期当然是越短越好。按我的 SaaS 价值观，以上客单价指的是客户一年服务费用，不是一次收多年服务费的合同金额，但可以包括一年内的增购、扩容收入。

（2）营销费率

$$营销费率 = 销售与市场费用 \div 销售收入$$

这个公式的分子与 CAC 的分子一致。国内 SaaS 企业的营销费率大多在 60%～90%之间。理论上这个指标越低毛利越高，但也要考虑营销体系发展速度的问题，快速发展，成本（例如招募、培养新人的损耗）就会高一些。

由于营销费率也需要进行大量财务核算，在日常管理中也不容易获得。更好用的指标是人效。

（3）人效

人效是指销售部门全员人均月单产，该指标与客单价及销售组织方式有很大关联。比如说，客单价低的产品，要求尽量少的人参与；客单价高的产品，就可以支撑更多人参与。通过一个表格说明一下。

客单价与人效目标的关系

平均客单价	销售组织方式（建议）	人效目标（最低）
1 万元以下	纯电销	2 万元/人月
1 万～2 万元	电销为主 + 只做 2 万元以上客户的面销	3 万元/人月
2 万～4 万元	面销为主	4 万元/人月
4 万～20 万元	面销 + 指导性售前（赋能为主）	6 万元/人月
20 万元以上	面销 + 打单售前（赋能为辅）	8 万元/人月

原则上是电销能解决的问题，尽量不用面销。电销除了管理难度小之

外，另外的优势是容易能够覆盖全国。这样就不用设置那么多分支结构和开发代理商了，成本会大大减少。

当然，每家产品及市场情况有差异（特别是开源方式不同），这些目标数字会各有差异。

（4）各线索通道的线索转化率

在 L2C 的过程中，市场部负责前半段（对有效线索数量负责），销售部门负责后半段（对有效线索转化回款负责）。如果争议很多，建议设置 SDR 部门对线索进行分类分级。

5. 评价服务

CSM（客户成功部）是 SaaS 公司最重要的部门。还是那句话，SaaS 的本质是续费，没有 CSM 的续费，SaaS 商业模式不会成立。

（1）续费率

续费率 = 截至当前月份已经成功续费的金额（或企业数）÷ 当期应续金额（或企业数）

很多公司把提前完成的续费单也算进去，这是自己忽悠自己的做法。首先，续费不应提前太多，否则肯定要给客户一些折扣或优惠，这次给折扣下次续费还得给折扣，不利于公司长远发展。其次，每次续费只应续后面 12 个月的费用，尽量不要赠送月份，更不要一次续 2~3 年的费用。这个道理与我说的不收多年单是一个意思。

续费率包括客户（数量）续约率和收入（金额）续费率。大部分公司会看重收入续费率，但我认为要根据情况判断：如果聚焦中小企业市场，客户续约率也非常重要，不能用几单大客户的续费冲淡了大量中小客户流失的影响。

阶段 5

效 率 提 升

对于续费率低的 SaaS 公司，应通过客户分类，找到更合适的目标客户群体（很可能就是续费率高的一类客户），并为这个目标市场不断改进产品和服务，以期提高未来的续费率。

（2）流失率

$$流失率 = 1 - 续约率$$

公式很简单，但 SaaS 公司应该在分类分级后，针对不同类型的客户进行流失分析。

（3）新交付客户本月活跃率

续费毕竟要一年后才发生，创业公司早期要加快 CSM 部门能力的迭代速度。可以多关注上个月已付费并已完成实施或简单培训的客户在本月的活跃情况。

（4）CSM 平均服务客户的 ARR

CSM 不是客服热线（被动应答），需要根据运营系统预警或主动发现客户异常，及早主动联络客户，推动产品的深度使用。如果一个 CSM 服务太多客户，那就做不到主动服务了。

不同产品需要的主动服务强度不同，客户规模对此也有很大影响，所以很难明确一个 CSM 应该服务多少客户。

我把这个数量指标转换了一下，也就是 ARR。通过调研，一个 CSM 负责的 ARR 应该在 200 万～500 万元之间。

（5）净推荐值 NPS

NPS =（推荐者数/总样本数）×100% -（贬损者数/总样本数）×100%

这是一个简单高效的客户满意度调查，只问一个问题：你有多大可能性将我们的产品推荐给朋友或同事（0～10 分）？

9～10 分为推荐者；7～8 分为被动者（满意但不忠诚）；0～6 分为贬

损者。

国内 SaaS 领域尚缺乏公开准确的 NPS 数据，我只能给出 10%～30%作为参考目标，当然越高越好。顺便说一下，NPS 这个指标其实是公司级指标，不是 CSM 一个部门能够承担的。

6. 指标设置的原则

再说说我设置这些指标背后的思考原则。

（1）相关性原则

每个部门选择的一级指标应该与公司战略目标相关，是公司战略目标拆解的一部分。最终所有部门指标能完整覆盖公司战略目标。

（2）重要性原则

每个部门应选择最重要的 1～3 个指标作为一级指标。通过这些指标，能够反映部门运作的基本状况。

而其他有价值的指标可以设置为二级、三级指标。每个一级指标变动的背后，都有几个二级指标的变化可以解释一级指标为何会变动以及变动幅度。三级指标与二级指标的关系类似。

（3）客观性原则

客观性是指这个指标不会被业务部门自行要修改，根据定义就是数字，不会有歧义。

举个例子，有一些 SaaS 公司的客户成功部会建议公司，在续费率计算中要去除自然死亡的客户（即停止经营、业务转型的企业）。我理解这部分流失确实不是 CSM 努力就能挽回的。

但我认为续费率计算不能去除。因为续费率是反映 SaaS 公司经营的重要指标，从外部视角看，有横向比较，也有财务投资的意义。如果要进一步做流失客户分析，自然死亡客户可以作为一个原因类别单独分析。

除此之外，指标的设定当然也要满足著名的 SMART 原则。

- Specific：定义必须清晰，计算过程和理解过程都没有歧义。

- Measurable：指标必须是可以衡量的。

- Attainable：目标可以达到。

- Relevant：绩效指标要与其他目标具有一定的相关性。

- Time-bound：目标有时间期限。

7．建设公司指标体系

有了一个指标体系后，如何在公司内部落地这套数字化管理的方法
呢？我亲自在公司设计和操作过，讲讲合理的过程。

- 明确数字化管理是公司"效率"阶段的核心工作：推行数字化是公司
  CEO 的职责，这也需要全体高管团队达成一致。

- 培养管理团队使用数字的习惯：减少说"基本上"，而要说"60%～70%
  的可能性"；能够记住自己部门过去 12 个月最关键指标的变化情况；能
  够对指标的设置提出自己的想法。从"说数字"到"看数字"，到"分
  析数字"，培养管理者的数字化习惯。通过习惯，不断增强数字化能力。

- 在各部门搜集主要指标，明确每个指标的精准定义。精准定义就是任何
  人看到这个定义，都能够从基础数据中算出相同的指标结果。

- 根据公司战略目标拆解，确定每个部门最核心的 1～3 个一级指标。其
  他指标在逻辑上可以作为一级指标之下的指标。例如，客户成功部门的
  续费率是一级指标，那么"S 类客户续费率""A 类客户续费率"就是
  二级指标。一级指标发生异常时，可以从二级指标中找到变化的来源。
  而"华南 S 类客户续费率""华中 S 类客户续费率"就是二级指标"S

类客户续费率"的下的三级指标。

- 坚持每月初开上个月的管理层数据分析会。"月度数据分析会"的目的是发现经营异常，引导业务改进方向。这个会在很多创业公司都做不好。我认为还是创始人重视度不够。应该明确这是全公司管理工作中最重要的事情，日期固定、所有高管不得缺席。

- 分析会不是平铺直叙地讲数字。会前应把数据及分析简报发出，会上由各业务部门负责人展现图表，做出异常分析和趋势分析。财务部等职能部门和其他业务部门需要对汇报者不断进行挑战，帮助发现隐藏风险。

我参加过不少公司的数据分析会，分析质量很差。我也罗列一下，希望本书的读者能够改进。

- 与会者没有弄清数据分析会的目的，有的业务部门负责人竟然在会上一条条捋商机、做本月销售预测，拖沓冗长且没有效率。

- 汇报者数据准备不足，汇报的数据很肤浅，没有用数字表达清楚。

- 汇报者的指标定义混乱，历史数据与当期数据背后的逻辑不同，造成展现的指标变化折线图没有连续性分析价值。

- 汇报者分析问题流于形式，缺乏自己的想法。

- 某些部门的数据没有提前发出，造成其他与会者只能临场发挥，提不出有深度的问题。

- 与会者和和气气，没人尖锐地指出问题。

8. 汇总表

最后我列一张表格，让大家可以一目了然看到评估 SaaS 公司各个部门的关键指标。

效 率 提 升

SaaS 公司评价指标及参考标准

评价部门	评价指标	参考值
产品及研发	服务可用率	初期：99.9% 成熟期：99.99%
	模块启用后留存率	N/A
	开发过程 Bug 率	N/A
市场	成交客户中来自市场线索的比例	30%～70%
	各线索通道的"线索有效率"	N/A
	自然流量线索的比例	≥10%（不同产品差异大）
	SDR 线索分类分级准确率	≥95%（SDR 成立 3 个月后）
销售	平均客单价与平均成交周期	4 万元以下 30 天内 4 万～10 万元 60 天内 10 万～20 万元 90 天内 20 万元以上 N/A
	营销费率	60%～90%
	人效	见文中附表：客单价与人效目标的关系
	各线索通道的线索转化率	N/A
服务	续费率	客户数量续费率 70%及格，90%优秀； 金额续费率应努力超过 100%
	流失率	≤30%
	新交付客户本月活跃率	≥90%
	CSM 平均服务客户的 ARR	200 万～500 万元/年
	净推荐值 NPS	10%～30%
公司整体	LTV/CAC 及其他财务指标	N/A

第 3 节　公司组织能力自评框架

前文讲了 SaaS 公司的指标体系及其建立。指标只是从结果的角度反思企业经营状况，如果从内部经营情况自评的角度看，是否会更细致呢？

正好有一家知名的 SaaS 公司请我做全面调研，我做了一个调研的问题框架，在去除了敏感信息后，我也给大家分享一下。可以按照这个框架，自评一下企业从产品到市场、销售、服务各个环节是否健康。

1. 公司整体

（1）组织架构图

公司组织架构是否清晰？各部门的职责有没有清晰的边界？每个干部（主管及以上）是否都很清楚公司的组织架构，各个一级部门的部门职责？每位同事是否都清楚自己所在部门的职责？

换句话说，我们的部门设置是否简单高效？这与部门设置思路是否清楚有很大关系。

（2）本年度公司级战略目标

有明确的文字描述吗？能用哪些数据指标衡量？每个干部都能讲清楚吗？

没有一致的目标就没有一致的行动，战略目标不是用来看的，要做层层宣传和贯彻。

（3）公司 3～5 年中期战略目标

有没有 3～5 年的战略目标？还是说，每年都疲于奔命，只是为了完成当年销售增长的任务？公司高层干部是否都能清楚地说出这个中期战略目标？

只有"当年目标"的 CEO 永远都会为新年来临时的新目标痛苦不已。在渡过生存挣扎期后，CEO 应该把更多时间放在公司外部，为未来筹划。

（4）公司的愿景

互联网公司从来都不缺愿景，也不缺传递愿景的热情，此处不再赘述。

2. 研发策略

（1）是否做定制化开发？如果有，交付项目中定制化开发的比例是多少？

关于是否应该做定制化，我在 2018 年 7 月曾经写过一篇公众号文章。当时我激进地反对任何定制化。后来，我也接触了不少通过定制化逐步走向产品化的公司，我的想法变得更灵活了。

其关键在于"定制化"的主要目的是什么?是通过项目机会更深入理解中大客户的需求？还是拿下一个百万元订单粉饰公司营收数字？

在研发策略上，要控制好定制开发项目的总数量、每个项目定制开发功能的比例和定制开发功能的方向。

写书期间，我遇到一个 SaaS 创始人。他们前两年走了很多弯路，看了我的文章后坚决砍掉了 2/3 的需求，现在只做标准化产品，越走越顺。他打了个比方，我听了颇为认可：以前销售就是去找脚，找到什么样的脚就要求研发做什么样的鞋；现在我们是做好了鞋子，要求销售去找合适的脚。这话虽然通俗了些，但意思很到位。

当然，打磨鞋子模具的过程，很考眼光和毅力。

（2）CRM、客服、HR 等系统是否自研？自研的系统有哪些？

我个人认为，除非 CEO 资金很充裕，能抽出专属团队长期开发某个系统，否则不应该把宝贵的研发资源用在自研内部系统上。创业公司发展快，内部需求稳定性差，自研策略很容易短视和引起部门间的扯皮。应该找更成熟、高可配置并且接口开放的 SaaS 工具。

（3）遇到标准化组建需要开发时（例如 BPM/BI 和基础 IT 类 API 等），是外部采购 SaaS/PaaS 服务，还是自研？

（4）使用 IaaS 还是在 IDC 上自建服务？

（3）和（4）并没有标准，写在这里是希望引起研发团队的思考。

3. 产品及产品的市场定位

（1）产品的核心价值是什么？这个核心价值是否能击中客户的痛点？该核心价值反映在新业务员培训的哪些部分？培训后业务员能讲清楚吗？

（2）目标客户群体是谁？这些客户群体在哪里？地域分布、客户的老板或关键人 KP 在哪些社会组织中？

（3）有清晰的客户画像吗？这个客户画像有可操作性吗？一个业务员能否根据这个客户画像找到目标客户？业务员找到目标客户难度有多大？业务员接触到目标客户 KP（关键决策人）的难度有多大？

（4）主要竞争对手有哪些？对方产品价值点与自己产品的差异是什么？对方公司的优势和劣势？对方的竞争策略是什么？

我建议不要过度在意竞争对手。想明白上面这些问题后，自己该打造产品还是继续打造产品，该服务好客户还是继续服务好客户。我看到国内 SaaS 市场上，竞争双方把精力花在对手身上而忽略了客户，最后一起丢掉市场，这才是最可悲的。由于 B 端（企业）需求一致性远远低于 C 端（消费者），绝大部分企业服务都是慢市场，大家都一家家"啃"客户，没有谁 2～3 年就能形成高覆盖率。只有让当前的客户长期满意才是终极竞争策略。

4.市场运营

（1）以上个月（或近期比较正常的月份）为例，清楚知道下表各类线索数量及其有效线索比例、成交（销售）转化率各为多少。

各来源线索转化率统计表

线索来源	线索数量	有效线索比例% （SDR 联络后）	成交转化率% （销售部门）
自然注册			
百度 SEM			
360SEM			
搜狗 SEM			
线下活动			
其他市场活动			
销售自开拓/转介绍			

（2）能否进一步计算出各个来源每条有效线索的成本？每个通道的线索转化商机的比例和金额，最终转化为合同及回款的比例和金额？每个线索来源的 ROI（投入产出比）？

ROI 计算的要求很高，70%以上的 SaaS 公司都还做不到，所以只能粗略算一个。但这应该是市场部的努力方向。

（3）市场部及 SDR 团队的工作效率指标。

- 线索分级分类的准确率。

- 线索分发及时率（尽量控制在客户主动动作后的 1～24 小时以内）。

- 销售部门跟进及时率（这个指标应考核销售管理者，但主动跟进方是市场部，因为市场部最关心 ROI）。

市场部门的职责在公司的不同阶段有不同侧重。在实现公司盈亏平衡前，CEO 都更关注市场部能带来"有效线索"的数量，所以关注点是线上 SEO/SEM，线下活动及 BD；而在达到盈亏平衡点后，公司会在品牌、PR 上加大投入。但这时候往往会发现品牌建设启动晚了。所以前期也应该低成本或免费做一些品牌工作。

有的公司出现极端情况，业务上只依赖销售部门，市场部连提供线索的能力都很弱。这个明显是错误的，市场部应与销售部门平衡发展。

5．销售业务管理

搜集上月经营数字，判断销售业务管理水平。

（1）销售总体情况

包括营销费率和销售体系各大部门的数据（平均客单价、平均成交周期、人效）。

（2）业务员按何种方式组织

按行业、区域或者自然分组？客户资源及市场线索如何分配？电销（电话销售）与面销（外勤拜访销售）岗位的人数比例、业绩比例？KA 部门专属的客户范围如何界定？直销部门与渠道部门、代理商的人数情况？直销部门中，非业务人员比例（与业务部门层级数相关）是多少？

销售管理是工作压力很大，管理动作密度也很大的岗位。一个中层或基层管理者的下属应该不超过 10 人（8 人是最佳管理半径）。一般来说，组员低于 3 人的主管自己也可以做单子、拿销售提成，但如果小组超过 6 人的主管就只能专注管理工作了。

（3）人员状况

新业务员"旅程"：一个新业务员进入公司的培训、成熟的旅程。新员工成熟周期。一线业务员过去 3 个月任务完成率分布图。

（4）业务成熟度

是否有清晰的客户画像？是否有标准销售打法？是否有完整的销售工具？如何划分销售阶段？划分了几个销售阶段？每个销售阶段的完成是否有客观标准？各销售阶段的转化率是多少？每个销售部门和员工的转化率都接近吗？

（5）管理成熟度

有没有针对性的业务培训？业务员/各级销售管理者业绩目标的制定方式是什么？业务员/各级销售管理者的提成计算和激励方式是什么？公司对基层主管日常管理动作（日、周、月）有哪些要求？业务员晋升、淘汰机制如何？CRM 使用情况如何？销售团队开会、理单是用电子表格还是 CRM？

是否使用 CRM 与团队规模、每个业务员的客户保有量及营销团队成熟度有关。不超过 10 个人的时候可以用电子表格搞定，人数多了应该用 CRM 更公平、安全和高效。

6. 服务方面（CSM 客户成功部或客服部）

（1）服务总体指标

- 客户数/金额续费率、流失率

- 新交付客户本月活跃率

- CSM 平均服务客户数量及这些客户的待续费金额

- 净推荐值 NPS

作为 SaaS 公司，如果服务部门还叫"客户服务部"，说明团队里对 SaaS 的客户成功还没有理解透彻。

（2）CSM 部门组织方式

是否按区域/行业组织、分配客户？成熟 CMS 人员的培养周期多长？与销售、实施等部门的交接流程、责任边界是否清晰？

CSM 部门与销售部门不同，CSM 在服务链条中处于后端，客户是可以按照行业、规模、区域等特点分组，再交给不同的 CSM 同事负责。我个人推荐按行业划分 CSM 团队，这样更容易获得对行业业务的理解和沉淀。

（3）CSM 业务及管理成熟度

是否有接手服务新客户、客户投诉等标准业务流程？服务过程是否有标准模板作为？服务过程的记录标准的执行情况如何？

考核 KPI 包括：新交付客户本月活跃率、客户活跃率、续费率、增购率。

至于财务、行政、HR、战略规划、经营管理等职能及支持部门，如果公司以上业务和业务管理都做到位了，相信也有这些部门的功劳。

7．小结

本节罗列了 SaaS 公司内部自我评估，各个部门重要的成熟度的考量科目。具体到每个部门的目标及工作方法，请参考本书的其他相关章节。

第 4 节　通过一个指标提高销售管理效率

数字化管理体系的建立，需要 12 个月甚至更长时间。如何尽快解决问题，增强各部门信心，是该体系建设负责人（往往是 COO 或财务负责人、业务运营负责人）要考虑的问题。"管理在于积累"，只有不断有小成效，最后才能构建大体系。

这一节，探讨一个数字化管理快速落地的方法。

我接触的 SaaS 公司比较多，其中有三家出现这样的状况。

甲公司：年营收几百万元的 SaaS 公司，有 3 个业务员，其中一位业绩不错，有时候在 CEO 和产品负责人的帮助下能开大单，但有时候也没有业绩；而其他 2 位还欠缺见到客户的门道。

乙公司：年营收几千万元的 SaaS 公司，商机几乎完全来自线上，销售部门人月单产很高，但不知道成交是自然转化还是销售促成的。

丙公司：年营收过亿元的 SaaS 公司，商机基本依赖销售自开拓，每月都是几十个老业务员出业绩，新人换了又换，留存不下来。业务员人数不增长，业绩增长目标成为无源之水。

这些困境按照可复制的市场成功，都可以通过标准化销售打法和复制团队的套路来解决。但从"可复制的成交（标准销售打法）"到"可复制的人才（招聘、培训）"，再到"可复制的团队"，这个过程需要 6～18 个月的时间，算是中长期的解决方法。

如果目前的销售管理水平还处于案例的水准，我建议可以先从一个较为简单和见效快的方法着手：抓一个关键指标。

1．找到关键指标

从客户来源分，SaaS 公司可以分为三类。

- 客户主要来自销售自开拓

- 客户主要来自市场线索

- 客户来源较为均衡

我主要谈前两类的方法，第 3 类的方法会更复杂一些，但原理一致。

（1）以销售自开拓客户为主的公司

这类公司的销售业绩公式：

$$新购业绩 = 成熟士兵数 \times 成熟士兵月均单产（人效）$$

这种类型的公司销售 VP 应该非常重视"成熟士兵"的数量。

假定该企业的销售有 5 个环节：找客户资料—电话邀约—拜访—提案—成交。从微观视角，可以看到一个销售漏斗：

$$成交客户数量 = 提案数量 \times 提案成交转化率$$

其中，提案数量 = 拜访数量 × 拜访提案转化率；拜访数量 = 电话邀约数量 × 邀约成功率；电话邀约数量 = 客户资料数量 × 客户资料有效率

以上部分都是可以管理的数量指标。

那么一个公司应该选择哪个作为关键管理指标呢？这与产品及客户、业务流程、组织特性有很大关系。选择关键指标，要有"重要性""易操作""易复核"三方面的考量。

如果是以面销（当面拜访客户）为主的团队，建议抓"拜访量"指标。

- 重要性高："拜访量"是面销团队的关键环节，可以说是最重要的过程指标。

- 易操作：现在外勤管理 App 很多，只要执行力没问题，数据可以准确得到。全公司各个团队的"拜访量"在系统里一目了然。

- 易复核：无论是基层主管还是公司销售运营部门，都很容易抽查、复核该数据的准确性。

（2）以市场线索为主的公司

这类公司的销售额公式为：

$$新购业绩 = 有效市场线索的数量 \times 线索成交转化率$$

做了这个公式拆分之后,销售部门的任务就很清楚了,就是设法提高"转化率";而市场部门的职责同样清晰,就是"提高有效线索的数量"。

这句话看起来简单,但我看到很多公司在实际运用中错漏百出。

在乙公司案例中,考核销售就只看销售业绩。从低到高的业绩还对应从低到高的提成比例。这里带来的问题是团队及个人的"业绩目标",业务员个人"提成收入"这两个重要的管理指标都指向同一个方向,就是"销售业绩"。

但一个以市场线索为主的销售部门,最应该管理的是"(有效)线索转化率"。至少应该把"转化率"作为与"销售业绩"同等重要(甚至应该更重要)的管理指标。

这里也涉及一个建立管理指标的原则问题——我们要有"均衡"的概念。如果没有相对均衡的 2 个指标,只强调一个"业绩"指标,很可能这个团队会发展成只看业绩,不讲团队,经常为了利益吵得面红耳赤的"独狼"组织。

如何均衡呢?在以市场线索为主要客户来源的公司中,如果只对业务员考核销售业绩,业务员就会想方设法多占有更多的线索和客户,甚至某个成交是别人的功劳,自己由于拥有报备权也要想方设法分一杯羹。

在均衡原则的设计下,一个业务员要想方设法完成自己的业绩目标,例如 10 万元。同时也要考虑自己的提成比例(例如转化率 5%及以上提成 10%,5%以下提成 6%)会影响个人收入。这样他就会综合考虑,线索到一定数量就不再申请,而把机会让给客户数量不足,还有更多精力的同事。

2. 定义关键指标

无文字,不管理。一个指标确认下来后,一定要用准确的文字描述清楚、避免未来无意或恶意的歧义。

例如"转化率"，要说清楚分子、分母是什么，明确时间范围、获得途径，甚至列明该"时间"采用运营系统中哪个时间字段。

3. 征集意见及宣传

一个好的制度，应该是受到大家拥护的制度。

制度的设计，先是从上到下的全局考虑，然后是从下到上的意见反馈，最后综合考虑各方意见设计出可操作、可衡量的方案。这个征集意见的过程，也是宣传的过程。尽量相关管理层和大部分同事参与进来。有时候反对者要的不是意见被采纳，而是决策过程中被尊重。

虽然这会消耗一些时间，但能一次性成功落地才是高效。

4. 数据的获取

如何保证能够较低成本地获得指标数据？

这当然需要组织保障，每个数据节点上有一位明确的责任人。

我不建议为一个新管理举措上一套复杂的系统。我是管理信息系统（MIS）科班出身。在这个领域，大学教授给我最深刻的认知就是不追求新技术，能实现同样效果的老技术方案更稳健。

也就是说，初期能用 Excel 解决的，也没有必要上系统。当然，如果现有系统就能提供指标数据，会更方便。

5. 指标的使用

上了新指标，管理者肯定想马上把放到 KPI 中，与薪酬挂钩。但我不建议这样做。

效 率 提 升

第一，新指标也需要时间建立"基线"。例如，拜访量多少合适？是每周 3 次还是每周 5 次？这个需要一段时间积累。

第二，团队对新指标的使用有个适应过程。

第三，凡是与钱挂钩的指标，都可能会被人为扭曲。

我以前带大团队，考核过程指标——当时每人每月有 1000 元行动底薪与"拜访量"挂钩。结果，只有 100 人时还好办，可以高要求；团队有 500 人时，因为涉及团队成员的个人收入，团队中不成熟的主管就手软了：无效拜访也算进来、拜访老客户的算到拜访新客户里等。

结果反而拿不到准确数据。某些团队拜访量月初已经出问题了，月底看业绩才被发现。

人性趋利避害，这是很正常的。在这一点上，我觉得英文词"nature"很传神，可以翻译为"自然"，也可以翻译为"本性"，就是"自然如此的特性"。

人类商业社会的伟大之处在于：每个成员在追求个人利益的同时，也实现了社会价值。正如亚当·斯密在《国富论》里所说，一个面包师凌晨起床辛辛苦苦地做面包，不是为了帮助别人，而是为了养活家庭；但他的劳作却在客观上帮助千百人吃上了香喷喷的面包，实现了社会价值。

人类社会的机制是几万年进化出来的，有错的部分也会被自然法则削去。而在公司里设置机制时，更要考虑"人性"：让每个人都得到正确的引导，自己成功的同时也成就公司。

没有坏的员工，只有坏的制度。如果公司里人人自私自利、侵害公司利益，那也许是公司的机制（进而造成文化）出了问题。

6．小结

建立了指标基线（数值），指标就可以用到管理的各个环节。有这样一个关键指标，总部就能够管理多个分公司，管理上百个分布在全国各地的团队，及时发现问题，给出解决方法，也同时降低了管理难度，加快了复制管理者和团队的速度。

"小步快跑"是管理变革应遵循的原则。不到迫不得已，不要搞推倒重来式的改革。成功地建立并运营起一两个关键指标后，全公司对"数字化管理"有了基本认可，每个成员也逐步养了使用数字的习惯，建立更全面的指标体系的机会就到来了。

效率提升阶段对大部分创业者来说都是一个很不适应的过程。在美国有很多连续创业者只做从 0 到 1 的阶段，然后把公司交给有从 1 到 N 经验的人管理。可以说这是更高效的模式，毕竟两个阶段对企业 CEO 的能力模型要求差别很大。

但在中国是另一种情况。中国人创业更热血、更拼命，创业团队内部非常重视个人与个人的信任关系，公司同事对创始人有个人崇拜。在创业公司工作过的人，都能感受到创始人对创业公司的重要性。如果有一天创始人要离开，对企业打击巨大。

所以中国创始人在从 1 到 N 的过程中，只能借助外力努力学习，适当引入有大团队管理经验的外援加入。

同时，我的建议务必建立起一个经营指标体系作为公司正常运营的保障。这个指标体系需要写在纸上，但不要只留在纸上。

融　资

相对传统软件公司，SaaS 公司按年收取软件服务费，整体营收实际是延后的。所以 SaaS 公司基本都需要融资，这一章就以此为主线聊聊公司每个阶段的融资思路和策略。

在资本寒冬，各家有各家的融资难题。为了融到钱，创业公司想尽方法。我接触大量 SaaS 创业者后根据经验总结出融资"大节奏"。

创意阶段—种子轮：有了一个新产品创意，并攒齐几个人的小团队。这时候如果资金紧张可以找朋友或对该领域了解的业内大佬投一个种子轮。融资金额一般在 50 万～300 万元之间，出让股份最好不超过 20%。否则未来公司顺利融到 C 轮时，创始团队手上的股份就会少于 50%。

验证阶段—天使轮：产品成型并初步完成 PMF（产品市场匹配）验证就可以考虑融天使轮。国内市场上已经有很多专投天使及 Pre-A 的天使基金，很多大 VC（风险投资机构）也投天使轮。出让 10%～15% 的股份，融资金额在 100 万～1000 万元之间。

营销阶段—A 轮：融 A 轮（或 Pre-A 轮）的目的是为了加快产品发展速度和业绩增长速度,抢占市场。SaaS 公司的 A 轮融资金额一般出让 10%～

15%的股份，融资金额在 500 万元到几千万元之间。投资这个阶段的公司，VC 会做很严格的 DD（尽职调查），仔细研究企业的经营数据。很多创业公司在这个阶段的融资受阻，都是因为没有跑出亮眼的经营数据。

在扩张阶段及效率阶段的融资情况就千差万别了。以前有人认为 C 轮之后就会 IPO（首次公开募股）。但很多 SaaS 公司搭的是美元基金 VIE 架构（在国内被称为"协议控制"），只能在海外 IPO。

美国投资市场对 SaaS 模式的认可度很高，这是很多 SaaS 公司搭 VIE 架构并准备在美国 IPO 的主要原因。但如果打算在纳斯达克上市并获得较高估值，需要做到 1 亿~2 亿美元的年度营收。目前国内鲜有 SaaS 公司能做到这个营收水平。

国内企业也可以选择拆掉 VIE 架构回中国 IPO。例如，奇虎 360 在 2016—2017 年就从纽交所摘牌，回到 A 股借壳上市。

SaaS 公司的融资进展与业务发展速度有紧密关系，这里我只能给一个大体认知框架。在种子轮和天使轮中，创始团队可以自己操作。A 轮之后的融资，一般可以考虑寻求独家或多家 FA（财务顾问）的协助。FA 有较丰富的投资方资源，也能提供对商业模式、BP（商业计划书）的建议。大部分 FA 是后端收费的，也就是说融资成功才按融资金额的一定比例收取费用，也有少量 FA 有前端手续费。FA 相当于是拿自己的时间在做投资，这是一件专业的事情。

第 1 节　内部视角的经营模型 vs 外部视角的财务模型

我向几个做投资的朋友了解他们对 SaaS 公司的估值模型，他们基本按 ARR（年度经常性收入）乘以一个倍数来估算。我对比一下从内部看的经营模型和从外部看的财务模型。

1. 美国 SaaS 公司的财务模型

美国电子签名领军企业 Docusign 于 2018 年 4 月在纳斯达克上市,股价在当年 6 月份即突破 100 亿美元。我们分析一下它在上市前后的主要财务数据。

Docusign 和美国头部 SaaS 公司的财务模型

Docusign 2017 年报			美国已 IPO 的头部 SaaS 公司参考值
SaaS 部分	金额（千美元）	占比	
经营收入	348,563	100%	
IaaS 等成本费用	73,363	21%	15%～25%
销售和市场费用	240,787	69%	35%～55%
研发费用	89,652	26%	10%～15%
行政等费用	64,360	18%	7%～17%
费用合计	468,162	134%	67%～112%
经营收益	−119,599	−34%	−12%～33%

美国 SaaS 公司早期的销售市场费用占 ARR 的 20%～50%,研发费用占 ARR 的 25%～59%。可以看到这个财务数据的逻辑如下。

财务模型的数据逻辑

财务模型
经营收入
IaaS 等成本费用
经营毛利＝经营收入－收入成本
营业费用
销售和市场费用
研发费用
行政等费用
经营收益＝经营毛利－营业费用

这是从外部投资人的视角看一个 SaaS 公司，更看重的是企业经营的结果。作为 SaaS 公司的经营者，需要看得更精细一些。所以我做了一些变化。

- 将"经营收入"拆为新客户新购收入和老客户续费收入（含增购）。
- 分别计算新购收入和续费收入的成本及毛利。

经营模型的数据逻辑

经营模型
经营收入
新购收入
续费（含增购）收入
营销服务毛利（去除销售、市场、服务、IaaS 成本）
新购毛利（毛利率 20%）
续费毛利（毛利率 70%）
研发行政等费用
经营收益＝经营毛利－研发行政等费用

通过调整经营模型中"新购增速""续费率（含增购）""研发费用"等变量，观察其对公司价值的影响。

公司价值的算法来自经典管理会计的"累计净现值法"。这样算出来的公司价值是对公司基本价值的评估，并没有考虑一个 SaaS 公司成功占领一个赛道或者在营销服务中形成网络效应等护城河的价值。如果要用数学公式代表"公司估值"与"基本价值"之间的关系，可以这样写：

公司估值＝公司基本价值×系数 1 ＋未来营收模型变化的溢价

系数 1：与资本市场对 SaaS 领域未来发展的认可度有关，可能略小于 1，也可能大于 1。

未来营收模型变化的溢价：公司发展可想象的价值。例如工具 SaaS 基于数据向商业 SaaS 的升级，整个商业模式就变化了，公司新估值肯定无法只按照软件服务年费 ARR 的情况推算。

下文提到与投资回报率有关的内容，都仅指 SaaS 公司的基本价值。基本价值只是 SaaS 公司估值的一部分，两者是正相关的。也就是说，基本价值越大，公司估值越高。

企业经营的目标是把企业的基本价值做大，为投资人带来真金白银的回报，这才是投资的本质。

2. 建立经营模型的前提假设

建模型听起来是咨询公司才能干的活，其实并没有那么复杂。

我做了一个 SaaS 公司连续 20 年的经营模型。模型是对现实的简化，因此要做很多基于事实的假设。我把它像剥洋葱一样一层层剥开，读者看完也就对如何经营 SaaS 公司有了一个全面的理解。

1）营收预测

假设一家 SaaS 公司 2011 年开张，当年完成（新客户）新单 300 万元。今后每年新单收入以 30% 的速度增长。也就是说，第 2 年新单收入为 300 万元 ×130% ＝390 万元。

30% 的增速是一个估计的平均数，可能初期快一些，后来慢一些，但为了建立一个简单的模型，简化为每年都按照 30% 增长。

同时，从第 2 年开始，该公司的金额续费率（含老客户增购金额）为 80%。也就是说，第 1 年带来 300 万新单收入的客户（假如有 100 个），为公司在第 2 年带来的续费和增购收入为 240 万元。第 3 年，这 100 个客户的续费和增购为第 2 年的 80%，即 240 万元 ×80% ＝192 万元。以此类推。具体可见下表。

经营模型表（局部 1）（单位：万元）

	首年新单	第 2 年	第 3 年	第 4 年	第 5 年
2011 年	300	240	192	153	122
2012 年		390	312	249	199
2013 年			507	405	324
2014 年				659	527
2015 年					857

以上灰色格子中的数字即为每年新购的金额，白底色格子中为前一年新签客户在此年续费及增购金额。

2）毛利计算

我们假设该公司新客户的获客成本（CAC）为新客户合同金额的 **80%**，其中包括：销售提成、销售代表底薪、销售团队费用、市场推广费用及市场团队费用等。国内外 SaaS 公司的获客成本大致在首单金额的 **40%～100%** 之间，80% 算是中位数。也就是说，新单毛利为 **20%**。

相对而言，SaaS 公司的续费成本不高，其成本只有客户成功团队的薪酬、奖金及管理费用。所以我们假定该公司的续费毛利为 **70%**。

以上数据可以推算该公司每年的毛利情况。

经营模型表（局部 2）

前提：变量	新购增速	续费率（含增购）	研发等固定费用增速	新单毛利	续费及增购毛利	首年营收	首年研发等固定费用	（单位：万元）	
取值	30%	80%	20%	20%	70%	300	600		
	首年新单	第2年	第3年	第4年	第5年	第6年	第7年	第8年	第
年度总收入	300	630	1,011	1,466	2,029	2,735	3,634	4,785	
总收入增速	-	110%	60%	45%	38%	35%	33%	32%	
-其中新单	300	390	507	659	857	1,114	1,448	1,882	
-其中增续费	-	240	504	807	1,172	1,621	2,186	2,903	
- 新单增速		30%	30%	30%	30%	30%	30%	30%	
续费（含增购）增速			110%	60%	45%	38%	35%	33%	
增续费占比	0%	38%	50%	55%	58%	59%	60%	61%	
毛利	60	246	454	697	992	1,357	1,820	2,409	
毛利增速		310%	85%	54%	42%	37%	34%	32%	

3）研发等费用增速

在 SaaS 公司里，除了市场、销售、服务三大业务部门的成本，产品研发费用往往占很大比重。

从营销视角看，SaaS 公司的变动成本是与"销售额"相关的成本，也就是上面说的获客成本（CAC）80% 及续费成本 30%。对应的是新单毛利率 = 1 - 80% = 20%，续费毛利率 = 1 - 30% = 70%

公司还有很多与"变动成本"相对应的"固定成本"。这些固定成本在短时间内（例如 2～3 个月）与营收没有直接关系，也就是说无论销售收入有多少，研发、行政、高管工资等费用都会发生，所以称为固定成本。对于 SaaS 公司来说，研发支出占大部分。

假设第 1 年的研发及行政等其他所有费用为 600 万元(是营收的 2 倍)，并且这些费用按每年 20% 的速度增加，就可以计算出公司每年的利润数字（准确地说是息税前利润（EBIT））。

下表与上表相比，增加了两行。

经营模型表（局部 3）（单位：万元）

	首年新单	第2年	第3年	第4年	第5年	第6年	第7年	第8年	第
年度总收入	300	630	1,011	1,466	2,029	2,735	3,634	4,785	
总收入增速	-	110%	60%	45%	38%	35%	33%	32%	
-其中新单	300	390	507	659	857	1,114	1,448	1,882	
-其中增续费	-	240	504	807	1,172	1,621	2,186	2,903	
- 新单增速		30%	30%	30%	30%	30%	30%	30%	
续费（含增购）增速			110%	60%	45%	38%	35%	33%	
增续费占比	0%	38%	50%	55%	58%	59%	60%	61%	
毛利	60	246	454	697	992	1,357	1,820	2,409	
毛利增速		310%	85%	54%	42%	37%	34%	32%	
研发等固定费用	600	720	864	1,037	1,244	1,493	1,792	2,150	
净利（EBIT）	-540	-474	-410	-340	-252	-136	28	259	

可以看到，该公司第 1 年亏损 540 万元，第 2 年亏损 474 万元，直至第 7 年才达到盈亏持平。

4）复合年均增长率（CAGR）

假设公司在第 3 年，也就是 2013 年获得一笔风险投资。那么这笔投资的回报率就是建立这个模型最终输出的指标。

假设该公司的生存周期是 20 年。实际上很多公司不到 20 年，做得成功的 SaaS 公司也不止 20 年。取 20 年也是为了简化测算模型。

我曾经用了 5 种经营时长及增速指标的组合来模拟，其中有前 20 年增长、后 10 年衰退的 30 年模型，也有增速每年变化的 20 年模型，它们的结论都是接近的。所以这里用 20 年都按同一个增速来模拟，可以在很大程度上接近真实情况。

关于 SaaS 公司估值的问题，为什么能拿 10 倍的 PS 估值？这要回归投资回报的本质：利润和分红。只要把该公司历年的利润合计后，就能得到投资回报率。也就是说：

累计投资回报率 = 历年利润的总和 ÷ 投资金额 × 100%

$$复合年均增长率 CAGR = \sqrt[17]{累计投资回报率} - 100\%$$

按复利计算，17 为投资年限。

如果在 2013 年，VC 是以当年销售额的 10 倍估值投资这家 SaaS 公司。当年营收 1011 万元 的 10 倍，即 10,110 万元（1.011 亿元）。

从 2014 年至 2030 年的经营状况，可以根据我们的模型进行演算。

最终 17 年净利合计为：137,110 万元（即 13.711 亿元），简单计算公司累计价值就是 13.711 亿元。累计投资回报率就是 13.711 亿元 ÷ 1.011 亿元 ≈ 1356%，按复合年均增长率 CAGR 为 16.6%（即平均每年投资收益为 16.6%）。

如果只看最后的 CAGR，这可算是一笔不错的投资。也就是说，2013 年投资时，按 10 倍 PS 估值是合理的。当然，前提是这家企业正常延续 20 年。在实际商业环境中，还有很多风险。

经营模型表（累计投资回报率）（单位：万元）

第17年	第18年	第19年	第20年	2014-2030, 17年合计
51,862	67,434	87,677	113,991	486,952
30%	30%	30%	30%	
19,962	25,951	33,737	43,858	187,853
31,900	41,483	53,940	70,133	299,099
30%	30%	30%	30%	
30%	30%	30%	30%	
62%	62%	62%	62%	
26,322	34,228	44,505	57,865	246,939
30%	30%	30%	30%	
11,093	13,312	15,974	19,169	109,829
15,229	20,916	28,531	38,696	137,110
			累计投资回报率	1356%
			复合年均增长率CAGR	16.6%

从经营的角度做几个趋势图分析一下。首先，观察盈亏平衡点在哪一年出现。

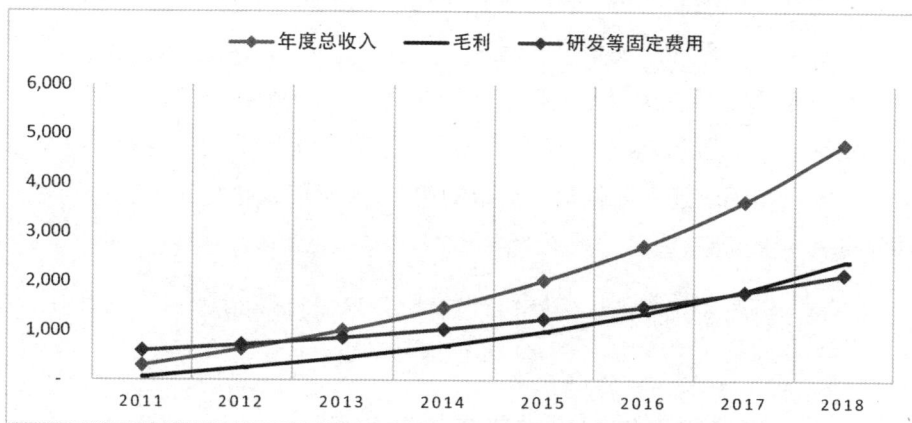

初期收入及费用曲线图

从上图可以看到，虽然年度总收入增速（30%）已经比较可观，但公司要到成立第 7 年（也就是获得投资后第 4 年）才开始盈利，前期投入大、见效慢，公司由于现金不足"猝死"的概率比较高。

再看另一张公司 20 年营收增长趋势图。

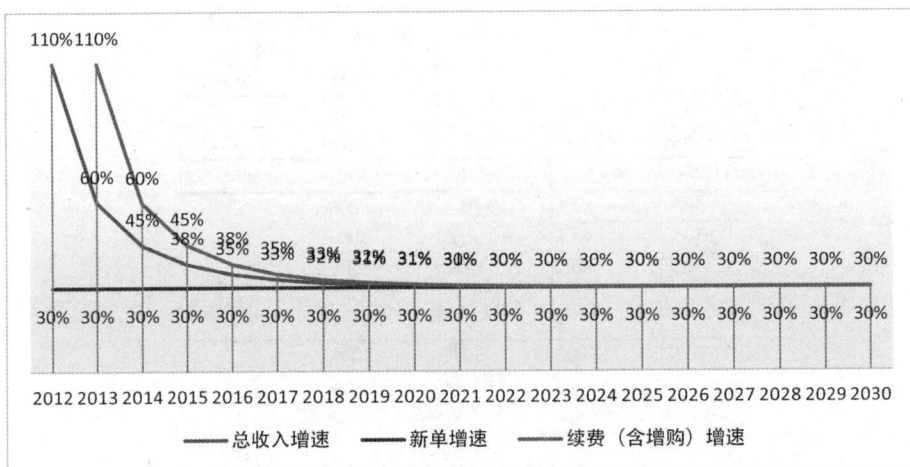

公司 20 年营收增长趋势图

从图中可以看出，SaaS 公司在初期的总收入增速很高。这是来自"续费"的红利。但最终续费（含老客户增购）的增速、总收入的增速，也包括图上没有画出来的"毛利"的增速，都不断趋近 30%。也就是说，虽然 SaaS 公司在商业模式上有独特的"续费"，但如果金额续费率（含增购）不是特别高（例如低于 90%），从更长时间（例如 10 年）的角度看，整个公司的营收及利润增速主要依赖"新单增速"。如果仅仅是如此，这与传统软件并没有多大区别。

下面，再看更细一点，观察每个关键指标的具体影响。

3. 几个关键经营指标对投资回报率的影响

我们观察某一个指标变化（同时固定其他指标）对回报率的影响，就能够发现更多有趣的结果。

1）新购增速的影响

固定新购增速之外的参数

	新购增速	续费率（含增购）	研发等固定费用增速	新单毛利	续费及增购毛利	首年营收	首年研发等固定费用
取值	x	80%	20%	20%	70%	300 万元	600 万元

　　在以上参数固定的情况下，我们观察平均"新购增速"与 17 年累计投资回报率之间的关系。

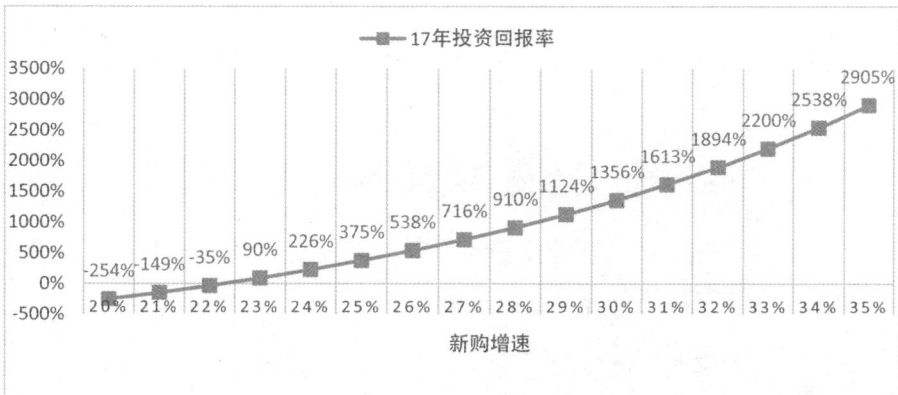

新购增速与 17 年累计投资回报率关系曲线

　　在 17 年平均新购增速不到 **23%** 的情况下，投资回报率为负数。这说明在续费率（含增购）低于 **100%** 的情况下，SaaS 公司的长期增长，主要依靠增加新客户。

　　2）研发费用增加对投资回报率的影响

固定研发费用增速之外的参数

	新购增速	续费率（含增购）	研发等固定费用增速	新单毛利	续费及增购毛利	首年营收	首年研发等固定费用
取值	30%	80%	x	20%	70%	300 万元	600 万元

我们固定其他参数，只观察研发费用（包含其他行政等固定费用）的增加，对 CAGR 的影响，具体如图所示。

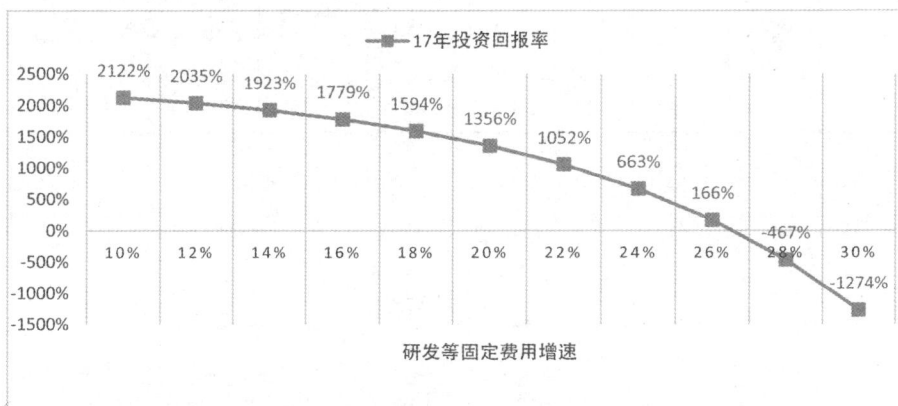

研发等固定费用增速与 17 年累计投资回报率关系曲线

研发费用增速越大，累计投资回报率下滑速度越快。当研发费用增速达到 27% 时，累计投资回报率接近于 0。

对比"新购增速"指标后，可以发现，"研发费用"增速不可超过"新购增速"，否则年度利润持续为负数。

3）续费率（含增购）的影响

我们再看"续费率（含增购）"对累计投资回报率的影响。

固定续费率之外的参数

	新购增速	续费率（含增购）	研发等固定费用增速	新单毛利	续费及增购毛利	首年营收	首年研发等固定费用
取值	30%	x	20%	20%	70%	300 万元	600 万元

上表中，其他指标都是固定的，假设"续费率（含增购）"从 50% 上升到 150%，由此得到一条续费率与累计投资回报率的关系曲线。

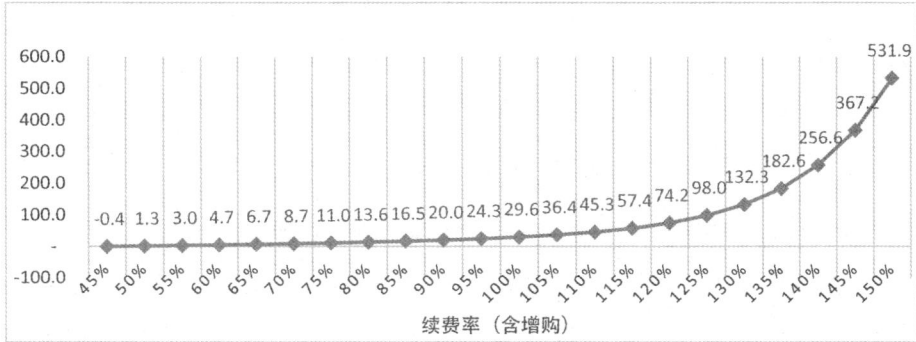

续费率（含增购）

续费率与累计投资回报率的关系曲线

续费率越高，累计投资回报率就越高。

再看一下续费率（含增购）与 CAGR 的关系。

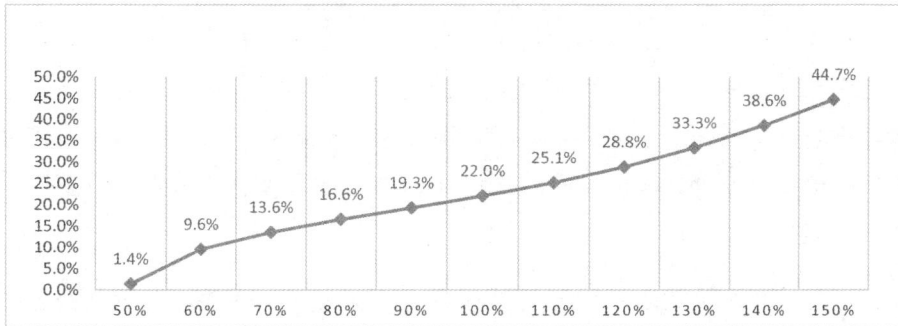

续费率（含增购）与 GAGR 的关系曲线

续费率超过 120%后，CAGR 曲线出现更明显的上翘趋势，说明续费率对投资回报率的影响会逐渐加强。说明一下，140%以上的续费率（含增购）并非不可能。很多美国 SaaS 公司和不少国内服务中/大客户的 SaaS 公司都能做到。

对 SaaS 公司来说，良好的续费率是基础。"交叉销售"更多新产品、扩大客户企业使用人员范围等增购动作则会使公司高速增长。

4．小结

通过这个数字模型，有两个最主要的发现。

第一，研发费用的增速超过新购增速公司很难实现盈利。

在国内商业环境中,很多拿了大量投资的 SaaS 公司反而迟迟不能盈利，究其根本原因，就是研发费用增速超过了新购增速。启示是将"研发费用增速"控制在合适的范围，应该向研发管理要效率，不应该做研发上的粗放式投入。

第二，在续费率（含增购）小于 100%的情况下，毛利增速、总收入增速，最终与新购增速趋同。新购增速从哪里来？提升销售团队的工作效率、提升品牌影响力和客户口碑传播。

在国内，一个"工具 SaaS"产品，从提供价值（提高客户企业效率）到营销方式，其实都与传统软件没有多少区别。如果没有优质的续费率（含老客户增购），SaaS 与传统生意相比并没有什么特殊优势。SaaS 公司要么坚持做续费率（含老客户增购）超过 100%的工具；要么为客户提供更多的增值价值。

当然，即便要做商业 SaaS，先完成一个优秀的工具 SaaS，得到稳定的客户群体是前提条件。所以我不断地讲，"SaaS 的本质是续费"。通过这个财务模型再次得到证明。

第 2 节　公司融资过程中的坑

创业需要规划又无法规划。

《创业维艰》书里讲道: 过去这些年里，我只在顺境中当过三天的 CEO，

剩下的 8 年几乎全是举步维艰的日子。我们团队里开玩笑说，这三天就是
宣布 3 次融资成功的那三天。

融资是 SaaS 创业必然会面对的主题。在中国，连续创业者比较少见。
大量创业者首次创业，会在前几轮融资中会犯不少低级错误。我把见到的
一些"坑"描述一下，希望大家避免。

1）股权结构中，外部天使股东占股比例过大

一般来说，投资机构希望投资的资金进入企业得到充分利用，也希望
创始人及创始团队持有较大比例的股份，这样创始团队才有创业的动力。
如果不参与企业经营的天使股东持股超过 30%，甚至比创始团队还多，VC
会认为公司治理结构有问题，创始人没有充足的动力拼命创业。VC 也不可
能出资购买天使股东的股份，因为这些资金进入了天使股东的腰包，对企
业没有价值。

一旦出现这个状况，除非天使股东非常配合，否则股权结构也不容易
调整。

2）轻率引入战略投资

投资人按投资目的可分为两类：财务投资者和战略投资者。财务投资
者关注中期投资回报，一般希望在几年内退出变现。退出方式一般为企业
成功 IPO 或被并购。财务投资人即便安排了代表参加董事会，也仅对重大
战略决策表态，通常不参与企业日常经营决策。

战略投资者通常来自被投企业相同行业或相关产业，除了投资回报，
更看重其战略目的，包括：协作提高生产效率、组合生产更有竞争力的产
品及赢得更大市场等。为了实现这些战略目的，战略投资方一般会要求在
董事会中拥更多决策权，更多介入企业业务及管理决策，甚至会派财务总
监等角色参与企业日常经营。

我接触的 SaaS 公司中，有的在天使轮前就在向战略投资方争取投资。
这些有行业相关性的投资人，投资后可能会对创业公司在产品融合、研发

合作、市场分享等方面有所贡献，但同样也会在这些方面有所要求。创业公司将在一定程度上失去独立性，也可能会被迫偏离自己的创业方向。

所以创业者务必弄清楚投资方是财务投资者还是战略投资者，其投资目的是获利还是战略布局。

3）缺乏"大图景"

VC 中文名为"风险投资"，他们投资早期创业公司，风险非常高。可能投了 10 个天使阶段的项目，只有少数能进入下一个阶段（账面盈利）。几年后能实现真正盈利的可能只有 1 个。投 10 次，都靠这 1 次把本金和投资回报挣回来，所以 VC 不会投未来市场前景很小的公司。

如果创业者只是打算做自己的生意，每年有小幅增长和盈利，不需要未来的大图景，那就没必要融资。如果创业者有一个大图景，为了未来的高回报，初期需要多投入并且承担几年亏损，这样才需要考虑融资。

有的 SaaS 创业者选择的行业非常窄，按照目前的客单价和市场容量，就算能拿下 50%的市场份额，营收天花板也才几千万元。在这样的情况下，如果还缺少我说的商业 SaaS 的未来规划，自己也不知道该如何突破，这很难说服投资人掏钱。

4）缺乏合乎逻辑的演进路径

正心诚意是商业之本。如果只是吹嘘一个"大图景"，还是没办法说服投资人。因为投资人会追问：你有什么优势？为什么会是你而不是别人？你打算如何做？

谁也不能通过想象就能提前把演进路径描绘出来。但创业者起码要有充分的思考，并且不断做测试和尝试。

这四种状况是我接触过的几个融资的大坑。

顺便说一下，创始人在融资成功后务必做好投资人管理，要与投资人保持良好的沟通，CEO 与投资人的关系对企业顺利发展非常关键。

第 3 节 如何讲好自己的商业计划书

有时候我会向熟悉的投资人朋友介绍一些比较好的 SaaS 公司，偶尔也会陪着去听创始人讲商业计划书。2019 年 7 月，作为腾讯 SaaS 加速器第二轮筛选的评委，我更是一天听了 41 个 SaaS 创始人的路演。

一对一地面对投资人讲解商业计划书和做路演一样，都是销售自己的公司。做销售最重要的一个微观能力就是共情。一定要明白，投资人一天要见很多项目，不可能记得住太多信息。

创业者初次见一位投资人，后者预留给他的时间一般是 15～45 分钟。在时间安排上，要考虑如何在前几分钟就引起对方的兴趣，如何在十几分钟内讲清楚项目成功的逻辑，如何把剩下的时间留给对方提他真正关心的问题。

一般大家会认为内容比形式更重要。但在"讲解商业计划书"这样的极端情况下，讲解和比 PPT 更重要。讲解人心里要有把这个项目做成的清晰逻辑。PPT 起配合作用，同时 PPT 也要支持这个逻辑。这个逻辑最好清晰而具象，不能太抽象。很多创业者的愿景令人激动，但 PPT 内容堆砌，讲解平铺直叙，无法让对方抓住重点。

在此我对讲解商业计划书提出以下建议。

- 开场用一句话概况我们要做什么（也就是创业的使命），这句话要令对方印象深刻，并且能展现出广阔的市场前景。

- 花 1 分钟简单介绍一下准备讲解的流程和逻辑，这样对方在后面 15～30 分钟的讲解过程中思路才能跟得上。

- 如果有的话，提供一些现在经营的数据和行业排名，说明实力。

- 执行路径：分哪几个阶段，要务实、落地、可信。潜台词"我们有独特优势，我们有最大机会能一步步做到"。

- 未来图景：可以结合市场数据，对公司未来营收有一个基本预期。如果有更大图景，要具体描绘出来。

- 会前反复练习：突出逻辑主线，多次练习，要有真情实感。

- 结尾再次强调创业使命。

至于面谈后的效果，一位非常著名的投资人很直观地描述了一个场景：沟通结束后，当你离开房间、轻轻关上房门时，投资人脑子里会出现哪一句话？是"房产行业的拼多多？"还是"教育行业的滴滴？"

请各位创始人仔细想想：你希望留下哪句话？如何做到？

终　章

升华企业经营思路

一个团队对业务、对管理和对战略的思考，来自他们的企业经营思路。我就用最后这一章，聊聊那些底层逻辑和深远思考。

第 1 节　国内对 SaaS 公司关键选择的共识

我在北京、上海拜访了很多 SaaS 公司。其中有刚刚起步的创业企业，也有人员规模已经上千人的成熟公司。随着时间的沉淀，SaaS 领域的各个掌门人已经对产品、营销、服务等方面的基础问题达成了一些共识。

其中有的共识是先行者耗费几十个月的时间、上亿元（甚至更多）的成本获得的，对大部分后来者来说，把这些共识想透，不要重复进坑，无疑是一个聪明的做法。

1．共识一：to B 产品不应该免费

前文说过，客户企业采购一个产品，除了采购成本，还有决策成本和培训使用成本，对企业来说并不存在"免费的产品"。即便 SaaS 公司免去了客户的"采购成本"，并不能加快客户侧系统上线的速度，即便是从"增加用户数量"的角度考虑也意义不大。

当然，模仿 Dropbox 从 C 端网络效应（病毒传播）到 B 端低成本成交的方式是可以考虑的。但那也是对 C（个人）免费，对 B（企业）不免费。

具体来说，无论是哪个阶段的 SaaS 公司，都不应该将主版本免费给客户使用。哪怕是"免费 30 天，之后再收费"的模式都没有意义。

试用期为 1 周到几周的体验版是可以获得客户线索的好办法，但试用时长也一定要严格控制。通过塑造紧迫感，避免试用者拖拖拉拉，加大服务成本、降低试用专注度。

在实践中，我发现很多创业公司还是会在初期销售遇到困难时就退缩为"赠送给客户先用、再用别的方式收取费用"。这个对于企业信息系统这样的高启用成本产品来说，这种做法并不成立。没有"老板已经花了钱"的压力，谁会去真心推动修改内部业务及管理流程，组织操作培训及考核，监督各个部门的日常使用，甚至要制定使用系统的奖惩规则。

To B 产品不能免费，这是 SaaS 领域通过几年时间，耗费几亿元形成的第一个共识。

2．共识二：关于定制开发的选择

"定制大单来了，接还是不接？"—— 很多 SaaS 创始人都和我聊过这个令人纠结的话题。我深深理解，面对"定制 or 挂掉"的问题时，创业者也没有其他选择。

但如果还有别的选择，SaaS 圈内对这个问题是有深刻共识的。我常说，

一旦产品版本发生分叉，永远不能回头。业内已经有不少公司已经在此事上栽了跟头，为什么？客户新需求没完没了、研发资源被分散、CEO 及产品负责人的精力被分散。

应对方法有几个：用可配置方式将通用需求放到下一个版本中，先帮客户上线基础功能；尽早完成 API 开放平台；PaaS（需要 3 年以上长期投入）。更重要的是，CEO 和产品负责人一定要明确自己的产品方向，对偏离方向的单点客户需求要慎重、再慎重地抉择。

3. 共识三：在市场部下设立 SDR 团队

我看到不少以市场线索为客户主要来源的 SaaS 公司都在近一两年开始启动 SDR 团队。这个团队的任务是对市场线索进行分类分级，然后按预定规则分发给合适的销售团队。

至于以清洗线索为主要任务的 SDR 团队应该放在销售部门还是市场部门。目前的共识是 SDR 与其上游（即市场部）的协作及考核关系更紧密，应该放在市场部。有一部分 SaaS 公司把 SDR 团队放在销售部门，我建议应该做调整。

4. 共识四：重视构建销售团队自开拓能力

在国内，有一大半的 SaaS 公司非常依赖市场线索，也就是说成交客户来自市场线索的比例超过 80%。但市场做得再好，市场线索数量质量的天花板始终在那里。

我认为，创业公司营销体系构建的过程中，要考虑好市场线索和销售自开拓的平衡。市场是长期投入，销售是临门一脚，两者的平衡是 CEO 必须考虑清楚的。

通过与众多 CEO 或销售 VP 交流，凡是成交客户中市场线索比例过高的（大于 80%）公司都越来越重视销售团队自开拓能力的培养。这也是圈内大部分人的共识。

5. 共识五：CSM 是续费率的责任主体

不少 SaaS 公司还在由销售代表来负责续费，会产生不少问题。我见到的大部分 SaaS 公司都是能达成共识的：CSM 应该背负续费率 KPI。这样公司的总体续费率才有保障。

6. 共识六：工具 SaaS 做小微企业市场难以有毛利

由于小微企业（指人员规模在 50 人以下的企业）支付意愿低、支付能力弱、对管理提高效率的诉求低，工具型 SaaS 公司很难用这些企业支付的首次费用覆盖市场、销售团队的成本。

加上这个群体的企业由于自身经营不善的自然死亡率高，续费情况也很不好。我问过一些 SaaS 公司，得知目标客户中有一部分小微企业，这部分的客户（数量）续费率往往低于 70%，甚至低于 40%。我也看过其中几家 SaaS 公司做的客户流失原因调查，排名前三的原因是：企业没用起来（管理诉求低）、业务转型不再需要（客户业务不稳定）、公司倒闭（客户公司不稳定）。真正被竞品抢走客户的概率非常低。

当然这里有两种情况是例外的。

- SaaS 公司先销售工具 SaaS，而后能转化为商业 SaaS。例如，客户购买有赞微商城基础版，除了 6800 元/年的软件服务年费，也会对交易流水收手续费。这样即便小微客户流失率高，也能沉淀下高价值客户。

- 基于先发品牌优势，获客成本极低。一些培训行业的产品有这个特点，由于早期品牌低成本传播，大量客户主动找上门，在官网完成试用注册，销售团队通过电话就能快速签单。

当然，第二种情况有很大的历史偶然性，第一种情况更有可能成功复制。

7. 共识七：尽量不收多年单

原本我认为"不向客户一次收取多年服务费"应该是 SaaS 圈的共识。但在与众多 CEO 的交流中，我发现还是有些特殊情况。

- 现金流紧张，不收多年单公司得关门。

- 客户企业自然淘汰率高，客单价又很低。

- 市场竞争激烈，希望通过多年单锁定客户，占住市场。

上面说的 3 种特殊情况，其中第 1 种事关生死没得选择。但在这样的情况下，公司只是在熬时间。如果不做突破性创新，还是难以生存下来。将来公司关门时，由于欠下客户很多服务时长还未提供，创始人的个人品牌会严重受损。

第 2 种情况，从商业伦理上也说不过去。大量尝试新业务的客户本来不需要 3 年的服务，硬塞一个过去，客户也不傻。这样名不正言不顺的费用，长此以往将影响品牌形象。我建议重新设计价格结构。例如，首次上线时按实施费用的名义收取费用、保住成本；之后通过切交易流水等方式达到对大客户收更多费用、对小客户收较少费用的目的。这样才能名正言顺、合情合理地获得市场的认可。

第 3 种情况，收多年服务费增加了成交难度。同时，收多年服务费的公司后面的服务大多跟不上，产品改进也容易脱离市场需求。仅靠一纸合同，而不是优质的产品和服务，很难"锁定"客户。

我看到绝大部分公司收多年单，已经"骑虎难下"：上一年已经开始允许直销团队和代理商一次收 3 年或 5 年服务费，如果今年突然停止，公司销售业绩大概率会被腰斩，销售代表和代理商的收入都会大受影响，销售体系将会面临崩盘的危险。

我的建议是"逐步收紧"：今年规定最多收 3 年单，明年收紧为 2 年单，后年开始只允许最多一次收 18 个月的服务费。

这个话题略有争议，但我不想放到下一节"SaaS 圈的一些争议"中。我还是坚持 SaaS 公司不应该收多年单，因为 SaaS 的本质是续费。这是 2014 年以来的头部 SaaS 公司走了很长弯路才达成的共识，希望后来者警醒。

8. 小结

本节主要目的是给后来者参考，同时也是对每个 SaaS 公司的警醒。

在实际公司运作中，遇到困难就想换一条路径，这也是人的正常思考方式。我想在这里提醒，这七个坑是前人花高昂代价踩过的，如果觉得自己情况特殊还是要踩，也请先多考虑几遍。

第 2 节　SaaS 圈的一些争议

除了共识，国内 SaaS 圈对一些 SaaS 公司经营过程中的关键战略及战术选择还有一些争议。

1. 争议一：工具 SaaS 该不该向商业 SaaS 发展

在前文 SaaS 的分类中，我介绍过工具 SaaS 通常的演进路线。如果是专注某个行业的工具 SaaS，我认为往"商业 SaaS"的方向走是一个合理选择。行业里的商业 SaaS 有对行业理解的优势、有数据优势、有工具优势，虽然是基于工具 SaaS 起家，却可以在商业模式上做出更丰富的进化。

终　章

升华企业经营思路

当然，商业 SaaS 要介入客户企业的经营，比只做一个工具 SaaS 帮客户提高内部管理效率的风险要高得多。

关于这个问题，业内大概分两派，我姑且起名为"工具派"和"产业互联网派"。我对比一下双方的观点。

"工具派"认为：作为一个 SaaS 公司，其优势在于技术和软件工程能力，而非互联网创新。创始团队里可能没有某个行业的专家，即便有行业专家也未必正好有互联网创新的思考方式，加上新模式的商业风险很大，SaaS 公司不应该参其中。SaaS 公司就应该不断在专业领域里打磨自己的产品，逐步提升产品价值和服务效果，通过帮助客户企业提高效率，实现公司的商业价值。

"产业互联网派"的观点是：在东方国家（包括中国和韩国、日本），软件普遍不被重视，三星手机、任天堂游戏机也都是把软件包在硬件里卖，纯粹做 IT 系统在商业上难以获得大成功。中国在进入移动互联网时代后，to C（消费）领域的变革已经进入下半场，而 to B 的产业互联网改造刚刚开始。SaaS 公司有 to B 经验的积累，又有 SaaS 这个产业互联网改造中必然用到的工具，是可以更进一步的。何况，SaaS 公司在大环境里也无法独善其身，每个行业内的巨头都在进行互联网改造的同时，也会打造行业 SaaS 产品，到时候 SaaS 公司的商业空间只能更小。

对这个分歧我是这样思考的：创业团队的不同 DNA 决定了他们的不同发展方向。

如果创始人出身自传统软件行业、已经具备很强的软件行业属性（包括对一个软件产品品质的掌控、高级别软件架构构建能力）或者公司已经在某个通用 SaaS 领域占据优势地位，那么走传统软件的既有路线，享有中国 SaaS 市场一段较长时间内每年接近 50% 的增速红利，也是对股东负责的稳健选择。

而适合加入"产业互联网"大潮的，一定是有行业背景，对某个新出现的场景有极度深刻且独特认知的创始人。我见过不少这样的优秀人物，他们的互联网基因明显比自己的软件基因更强，他们每天思考的不是复制竞品新发布的功能，而是利用自己的既有占位和产品优势形成网络效应、构建新的商业模式。其实业内已经有不少走在这条进化路线上的 SaaS 公司。

2．争议二：是否要做 PaaS

对于通用工具型 SaaS 产品，如果走行业 SaaS 的商业化路线，我认为一般会缺乏行业认知和行业资源，业务冷启动将十分困难。相对行业 SaaS 公司，通用工具 SaaS 面对的市场更广阔。上规模的通用工具 SaaS 公司，应该考虑做 PaaS 的可能性。

争议主要来自 SaaS 公司做 PaaS 的目的到底是什么？前文已经讲过，不再赘述。

3．小结

这一节提到的关于商业 SaaS 和 PaaS，是 SaaS 圈最近几年争议很大的话题。如果 SaaS 创业者在发展过程中遇到这两个决策点，建议多找 SaaS 业内专家和行业内的资深人士多方了解和谨慎评估。

第 3 节 "正心诚意" 的顶层设计

1．正心诚意乃商业之本

什么是"正心诚意"？

（1）做规模销售前，先确定产品真正给客户带来了价值

不要认为客户肯买单产品就有价值。多少人都买过假冒伪劣产品，那能说明这些产品有价值吗？

一个公司最大的灾难不是产品卖不出去。如果真卖不出去还可以设法改进产品。一个公司最大的灾难是销售太强，把别人卖不出去的产品卖掉了，表面看数据很好，祸根却埋在 6～18 个月后。

（2）不为忽悠投资方做哪怕一点点的虚假数据

欠债总是要还的，一年只有销售 700 万元的能力，通过压货给代理商、产品置换硬堆出来 1000 万元，意味着什么？如果明年要 2 倍增长，缺口就是：1000×3－700＝2300 万元！明年再压货？还是直接做假？

（3）SaaS 公司不对客户一次收多年服务费

SaaS 公司允许收多年服务费后改回只允许收单年服务费，就会对公司营收造成大的冲击。这是"饮鸩止渴"的后遗症，无法避免，只能说"先驱"们逐步改进，后来者警醒吧！

2．如何做"正心诚意"的顶层设计

即便所有人都表示"正心诚意"很好，甚至公司里每个人都说"我真是这样想的"，我发现还是没用。

难题是"心"无法衡量、也无法管理。从组织复制的角度看，必须要把"心"的东西反应在管理要求中并且能够用经济指标衡量。

这里我还是说一些具体例子。

（1）产品价值打磨成功

我们可以给出一个很直接的标准：CEO 或 CTO 自己能够把产品卖给几个"陌生"客户（具体是 3 个还是 10 个，与产品复杂程度、客单价、目标

市场规模及类型有关）。

从顶层设计的角度看，集团研发创新型产品（例如 SaaS 产品），应设立独立的创业团队、单独机制，由创业团队面对新的客户群体，不能动用原有客户资源。只有这样，做出来的销售数据和用户数据才真实可靠。

（2）一个"获客"的例子

我有一个观点，B 端销售不能补贴。

C 端的"刷单"害死不少公司，而 B 端"刷单"比 C 端"刷单"更难排查。这一点我有实际经验：派出巡查组跑到客户企业调查，就算是能发现客户口风有问题，也很难取证。

什么叫 B 端销售补贴？活跃补贴是比较直接的，还有隐性的销售补贴，就是"负毛利"的销售政策。

我认为一个销售规模扩张阶段的 SaaS 公司，营销体系的健康标准是：不要出现负毛利，也就是说"营销服务费用毛利率"控制在 100%以内（市场、销售、服务的费用之和小于销售收入）。

大部分 SaaS 公司"营销服务费用毛利率"在 60%～90%之间，但也有费用大于收入的。费用大于收入的情况不应该连续出现 3 个月以上，否则要考虑销售团队是否停止扩张并提高效率。

这不仅是销售团队复制的风险，也是产品是否符合市场需求的风险，是公司最核心的利益。

（3）一个招募销售 VP 的例子

我和一个能力非常不错的老战友聊他打算新加入的创业公司。条件很好，收入虽然不及前一家，但公司前景很好，干股给得也不少。他也已经开始再招一些副总级别的销售管理者，大家打算全情投入干一场了。

这时我问了一个拷问灵魂的问题：你愿意拿出几十万元再买这家公司 1 个点的股份吗？

我为什么这么问？因为拿出自己辛辛苦苦积累的财富，才是更彻底地投入其中，才能赢得创始人足够的信任，才能把业务基础打好。也只有这样，自己才能真正把事情想清楚。

大家也可以换位思考一下，你是否有勇气这么做？

3．小结

这一节不长，但我点出了一个很关键的问题，就是企业在决策时，应该如何"正心诚意"地做好顶层设计。这包括对成败的定义和对实现路径的思考。只有理解 SaaS 的本质，只有拿出挑战自己的弥天大勇，只有拿出自己经济筹码才能做好这个"顶层设计"。

永远记得，不要用战术上的忙碌掩盖战略上的懒惰。

第4节　哲学思维与底层商业逻辑

1．优秀产品经理的三个特性

梁宁在《产品思维 30 讲》中讲到，一个优秀的产品经理要具备三个层次的优势。

- 宏观：对大趋势的理解。
- 中观：熟悉套路，要与优秀的团队在一起学习，成功的大互联网公司大部分都有成熟的产品设计及运营套路。
- 微观：对细节细致入微的体验能力。

我的体会是，中观"套路"靠学习就足够了。对绝大部分人来说，没到那个顶尖的层次，根本没机会也不需要大量创新。因为创新套路风险太高，既然前人有成熟的套路，拿来主义就好。

而"微观"这种体察入微的能力，对少部分敏锐的人群来说是可以加深培养的。

最难的还是宏观，如何从千百现象和亿万数据间找到对未来趋势的准确看法？如何通过实践不断纠正自己奔向目标的路径？如何在千难万难面前，还能够保持内心清明、坚持既定目标和方针？

2. 具体说说软件/SaaS 行业的产品哲学

太空泛的例子没有意义，我还是回到软件和 SaaS 行业具体来讲。

有一次我见了一位国内顶级 VC 的合伙人，他曾作为 CTO 把两家知名公司从 0 做到 IPO，这个级别的高手对如何打造产品的认知非常有高度。

跟着企业客户的需求走是无法做出成功的产品的。客户企业真正需要什么？客户的 CEO 最需要的是增加营收。而作为 IT 供应商面对的往往是业务部门的单点需求

谁能够做出成功的产品？只有站在一定高度，具备"理念"的公司才有机会做好的 to B 产品。

销售复杂的 to B 产品（例如 ERP 或其他复杂系统），需要高段位的"顾问"先给客户做战略或管理咨询。只有从"理念"的高度影响客户企业的高层，才能真正帮客户解决"如何增加营收"这种战略层面的问题。

这里就需要有很高的产品业务架构能力，通常这是创始团队的任务，不是花钱请架构师就能解决的。CEO 和高管团队要懂产品，用自己的"理念"明确"限制"：哪些该做、哪些不该做。最后设计出一个既"简单"而又能解决问题的产品。

那次交流完，我感觉自己对信息化产品研发过程的认知又加深了一点。但知易行难，如何能够深度理解客户的需求，高屋建瓴地从业务角度设计出简单而有效的产品，需要很高的水准和充分的实践。

3．哲学思维与底层商业逻辑的重要性

当下互联网行业的竞争，日益激烈，而且还拼速度。如果只思考在一城一池营销上的胜利，那只具备一个城市经理的思维方式；如果只考虑做出产品满足客户提出的需求，那也只是个初级产品经理。

马云、王兴、黄铮、张小龙这些能设计出优秀且独特底层商业逻辑的高手，本身都是在人类的知识"底层"上做出了巨大努力的人。不断听说这些人在读"物理学""化学""生物学"，当时我也觉得不可思议。但通过最近几年的观察、学习和思考，我发现这正是一个优秀的创业者应该具备的基础：独立的世界观、自洽的知识系统、高度抽象的哲学思考能力。

4．小结

高段位的创业需要深刻的哲学思维。这几年我的时间自由一点，读了很多"闲书"，包括《人类简史》《文明是副产品》《暗知识》等，也通过移动互联网时代的新工具学习了相对论、博弈论等以前觉得"用不上"的基础知识。通过这些学习，提升了个人认知，获益匪浅。

只有经过深度思考的目标和路径，才会在无比艰难时仍然坚持。

致　谢

本书能够顺利完成，首先要感谢我的读者和公众号粉丝。SaaS 在中国是一个新商业领域。即便是我谈的"共识"，对于众多新进入 SaaS 的同学都还是没有体验过的新知识。对很多 SaaS 创业"老炮"，很多知识都还需要通过探讨才能理解。因此，我写作的动力一直来自各位读者，"写了有人看→有动力写得更深入→吸引更多人阅读"，这也是我的成长小飞轮。

我要感谢"中欧国际工商学院"的教授们，特别是蔡舒恒教授、Richard Carney 教授、黄钰昌教授、王琪教授、方二教授，我的不少知识汲取于你们。中欧的很多教授在授课的同时也不断在进行研究，除了在国际顶尖学术刊物上发表文章，也担任知名企业的独立董事，这种理论结合实践的工作方式是我此生学习的榜样。在此声明，相关知识如有错误表达，是我个人学识不足。

我要感谢得到 App 的精英日课。3 年来这门课令我开阔了眼界，除了介绍有意义的书籍，也串起了很多有趣的知识。

本书很多章节得到了 SaaS 领域实践者的建议和支持，我要特别致谢。

- 感谢在纷享销客时的老战友杨康杰、刘晨、黄海钧在我的系列文章中友情相助。

- 对培训管理提出问题的阿玉梅 Amy、Michelle、李义佳 Linda、吴宇皓、

致　谢

张龙，你们的提问给我了不少启发。

- 感谢参加"SDR 闭门会"的卡爷、rainful@DataPipeline、日事清白超然、耀东老师、鹏辉、陈雷 ray@雪枭医美 saas、张国惠@worktile、TonyGu@一知智能、Nono、董小姐@玉符科技、LY 鲁扬@销售易、李堃、叶超、郑诗浩。同时，也感谢读者 Grace、蘑菇、熊猫贱包子等人的探讨，你们的留言让我补充了不少实操内容。

- 在写客户成功管理时，林先锋、黄帆、汪楚航等几位 CSM 专家对本文有重大贡献，特此感谢！同时也感谢杨涛等人提出的好问题。

- 在建立指标体系评估公司经营状况中，网友曾凡 Allen、余梦露 Menglu 的留言激发我补充了很多内容，也让文章更成体系，在此表示感谢！

2019 年 10 月 8 日，我曾经发过一篇公众号文章"新书本月完稿，欢迎提出你的要求"。竟然有上百人留言，还有几百元打赏。我已尽量将大家提出的内容补充在本书当中。但也由于书稿结构已经固定、交稿时限也不太宽裕，无法添加太多内容。欠缺的内容，我讲通过线上、线下的方式再和大家交流。

第一次写书和第一次生娃一样。写作的时候哪里也不能去，天天敲键盘，真的挺痛苦；写完了以为就完事儿了，才发现路漫漫其修远兮。

还好有你们一路陪伴！谢谢。

反侵权盗版声明

电子工业出版社依法对本作品享有专有出版权。任何未经权利人书面许可，复制、销售或通过信息网络传播本作品的行为；歪曲、篡改、剽窃本作品的行为，均违反《中华人民共和国著作权法》，其行为人应承担相应的民事责任和行政责任，构成犯罪的，将被依法追究刑事责任。

为了维护市场秩序，保护权利人的合法权益，我社将依法查处和打击侵权盗版的单位和个人。欢迎社会各界人士积极举报侵权盗版行为，本社将奖励举报有功人员，并保证举报人的信息不被泄露。

举报电话：(010)88254396；(010)88258888

传　　真：(010)88254397

E－mail ：dbqq@phei.com.cn

通信地址：北京市万寿路173信箱

　　　　　电子工业出版社总编办公室

邮　　编：100036